# 事例から学ぶ 交通事故事件

山崎俊一　著

東京法令出版

# 序

　交通事故は，永らく，意図しないにもかかわらず起こしてしまう，いわゆる過失犯として
扱われてきたが，飲酒や高速度走行による制御不能などの悲惨な事件が起こったことにより，
平成13年に刑法が改正され，従来の過失犯より重い危険運転致死傷罪が適用されるように
なった。危険運転については，その適用の可否が非常に難しいのが現状である。裁判員制度
の採用によって，最近の司法の判断の結果は，従来の判例に照らして，より重い刑罰が科せ
られる傾向がみられる。つまり，一般の人たちがより重い刑を望んでいるとみることができる。

　日本では，交通事故鑑定に対して公的な機関による認定制度がないため，自称鑑定人が多
数存在している。鑑定というと，一般には，公明正大で，客観的な証拠から鑑定してくれる
ものと信じられているが，疑問に感じる鑑定書も少なくない。

　社会正義に照らし，公明正大な鑑定でなくてはならないし，司法の判断も公明正大とは言
えない鑑定に真実がゆがめられ正しい判断を見失うことがあってはならない。

　司法が正しく判断できるためには，警察の適正な捜査が不可欠である。警察の適正な捜査
に基づいて，検察が起訴し，司法が真実を見極めて，適正な処罰を下すことが期待されている。

　本書は，交通事故事件の真実をいかに明らかにするかを理解していただくために，著者が
これまでに鑑定した事故事件の事例について，事故事件の発生，警察の捜査，検察の起訴，
司法の判断の順に分かりやすく記載した。この中には，被告人及び弁護側の主張についても
記載した。

　本書の構成は，歩行者事故，二輪車対四輪車の事故，四輪車同士の事故，自転車事故，ひ
き逃げ事件，タイヤバースト事故，その他の事故として，分かりやすく区分した。


　平成25年1月

　　　　　　　　　　　　　　　　　　　　　　　　　　　　　　　　　山崎　俊一

★＝危険運転致死傷罪の事例を示す。

# 第1章
# 歩 行 者 事 故

## 歩行者事故解析の基礎知識

■衝突部分の突き合わせを行い，衝突状況を明らかにする。

■歩行者が立位ではねられた場合，衝突速度$V$と飛翔距離$X$の関係がダミー実験によって求められている。

　　大人の場合，$V = \sqrt{10\,X}$

　　子供（身長125cm以下）の場合，$V = \sqrt{7.5\,X}$

■ボンネットタイプの自動車との衝突では，

　　衝突速度40km/h以下では，フロントガラスに歩行者の頭部が届かない。

　　50km/hでは，フロントガラスはくもの巣状にひび割れが生じる。

　　60km/hでは，フロントガラスはくもの巣状にひび割れし，凹損する。

　　70km/h以上では，フロントガラスは大きく陥没を生じる。（➡p.21**図 3**，p.22**図 4**）

■歩行者を衝突前に発見し，ブレーキが強く効いた状態で衝突した場合，人だけ飛翔し，二度当たりすることなく落下した歩行者の手前で車両は停止する。（➡p.23**写真 3**，p.24**図 5**）

■フロントガラスに頭部が届く速い速度で衝突し，衝突後ブレーキを踏むと，歩行者がボンネットなどに落下して二度当たりする。（➡p.25**図 6**，p.26**写真 4**）

■フロントガラスに頭部が届く速度で衝突し，衝突後加速すると，自動車のルーフに歩行者が落下する。（➡p.27**図 7**）

# 事例 1-1 検察審査会による不起訴不当事件

検察官が，証拠不十分などにより被疑者を裁判にかけられない事件がある。このような事件において，検察審査会が不起訴不当あるいは起訴すべきであると議決した場合，検察官は，この議決を参考にして事件を再検討し，起訴をするのが相当であるとの結論に達したときは，起訴の手続がとられる。

犯罪の被害に遭った人や犯罪を告訴・告発した人から，検察官の不起訴処分を不服として検察審査会に申立てがあったときに検察審査会が審査を始める。また，検察審査会は，被害者などからの申立てがなくても，新聞記事などをきっかけに自ら審査を始めることもある。検察審査会が，不起訴不当と議決しても検察官が被疑者を起訴しない場合もよくある。そのため，刑事事件として不起訴の事件が，民事裁判で争われることがある。

本事例では，検察官が被疑者を不起訴とした交通事故で，交通事故の被害者遺族が民事事件として争っていたものを検察審査会が不起訴不当として議決した事件について述べる。

## 事件の概要

被疑者と被害者は，同じ町の近所に住んでいる者同士である。事故当日は，地区の秋祭りがあり，公民館での片付け作業が終わって，双方とも帰宅途中の出来事で，被疑者の供述によると，「被害者は徒歩で，被疑者は軽四貨物自動車を運転し，助手席に叔母とその子供を同乗させ，後部荷台内部には，男性2名を同乗させての帰宅途中の事故である」というものである。

さらに，被疑者の供述によれば，「被害者宅南側の幅員約4.3mのアスファルト舗装された道路で，道路中央付近を西から東に向け竹棒3本を両手に持った状態で歩行中の被害者に東進してきた被疑者車両が約1.3m付近まで接近し，その状態で約8.3m進行した際，被害者が後方を振り向くと同時に走行中の被疑者車両の前部バンパー上部に飛び乗ってきたことを認めたものの『ふざけて乗ってきている』と思い，約4.6m進行した後，普通にブレーキをかけたところ，被害者が前部バンパー上部から道路上へ背面から転落し，負傷したものである」とされる事故である。

このように「事故は，狭い道で起きたもので，軽四貨物自動車の被疑車両が帰宅中，前方を歩行していた近所の被害者男性を認め，追い越すことなく後方から歩く程度の速さで後ろから追従した。それは，図1に示すように，道路が狭かったことと，間もなく被害者宅に差し掛かろうとしていたためである」という。

被疑者の供述によると，被害者は突然後ろを振り返り，軽四貨物自動車のバンパーに乗り，フロントガラスに覆いかぶさってきた。被疑者は危ないと思ったが，急なブレー

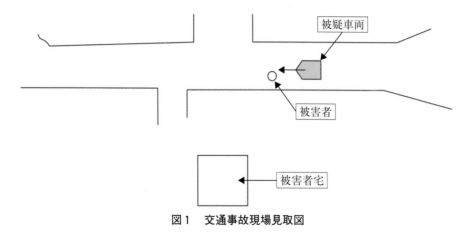

**図 1　交通事故現場見取図**

キをかけると被害者が転倒するので，ゆっくりブレーキをかけたが，被害者が，**図 2** に
示すように，バンパーから転落転倒し，頭部を路面に衝突させたというものであった。
被害者の背中には，路面に転倒したことによる赤い斑点模様の皮下出血が見られた。こ
のことから，被害者は，背中から路面に転倒したものと推定された。そのほか，被害者
の背中には，横方向に真っすぐではなく，曲線の皮下出血が認められた。この皮下出血
は極めて不可思議な痕跡であった。民事裁判において，民間の鑑定人は，この痕跡につ
いて，ワイパーブレードが背中に強く当たったことによりできたものであり，被疑車両
に背中からはね飛ばされたため，亡くなったと主張した。

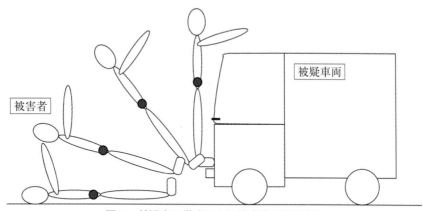

**図 2　被疑者の供述による被害者の転倒状況**

　被害者は，路面に転倒し後頭部を損傷したことにより 1 週間後に死亡したが，被害者
が何の理由もなく，バンパーに飛び乗ることは常識的に考えることができなかった。

## 1　警察の対応

　警察は，**図 3** に示すような，被害者の背中の痕跡を，**写真 1** に示すような，アスファルト
路面のひび割れによって印象されたものと考えた。また，被疑車両のバンパーには，スニー
カーの靴底様の痕跡が認められたことなどから，被疑者が被害者を後方からはねたとは認め
なかった。

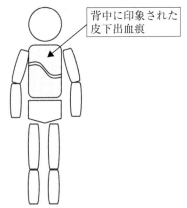

図3　被害者の背中に印象された皮下出血痕　　　　写真1　アスファルト路面のひび割れ

## 2　検察官の対応

　民間鑑定人は，「被疑車両が被害者の背中に強く衝突し，その時，被疑車両のワイパーブレード部分が被害者の背中に皮下出血の痕跡を印象させた。その後，被害者は，前にはね飛ばされながら，回転して路面に背中から落下し，背中に路面との粒状の皮下出血痕を印象させ，最終的に頭部を強打した」と鑑定した。

　被害者が背中から真っすぐ強く自動車と衝突したとすると，顔面から路面に落下するのが必然であり，背中を強くはねられた後，回転して頭部から路面に落下することは考えられない。また，被害者が被疑車両に背中から強くはねられたとすると，フロントガラスやフロントボンネット前面に凹損が生じるが，被疑車両には，凹損などの損傷は一切認められなかった。

　検察官は，被害者の状況などから，被疑者を不起訴とした。しかしながら，民事裁判で民間鑑定人が出した鑑定書では，被疑車両が被害者をはねたとされていたため，検察審査会が不起訴不当を議決し，検察官が再検討することとなった。

　そこで，検察官は，本事故について，筆者に以下の鑑定を依頼した。

⑴　被疑車両と被害者の背部の衝突の有無

⑵　被害者が被疑車両のバンパーの上に飛び乗り，その後背部から道路上に転倒して死亡したとしても矛盾はないか（被疑車両の停止位置から被害者の転倒地点まで2.6mの距離があることとの整合性等）

## 3　再現実験

　筆者は，同型車両がダミーの背中と衝突した場合，ダミーの背中に印象されるワイパーの痕跡や，ダミーが路面に落下した場合の背中の痕跡について再現実験を行った。

　**写真2**は，ダミーの背中を同型車両のワイパー部分に押し付けたときの痕跡を示す。痕跡は，ダミーの背中に感圧紙を取り付けて行った。感圧紙は，富士フィルム社製のもので，圧力が加わった部分が赤色に変化するものである。この写真から分かるように，背中にワイ

パーブレードが強く接触した場合，ワイパーブレードの形状がそのまま皮膚に圧力として加わり，真っすぐなものは，そのまま印象されることが認められた。

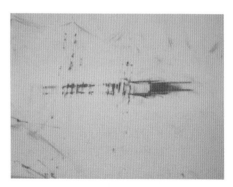

写真2　ダミーの背中を同型車両のワイパー部分に押し付けたときの痕跡

　写真3は，ダミーをひび割れた路面に転倒させたときのダミーの背中の圧力状態を示している。この写真から，路面のひび割れによる部分は，背中に圧力がかからないから，横方向の皮下出血痕跡は起こらない。したがって，被害者の背中の横方向の皮下出血痕跡は，ひび割れによって印象されたものではないと認められた。推定として，被害者が病院で横たわっていた時に，紐のようなものが背中の下に敷かれていたことにより印象されたものではないかと思われた。

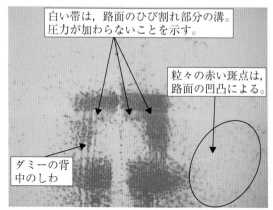

写真3　ダミーをひび割れた路面に背中から転倒させたときの圧力状態

　このことから，被害者が被疑車両に背中からはねられたことは認められず，被疑車両と被害者の背部の衝突はなかったと認められた。

　次に，被害者が被疑車両のバンパーの上に飛び乗り，その後背部から道路上に転倒して死亡したとしても矛盾はないか（被疑車両の停止位置から被害者の転倒地点まで2.6mの距離があることとの整合性等）を検討した。

　被疑車両の停止位置から被害者の転倒地点まで2.6mの距離があることとの整合性について検討する。被疑車両のバンパーの上に被害者が立った場合，被害者のへその位置は地上から約1.46mである。また，転倒した被害者のへその位置は，停止した被疑車両より前方2.0m

**6**

先であるとされていた。ただし，被害者頭部の位置までは，2.6mであり，これが飛ばされた距離ではない。本件のように，飛ばされたというより倒れたような場合には，そのまま，この式を適用すべきではない。なぜならば，速度がゼロでバタンと前方に倒れた場合にも，前方1m程度は移動するからである。

図4に示すように，物体の場合，速度がゼロのとき真下に落下する。しかしながら，人間の場合，足の先を中心に円運動して落下することがあり，速い速度で投げ出されなくても，先の方に倒れるということである。例えば，立っている人間が貧血などで前方にバタンと倒れる場合，速度がなくてもへその位置は，前方になるのと同じである。本件の場合，低速でゆっくりブレーキをかけたとすれば，棒を持ち不安定な被害者が足先から車両の前方に，円を描くように倒れたとする方が自然である。それは，被害者の背中にある赤い斑点が路面に倒れたことを示しており，背中や他の部位に路面との擦過痕がなく，強く飛ばされたことは考えられない。被害者の背中の赤い斑点の痕跡は，むしろゆっくり倒れたものであり，速い速度で飛ばされて地面に擦過した痕跡ではない。

したがって，へその高さ1.46mの位置で，立っている人が倒れたとすると，人のへその位置は，車両の前方約1.46mの位置となる。この距離を差し引いた距離が飛ばされた距離と推定される。したがって，被害者が被疑車両のバンパーの上に飛び乗り，その後背部から道路上に転倒して被疑車両の停止位置から被害者の転倒地点まで2.6mの距離があることに整合性が認められると結論できた。

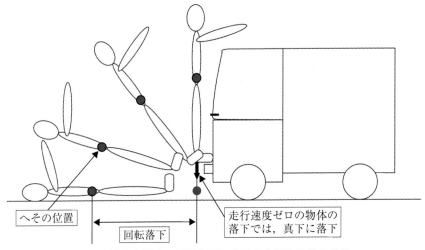

図4　低速走行時の落下位置における人間と物体の差異

## 4　飛び乗った痕跡

以上述べたように，被害者が被疑車両に後ろから強くはね飛ばされたものではないことを示すことができたが，被害者が被疑車両のバンパー部に飛び乗ったか否かを示すものではない。そこで，筆者は，飛び乗ったとするための痕跡について検討した。

警察が示したバンパー上の靴底様の痕跡は，民事裁判で証拠能力を疑われ，これを用いて

飛び乗ったか否かを検討することはできなかった。また，被害者が被疑車両のバンパーに飛び乗ったと示すことができる痕跡のうちの一つとして，指紋も考えられるが，被害者が細い棒を持っていたことなどから，警察は指紋を検出することはできなかったという。

　**写真4**は，実際に飛び乗った状況を再現したものである。筆者は，靴底痕及び指紋以外に飛び乗った痕跡があるとしたら，車両に被害者の生地痕があるか，被害者の衣服に被疑車両の痕跡があるかどちらかであると考えた。生地痕は，車両がないことや，時間が経過していることから，探すことはできなかったが，幸運にも，被害者が着用していたズボンの写真が警察の鑑識によって撮影されていた。**写真4**に示されるように，被害者が，被疑車両に飛び乗ったとすると，被害者のズボンの膝が被疑車両のワイパー部に接触する。そこで，被害者着用のズボンの写真を調査した。

写真4　被疑車両のワイパー部と接触する被害者のズボンの膝部

　被害者着用ズボンを撮影したものを**写真5**に示す。

　**図5**は，**写真5**を複写機によって複写し，濃淡を明確にしたものである。この膝上の汚れ痕跡と被疑車両と類似のワイパーブレードを比較した。写真を複写機で複写すると濃淡が明確になるので，肉眼では見にくい場合でも明確にすることができる場合がある。

　**図5**から，被疑車両と類似のワイパーブレード様のものが，被害者ズボンの右膝に印象されていることが分かる。

　よって，被害者靴底と類似の痕跡が被疑車両バンパー上に印象されていたこと，被害者のズボンの膝右上に被疑車両のワイパーブレードと類似の痕跡が印象されていたことから，被害者は，被疑車両のバンパーに飛び乗ったものと鑑定した。

写真5　被害者ズボンの右膝の上部分の汚れ

　**図6**は，被疑車両の前面図である。この車両の前面の左右には，ワイパーのウインドーウォッシャー液が出るプラスチック部分がある。太さ1cm，長さ5cm程度ある。民事裁判の鑑定人が示したワイパー部と背中の痕跡において，もし接触したとすると，このワイパー

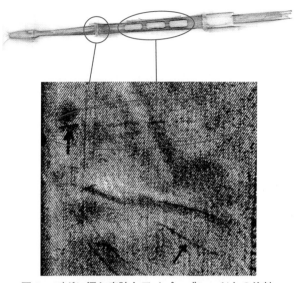

図5　ズボン汚れ痕跡とワイパーブレードとの比較

のウインドーウォッシャー液の排出棒が被害者の背中に印象されるはずであるが，それが認められないから，被疑車両に被害者が背中からはね飛ばされたことは認められないものであった。

## 5　まとめ

本事件は，検察官は被疑者を不起訴とした。本事例で示したように，交通事故においても痕跡の鑑識活動は犯罪の証明のために，最も重要である。

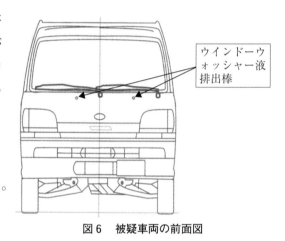

ウインドーウォッシャー液排出棒

図6　被疑車両の前面図

## 事例 1-2　殺害するために自動車で歩行者をはねて逃走した事件

殺害する目的で，人をはねて逃走した事件について，筆者は事故か故意かの鑑定を依頼された。自動車が人をはねて死亡させた場合，事故として扱うか故意として扱えるか問題になることがある。背景として，自動車運転者とはねられた人が互いに利害関係にあっても，故意にはねたことを証明することは難しい場合がある。例えば，考え事をしていてハンドル操作を誤ってはねたと主張したとすると，故意性を立証するには相当の労力が必要である。

本事例では，殺害する目的で自動車により人をはねた事件について述べる。

**事件の概要**

　事件名は，被疑者Aによる殺人並びに殺人未遂被疑事件である。事件は，被疑者が，午後10時25分頃被害者2名を殺害しようと企て，殺意をもって，路上において歩行中の同人等の後方から普通乗用自動車を衝突させて，頭蓋内損傷等により被害者1名を死亡させて殺害し，もう1名に対しては，約1か月の自宅安静を要する見込みの右大腿・右下腿打撲挫創，頸椎捻挫の傷害を負わせたものである。

　被疑者が殺人の行為に至ったのは，被疑者の母親がスーパーで万引きしたことにより，店長にとがめられ，それを逆恨みして被疑者が金を要求したが，相手にされなかったことに逆上して歩いていた店長ほか1名をはねたものであった。

## 1　鑑定事項

　鑑定事項は，以下のとおりである。

(1)　被疑車両の衝突速度

(2)　衝突形態と人体挙動

(3)　その他参考事項

## 2　鑑定経過

(1)　被疑車両の衝突速度

　**図1**は，実況見分調書における交通事故現場見取図である。この図に示されているように，死亡した被害者の衝突地点から，最終転倒停止地点㋐までの距離は，25.2mであった。また，右大腿・右下腿打撲挫創，頸椎捻挫の傷害を負った被害者は，㋑に停止した。

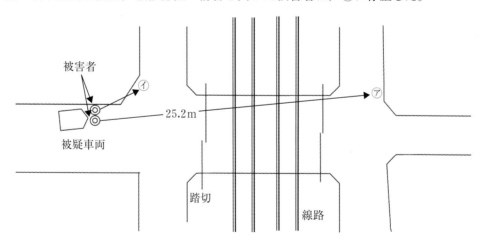

**図1　交通事故現場見取図**

　自動車と歩行者の衝突事故における衝突速度と飛翔距離については，研究がなされ，衝突速度$V$と飛翔距離$X$の関係が調べられている[1]。

　歩行者の衝突地点から停止するまでの距離$X$は，歩行者が前方に投げ出されて着地するまでの放物運動による移動距離$X_1$と，着地して路面を滑走して停止するまでの距離$X_2$から

成っていると考えることができる。ここで，歩行者の路面着地時の反発係数は0，歩行者の飛び出し速度は，自動車の衝突速度と等しいものと仮定する。また，衝突時に歩行者がボンネットから$\phi$という角度で飛び出すと考えられるが，その影響は小さいと考え，飛び出し高さ$h$から水平に飛び出したと考える。このように考えて，図2に示すように，歩行者の衝突後の転倒移動距離$X$は，次式で与えられている。

$$X = X_1 + X_2 = V\sqrt{\frac{2h}{g}} + \frac{V^2}{2\mu g}$$ ………………………………………… 式(1)

ここで，

　　$V$：衝突直後の歩行者の投げ出された速度（自動車の衝突速度）（m/s）

　　$\mu$：歩行者と路面間の摩擦係数

　　$g$：重力加速度（9.8m/s²）

　　$h$：歩行者の重心位置（m）

である。

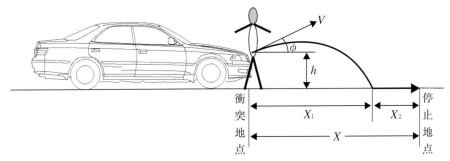

図2　歩行者の衝突状況

さらに，簡略化された実験式が次式のように示されている。

速度$V$ではねられた人の転倒移動距離$X$は，次式となる。

　　$X = 0.1V^2$ ………………………………………………………………………… 式(2)

あるいは，転倒移動距離$X$から衝突速度$V$は，次式となる。

　　$V = \sqrt{10X}$　（m/s） ……………………………………………………………… 式(3)

したがって，転倒距離25.2mを式(3)に適用すると次式となる。

　　$V = \sqrt{10X} = \sqrt{10 \times 25.2\text{m}} = 15.9\text{m/s}$　（57.1km/h）

前述の計算では，衝突速度は57.1km/hと得られたが，死亡した被害者は，最終転倒停止地点⑦において，電柱等に衝突して停止していた。したがって，最終停止位置は，電柱のさらに先まで移動したと認められ，衝突速度は，これよりさらに速い速度であると考えられた。

　鑑定の結論としては，衝突速度は，57.1km/h以上であるとした。

(2)　衝突形態と人体挙動

　衝突形態は，図1に示されるように，死亡した被害者及び傷害を受けた被害者は，道路左端を並んで歩行中，被疑車両に後ろから衝突されたものである。

　ア　死亡した被害者の衝突形態と人体挙動

　**図3**に衝突状況を示す。被害者両名は，道路左端を歩行していたが，死亡した被害者は，被疑車両の左側の中央寄りで衝突している。

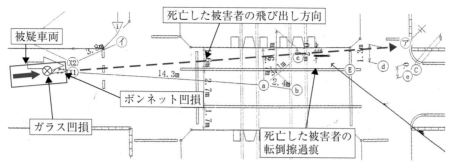

**図3　死亡した被害者の衝突状況**

　衝突後，死亡した被害者は，衝突地点から左方向に真っすぐ飛翔し，最終転倒停止地点⑦まで移動している。このことは，被疑者が被害者の後方から斜めに衝突したものであることを示している。衝突を避けるよりはむしろ，ハンドルを左に操作して，衝突したと認められた。

　衝突を避けようとハンドルを右に操作した場合は，死亡した被害者の飛翔方向は，道路中央方向となる。しかし，本件では，衝突時の道路端の位置から，さらに，道路左に飛翔していたことから，歩行者との衝突を避けるようなハンドル操作を行ったとは，認められなかった。

　死亡した被害者は，死体見分により，右腰，足に衝突痕が認められ，右斜めに向いたところを被疑車両に衝突されたものと認められた。57.1km/h以上で衝突したことによって，死亡した被害者は，足が上にはね上げられ，胴体はボンネットに衝突し，その後，頭部がフロントガラスに衝突して，ガラスが凹損したものであった。この時の，フロントガラスに頭髪等の痕跡が残された。

　被疑車両は，そのまま進行すると，当然，踏切や線路等，道路を逸脱するため，ハンドルを右に操作し，そのまま逃走した。この時，被害者は最初の衝突によりフロントガラスに衝突して空中に飛び上がっており，再び落下する時ドアミラーと衝突し，ドアミラーを脱落させたものであった。

　死亡した被害者は，被疑車両から落下した時，被疑車両の速度をそのまま維持して線路上に転倒し，頭部を強打して損傷した。また，被疑車両のフロントガラスには，頭髪の痕跡は認められるが，血痕等の痕跡は，認められず，線路端には血痕が飛散していることから，頭部の大きな損傷は，線路に落下した時に受傷したものであった。この時，踏切の仕切り塀に血痕を付着させていた。血痕の飛沫状況から，被害者は，まだ高速の状態で投げ出されたと認められた。最初に線路に頭部が着地し，最終転倒停止地点⑦まで擦過していったものと推定された。

イ　傷害を負った被害者の衝突形態と人体挙動

　傷害を負った被害者は，衝突地点において，被疑車両の左端に衝突したため，臀部を

被疑車両バンパー部の車幅を示すアンテナ部に強打し，反時計回りに回転しながら，道路左方向に飛び出したものと認められた。この時，道路左が開けた場所であったため，体に大きな損傷を受けなかったが，ブロック塀などがあった場合には，大きな傷害を受け死亡する可能性もあった。

ウ　被疑者の運転状況（故意性）

　被疑者は，前方道路幅が狭くなった踏切であるという道路状況から，本来道路中央付近を走行するのが一般的であるが，被害者等の飛び出し方向から，中央寄りからむしろ左端に向かって進路をとったことが明白であった。その後，ハンドルを操作して衝突を避けることもなく，ブレーキを操作することもなく進行し，はね飛ばしたことをこれらの痕跡から明らかにすることができた。

エ　衝突速度と死亡率

　JAF（日本自動車連盟）では，歩行者事故低減のための自動車安全ビデオを作製して，注意を促している[2]。このなかで，調査によると，40km/hで衝突した場合の死亡率は20%，50km/hでは50%，60km/hでは70%にもなることが示されている。助かったとしても大きな傷害を受けることになることが容易に想像されるのである。したがって，人が50km/h以上の速度で衝突した場合，死に至ると考えるのが一般的である。

　また，衝突の衝撃は，極めて大きなものであるから，自動車運転者は，衝突したとき反射的にブレーキ操作をするものである。本事故現場には，タイヤの制動痕は全く認められなかった。

## 3　まとめ

　本件は，被疑者を逮捕したとしても，殺意を否認しあくまで事故であると申し立てた場合を考えて，鑑定したものであった。逃走した車両は他県で発見された。被疑者は逮捕されて殺意についても自供した。被疑者は，殺人と殺人未遂で起訴され，有罪になった。しかしながら，殺意を抱いたのは1人であって，傷害を受けた被害者については，殺意を否認した。結果として並んで歩いていた2人をはねたのであるから，2人とも死亡することは容易に推定され，未必の故意として，殺人と殺人未遂で起訴され，有罪になったものである。

　交通事故の保険金詐欺事件や殺人事件の故意性を立証することは難しいものがあり，その捜査も慎重に行う必要がある。

**参考文献**
1)　山崎俊一「歩行者及び自転車事故における衝突地点の推定」月刊交通2004年4月号64—73頁
2)　対歩行者安全対策研究委員会「自動車の安全性向上に関する研究補助事業報告書（その3）対歩行者安全車の研究」日本自動車研究所，273頁，1972

## 事例 1-3　被害者の飛翔距離から衝突速度を求めた事例

　本事例は，同窓会帰りの同級生が会場の店から出た直後に，8名が次々と酒酔い運転の被告人車両にはね飛ばされ4名が死亡し，被告人車両がそのまま逃走した事件である。捜査のポイントは，飲酒の量と衝突時の速度であった。飛翔距離から衝突時の速度を明らかにするために，衝突された8名の歩行位置関係を明確にすることが重要な事件であった。

### 事件の概要

　本事件は，被告人運転車両が，平成X年2月の午後9時過ぎ，B町C番地先路上において，飲酒の上，交通事故を起こし，そのまま逃走した危険運転致死傷及び道路交通法違反被疑事件である。

　被告人は，事故の当日，友人の四十九日の法事に出席し，そこで，ビール，焼酎，日本酒を飲み，そのまま運転して帰宅する途中で，衝突事故を起こしたものであった。被告人は，人をひいたかもしれないが免許停止の行政処分中であり，酒も飲んでいたので「やばい」と思って逃げたと，逮捕当初はこのように供述していた。しかしながら，被告人は公判中において，酒は飲んだが酔っ払って運転操作を誤ったのではなく，亡くなった友人のことを考えていたので衝突し，その衝突が人とは思わなかったと否認した。また，事故時の速度は，70km/h以上の速度で走行していたことを供述していたが，これももっと低い速度であったと供述を翻した。

### 1　警察の初動捜査から検察の対応まで

　事故は，午後9時過ぎに起こったが，被告人が出頭したのは，翌日の午前5時頃であった。したがって，事故当時の飲酒量を測定することはできなかった。そこで警察は，法事に出席した者や接待していた者などから，被告人の飲酒量を調査した。被告人の飲酒量について，その場に居合わせた者の供述と出頭当初の被告人の供述は一致していた。

　警察の捜査として，被告人の飲酒量については，最初の関係者の供述などから飲酒量の裏付けをとってあったので，問題はなかった。人との衝突時の速度は，被告人がブレーキを踏むことなく逃走したため，路面にタイヤ痕などの痕跡はなく，科捜研は，速度鑑定は不可能であると結論した。

　検察は，衝突時の速度鑑定は，裁判上必要であると考え，筆者に問い合わせた。衝突事故で重要なことは，衝突部位の突き合わせである。筆者は，全ての被害者と被告人車両がどこに衝突したかを明確にし，被害者の歩行位置を捜査するように指示した。

　被害者の一人は，頭部がフロントガラスを突き破って前の座席まで達していたと認められた。警察は，衝突速度を求めるために，何度も被害者の歩行位置を現場で検証した。

## 2　鑑定事項

　検察が必要とした鑑定事項は，以下の2項目であった。

⑴　被告人車両の速度

⑵　同車両の走行状況等

## 3　鑑定経過

⑴　被告人車両の速度

　歩行者事故における車両の衝突時の速度は，歩行者の衝突地点から停止地点までの飛翔距離から求めることができる。

　衝突速度$v$と飛翔距離$x$の関係は，近似的に次式で表される。

$$v=\sqrt{10x}\ (\mathrm{m/s})$$

　本事故において，遠くへ飛ばされた被害者の歩行位置と飛翔状況を図1に示す。自動車に衝突した歩行者が遠くに飛翔するのは，人体の位置が車両の前面内で衝突した場合である。この図から，被告人車両の最も中央に衝突したと推定されるA被害者が遠くまで飛翔し，次に遠くへ飛翔しているのは，T被害者及びN被害者である。歩行者が，自動車と衝突して飛翔するのは，自動車の運動エネルギーをもらって打ち出されることによる。歩行者と衝突後，ハンドルを急転把した場合は，最初の衝突の入力方向に歩行者が飛び出す。本事故の場合は，T被害者及びN被害者が，道路左方向遠くに飛翔している。このことから，被告人車両がこの2人の飛ばされた方向に向いていたと認められた。この被害者2人が被告人車両にはねられた直後に，被告人がハンドルを右に急転把し，被告人車両が道路中央に向いた後，A被害者がはねられたものと認められた。

　歩行者との衝突速度が速くなると人の飛翔距離は長くなるが，はね上がる高さも高くなる。ダミー実験では，速度が50km/hでは，フロントガラスの上まではね上がることが確認されている。したがって，速度50km/h以上の高速で衝突した場合は，車体のルーフの上まではね上がることが推定できる。

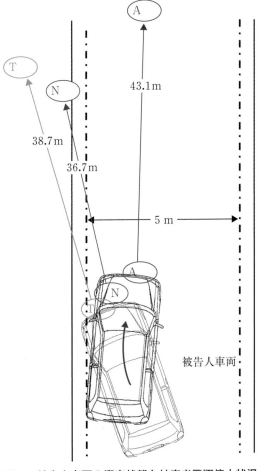

図1　被告人車両の衝突状態と被害者飛翔停止状況

　本件の場合は，被告人車両は速い速度で衝突後，被害者を高くはね飛ばし，加速している
ため，フロントガラスに衝突したＡ被害者を自車ルーフ中央に落下させて，そのまま逃走し
たと考えられた。

　図1に示されたように，遠くにはね飛ばされた被害者の位置と飛翔状況が明らかになった
ので，被告人車両と被害者の衝突時の速度を求めることができた。図1に示したように，Ｎ
被害者及びＴ被害者は，被告人車両が衝突後，ハンドルを右に急転把したことによって，被
告人車両から受けた速度$V_0$で飛び出したものと認められた。2名のＮとＴ被害者の飛翔距
離$X$は，38.7m及び36.7mである。

　よって，2名の被害者の衝突速度は，

$$V_0 = \sqrt{10X} = \sqrt{10 \times (36.7 \sim 38.7)}$$
$$= 19.16 \sim 19.67\,\mathrm{m/s}(68.98 \sim 70.81\,\mathrm{km/h})$$

と求められた。ただし，Ｔ被害者は，道路左に駐車していた車両に接触して停止したもので
あるから，計算で求めた速度より速い速度で衝突したと認められた。

　以上から，被告人車両の衝突時の速度は，約70km/h以上であると認められた。また，被告
人は衝突してから，ハンドルを右に急転把しながら加速して逃走したと認められた。

### ⑵　同車両の走行状況等

　図2は，被告人車両が走行した事故現場手前付近の道路状況を示している。被告人車両が
交通事故現場まで進行した道路状況は，Ｓ字状の狭いカーブが続く道路状況であった。

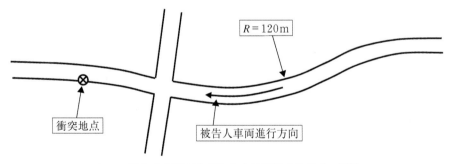

**図2　被告人車両が走行した事故現場手前付近の道路**

　写真1は，被告人車両が進行した交通事故現場までの道路状況を示している。この写真か
ら，Ｓ字状の狭いカーブであることが分かる。

　図2に示したカーブでは，その半径が$R = 120$mである。道路とタイヤとの運動摩擦係数を
$\mu = 0.7$とすると，このカーブの限界旋回速度$v_{CR}$は，次式で与えられる。

$$v_{CR} = \sqrt{\mu g R} = \sqrt{0.7 \times 9.8 \times 120} = 28.7\,\mathrm{m/s}(103.3\,\mathrm{km/h})$$

　交通事故現場付近での走行速度は，70km/h（19.44m/s）以上で走行していることから，
この$R = 120$も同様の速度で走行していたものとすると，$R = 120$付近で速度70km/hで走行し

**写真1　被告人車両が進行した交通事故現場までの道路状況**

た場合，その横加速度$a$は，次式となる。

$$a = \frac{V^2}{R} = \frac{19.44^2}{120} = 3.15\,\mathrm{m/s^2}$$

　上式を$g = 9.8\,\mathrm{m/s^2}$で除すとその値は横Gと呼ばれ，0.32Gとなる。一般的には，カーブを曲がるときの横Gは，0.2G以下である。したがって，0.3G以上でカーブを走行することは左右に大きく揺れながら走行していたものと認められた。

　被告人車両は，このS字カーブを高い速度で走行し，交通事故現場付近では，**図1**に示したように，T被害者及びN被害者を道路左衝突地点から，駐車している車両方向にはね飛ばしたことから，かなり左方向に向いて走行していたと認められた。このことは，衝突直前の左カーブを曲がったとき，左にハンドルを切りすぎていたことを示唆していた。そのまま，被害者らをはね飛ばし，右にハンドルを急転把して，逃走したものと認められた。

　以上のことから，被告人は，被害者と衝突したときの速度は，70km/h以上であり，S字の狭いカーブを酔って道路を左右に大きく振れながら走行していたと認められた。

　検察は，危険運転致死傷をはじめ，道路交通法違反（ひき逃げ，無免許）と窃盗の合計4つの罪で懲役25年を求刑した。被告人は，アルコールの影響により正常な運転が困難な状態で自動車を走行させてはいないし，自動車を道路左側に進出させてもおらず，自動車を走行させた速度も70km/hまで至っていなかった旨供述し，人に傷害を負わせる交通事故を起こしたとは認識していなかったと供述して，弁護人もこれに沿って，業務上過失致死罪が成立するにとどまり，ひき逃げについては無罪を主張した。

## 4　裁判の結果

　判決は，「被告人を懲役20年に処する」であった。

　裁判官は，飲酒量について，捜査段階で被告人は，酒を相当飲んでいたことを警察に供述していたにもかかわらず，公判段階でこれを否定しており，また，接見する弁護人に相談できたにもかかわらず，そのような相談をすることもなく，日本酒を5ないし6合飲んだと認めた理由について首肯できる説明をしていないので，公判での供述は信用できないとした。被告人の飲酒量は，グラスで発泡酒を1杯，大きめのビールグラスで焼酎の水割りを2杯，日本酒を5〜6合飲んだものと認めた。

　公判において，酒を給仕した者たちの供述も捜査段階とは異なり，公判では被告人に有利な供述に変わったが，変わった理由が明確にできなかったため，信用できないとした。

　被告人は，また，道路の左に寄って走行した事実はないと供述したが，被害者が衝突地点から，大きく左にはね飛ばされた事実から，裁判官は，被告人が左に寄って進行したと認めた。

　被告人は公判において，走行速度は50km/hであると供述し，70km/hの速度ではないと争った。裁判官は，飛翔距離から求められた被害者との衝突速度は70km/h以上であったとの鑑定が信用できるとした。

　最後に，裁判官は，助手席側のフロントガラスの一部窓枠が外れるほど割れ，運転席側も細かく割れ，前方を見通せないほど自動車が破損したのであるから，人をはねたという認識があったと認められるのであって，停止して状況を確認するのが通常であるにもかかわらず，人をはねた認識はなかったという被告人の供述は，信用できないとした。

　判決を不服として，被告人は，高裁に控訴したが有罪であった。その後，さらに最高裁へ上告したが棄却され，懲役20年の刑が確定した。

## 5　まとめ

　本件は，被告人が捜査段階で相当飲酒したこと，人をはねたことを認識していたこと，速度が70km/hであったことなどを認めていたが，公判でそれらの供述を否定し，酒を提供した者たちも捜査段階の飲酒量の供述を公判では変えてしまったという異例のものであった。飲酒については，警察・検察が危険運転致死傷罪を適用することを前提に捜査を進めたことが功を奏したといえる。また，被害者との衝突速度については，タイヤ痕はなかったが，被害者の飛翔距離から速度を求めたことは，重要なポイントであった。捜査当初は，被害者の歩行位置は明確にされていなかったが，その後，被害者と被告人車両との衝突位置の突き合わせや歩行者位置などが的確に捜査されたことが速度鑑定のポイントとなった。

　一度の衝突事故で，8名もの死傷者が出た重大な交通事故事件であった。

## 事例 1-4　目撃者不在の歩行者事故

本事例では，歩行者を自動車ではねて，逃走した事件について述べる。道路を横断している歩行者や道路の端を歩行している歩行者をはねる交通事故がよく起こる。自動車運転者が居眠りや携帯電話，携帯メール，車内のテレビ，オーディオの操作に気を取られたため事故が起こることが多いが，歩行者が飛び出したことによって事故になった場合もある。また，歩行者をはねて，そのまま逃走したり，再び被害者を轢過して逃走する悪質なケースもある。

歩行者事故において，目撃者がいないとき，はねられた場所が，横断歩道上か，車道上か，路側帯かが問題になる。

本事例では，歩行者の飛翔状況から，はねられたときの自動車の走行状況が明らかにされた事件について解説する。

### 事件の概要

本事件は，まだ真っ暗な早朝，ウォーキングをしていた男性が，自動車にはねられ，翌日道路脇の藪の中で発見されたものであった。被疑者は，事件の数日後，フロントガラスなどが凹損した自動車を修理に出したが，修理工場は事件性があるとの疑いを持ったことにより，警察に通報した。フロントガラスには，被害者の毛髪などが付着していたことにより，ウォーキングをしていてはねられた男性の毛髪と確認され，被疑車両であることが判明した。しかしながら，被疑者は米軍関係者で，人をはねた認識はなく，木か何かと衝突した認識しかないとして任意の事情聴取も拒否したため，捜査が行き詰まった。

### 1　警察の対応

警察は，決定的な証拠をもって，逮捕状を請求して逮捕して取り調べるほか手立てがない状態となった。しかしながら，1か月が経過しても逮捕できる決定的な証拠を見いだせなかった。警察の行き詰まった捜査に対して，地域が決起集会を起こすなど不満が高まった。

そこで，警察は，筆者に被疑者の逮捕につながる捜査及び鑑定を依頼した。

### 2　現場の状況

筆者は最初に，交通事故現場を見分した。**図1**は，被害者が発見された道路の状況である。事故現場は，街灯がない片側一車線の直線道路である。道路の両側には，路側帯とその外側に，人の背の高さより若干高い藪が広がっていた。

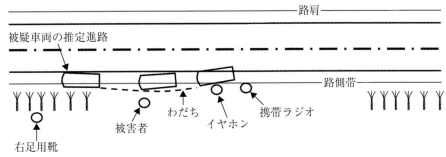

**図1 交通事故現場見取図**

## 3 被疑車両の見分

　事故現場の見分に次いで，警察署に保管されていた被疑車両を見分した。バンパーの左前部はひび割れており，ボンネットには，先端からフロントガラス方向に3cm幅の一筋の凹損及び人が倒れて凹損した痕跡などが認められた。フロントガラスは，助手席前面がくもの巣状に凹損しており，フロントガラスの表面に被害者の頭髪がかみ込まれていた。被疑車両の前面の痕跡を観察すると，ボンネットには，前端からフロントガラス方向の擦過痕のみで，逆方向の擦過痕等は認められなかった。このことから，筆者は，被疑車両がブレーキを踏んだ状態で被害者と衝突したと判断した。つまり，被疑者は，被害者を認めて，危険を感じ制動して衝突したと推定した。

## 4 衝突速度と衝突形態の推定

　警察からの鑑定依頼事項は，主に，
・衝突速度
・衝突形態
・衝突地点
であった。

　本事件は，目撃者がいなかったため，衝突地点を特定することはできないので，まず，衝突角度，衝突速度を推定し，被害者転倒位置から速度に応じた飛翔距離を算出することによって，衝突地点を特定することとした。

　フロントガラスの凹損状況から，衝突速度を判断する以外に方法は認められなかった。**写真1**は，被疑車両のフロントガラスの破損状況を示す。

　フロントガラスは，くもの巣状に凹損しているが，被害者の頭部が陥没するほどには凹損していなかった。

　ボンネットタイプの車両における歩行者事故では，歩行者の頭部が衝突したフロントガラスの凹損状況によって衝突速度が経験的に分類できる。

　① フロントガラスに歩行者の頭部が届かない場合は，速度は40km/h以下である。
　② フロントガラスにひびが少しできた状態では，速度は40〜50km/hである。

**写真1　被疑車両のフロントガラス破損状況**

③　フロントガラスがくもの巣状にひび割れた場合は，速度は50〜60km/hである。

④　フロントガラスが陥没して，歩行者の頭部がフロントガラスにめり込んだ場合は，速度は70km/h以上である。

**写真2**に，くもの巣状にひび割れたフロントガラスの損傷例を示す。

**写真2　57km/hで衝突した損傷例（くもの巣状に凹損）**

本件事故では，55km/h（15.3m/s）であると推定された。衝突角度は，**図1**に見分されたように，被害者の靴，被害者，被害者の携帯品がほぼ一直線上に存在したことにより，**図2**に示すように，7°であると認められた。

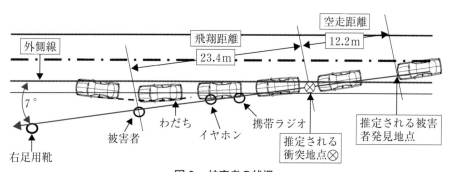

**図2　被害者の状況**

被疑車両は，衝突直前に被害者を発見していると認められた。衝突速度 $V$ と歩行者の飛翔距離 $x$ の関係は，次式で表すことができる。

$$V = \sqrt{10x} \quad \text{………………………………………………………………式(1)}$$

あるいは，

$$x = \frac{V^2}{10} \quad \text{………………………………………………………………式(2)}$$

　被疑車両の衝突直前の速度は，約55km/h（15.3m/s）と推定されるから，式(2)を用いると，被害者は衝突地点から少なくとも23.4m飛翔したことになる。したがって，落下停止位置から後方に23.4m道路側に戻すと**図2**の衝突地点⊗となる。

　被疑者が被害者を発見した場合，危険を感じて制動操作することになる。一般的に，空走時間は約0.8秒とされているから，**図2**に示したように，衝突地点から12.2m手前が被害者発見地点と認められた。

　よって，被害者が，道路右端の路側帯を歩行中，被疑車両が被害者に向かって進行し，途中，被疑者は被害者を認めて急制動したが，被害者をはね，路側帯外側の藪の土の部分に左輪のわだちを印象させて，そのまま逃走したものと認められた。

## 5　衝突前のブレーキ操作の有無

　ボンネットタイプの自動車が歩行者をはねた場合の人体挙動について概説する。

　**図3**は，歩行者の衝突直前及び衝突中の接触状況を示す。大人が自動車にはねられた場合は，最初に足がバンパーに当たる。

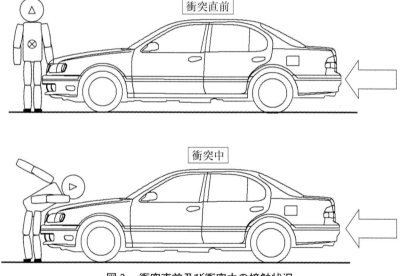

図3　衝突直前及び衝突中の接触状況

　衝突後，**図3**に示したように，歩行者の身体は，ボンネットに沿うように倒れ込む。ボンネット型の自動車では，40km/h以下の場合，フロントガラスに頭部が届かず，フロントガラスが割れることはない。

　**図4**に示すように，40km/hを超えると，足が跳ね上がり，歩行者の身体は，ボンネットを勢いよくすべり，頭部がフロントガラスに到達する。

　この後，歩行者は自動車運転者が制動するか加速するかなどによって，飛翔状況が分かれる。

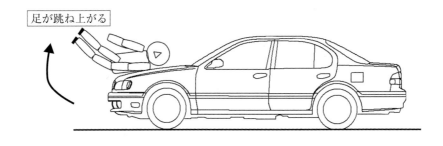

足が跳ね上がる

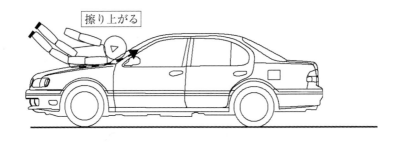

擦り上がる

フロントガラス
が割れる

**図4　高速で歩行者がはねられた場合の挙動**

(1)　歩行者を発見して急制動してはねた場合の飛翔状況

〔40km/hではねた場合〕

　40km/hで走行中，歩行者を発見して危険を感じ急制動してはねた場合，**写真3**に示すように，フロントガラスに頭部は届かない。歩行者は，自動車の速度エネルギーをもらって飛翔する。自動車は，強く制動しているため減速する。したがって，急制動してはねた自動車が，歩行者を再び轢過することはない。

　歩行者は，ボンネットを先端からフロントガラスの方向に向かって移動するが，自動車の減速とともに，フロントガラスからボンネットの先端部に向かってすべり，最終的に落下する。したがって，歩行者が低速ではねられた場合，ボンネットには，前後方向に，すべる方向が異なる凹損や擦過痕が印象される。

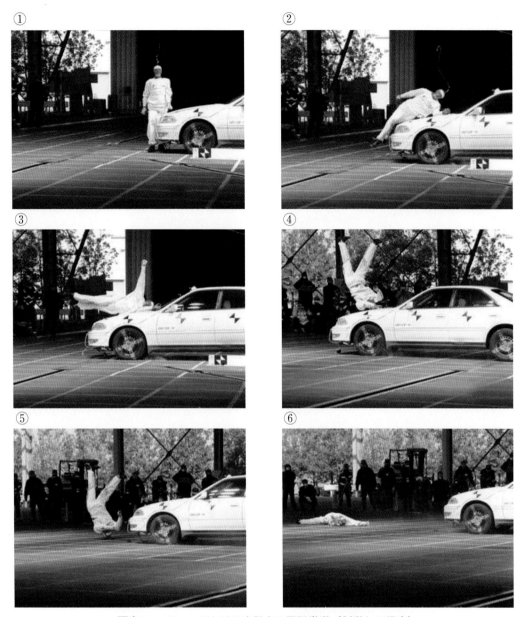

**写真3　40km/hにおける歩行者の飛翔挙動（制動して衝突）**

〔**50km/h以上で走行中，歩行者を発見して急制動してはねた場合**〕

　50km/h以上の速度で，歩行者を発見して急制動してはねた場合，歩行者は，フロントガラスに頭部が衝突し，高く上方に跳ね上がる（**図5**に示す。）。

　この図に示したように，被害者は高く跳ね上げられる。自動車には，制動力が作用し減速するから，歩行者は，ボンネットの上に落下せずに遠くに飛翔する。自動車のボンネットには，歩行者との二度当たりの痕跡は残らない。

　つまり，ボンネットには，先端からフロントガラスの方向に凹損と擦過痕が印象され，フロントガラスがくもの巣状に凹損するだけとなる。

　したがって，本件事故の場合，ボンネット先端からフロントガラスの方向に凹損と擦過痕

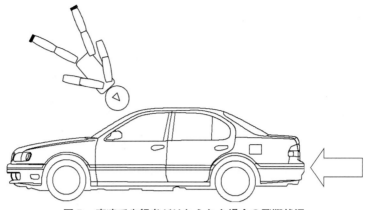

図5　高速で歩行者がはねられた場合の飛翔状況

があるだけであったので，制動中に被害者と衝突したと認められた。制動したということは，被害者を発見して危険を感じたということを示している。

(2)　歩行者を未発見ではね，その後制動した場合（衝突後に制動）

　歩行者をはねてから気付いて，制動して停止した場合は，はねてから空走時間の間，歩行者と自動車は同速度で移動する。空走時間は，ブレーキ操作を開始しようとして制動力が路面に作用するまでの時間である。歩行者をはねてから気付いて制動するから，空走時間が長いことが考えられる。

〔40km/h以下の低速の場合〕

　この場合，ボンネットに乗せてしばらく走行し，制動力が作用して自動車が減速してから，歩行者はボンネットから前方にすべり落ちる挙動となる。ボンネットの痕跡は，先端からフロントガラスに向かう凹損と擦過痕及びすべり落下するときの擦過痕がボンネットの先端方向に印象される。

〔50km/h以上の高速で走行中，歩行者をはねてから急制動した場合〕

　歩行者を未発見の状態で，高速で歩行者と衝突してから，制動操作した場合は，歩行者はフロントガラスに衝突した後，空中に跳ね上がる。この間，はねられた歩行者の前方に移動する速度と自動車の走行する速度は，同一となる。制動力が発生し，自動車が減速するが，その前に，歩行者は再び自動車のルーフ，フロントガラスに落下し，ボンネットに擦過しながら，自動車の前方から路面に落下する。図6に歩行者の移動挙動を示す。

　写真4は，衝突速度が55km/hで，衝突後，0.8秒後に制動力が作用した場合のダミーの挙動を示している。ダミーは，0.5秒程度でフロントガラスなどに落下することが分かる。

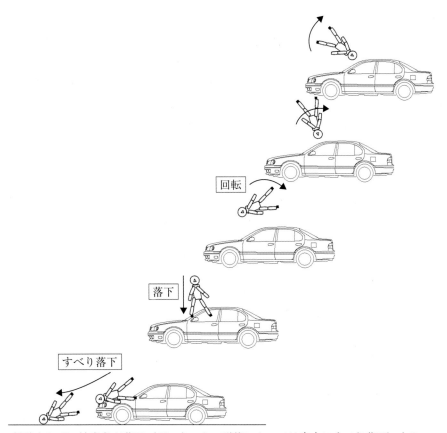

制動すれば，被害者が落下（ボンネットの形状によっては自由にすべり落下）する。

**図 6　歩行者の移動挙動**

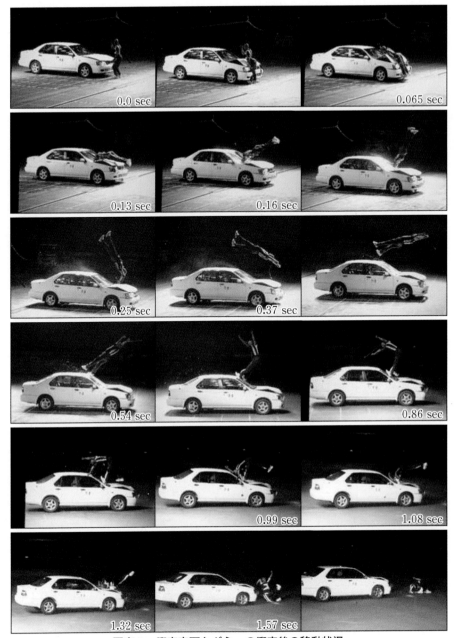

写真4　衝突車両とダミーの衝突後の移動状況

⑶　歩行者と衝突して加速して走行した場合（高速）

　高速度で歩行者と衝突し，衝突した後も減速せずにむしろ逃走しようと加速した場合は，歩行者は，図7に示すように，自動車のルーフに二度当たりする。それは，フロントガラスに衝突した瞬間は，歩行者の飛び出す速度は自動車と同一であり，高く上に飛び上がりながら前方に移動するが，自動車が加速することによって，自動車の速度が空中の歩行者より速度が速くなり，歩行者が落下する頃には，前に進んでいるため，自動車のルーフに落下することとなる。

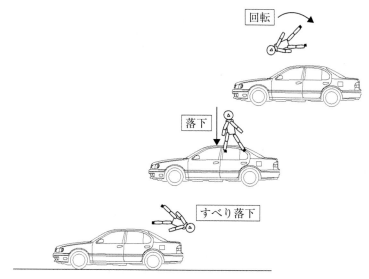

図7　歩行者と衝突後，加速して走行した場合（速度50km/h以上）

## 6　犯罪の証明

　立っている歩行者をはねているから，バンパー，ボンネット及びフロントガラスなどには，大きな凹損が認められるが，被疑者は，「動物だと思った」，「木に当たったと思った」などのでたらめな供述で救護義務違反（ひき逃げ）を逃れようとする。ボンネットなど自動車に二度当たりの痕跡がない場合は，発見して急制動したのであり，人間として認識したことを意味するものである。

## 7　裁　判

　裁判官の判断は，人を認識して制動したが，間に合わず，被害者をはね飛ばし逃走したものとして有罪とした。

## 8　まとめ

　歩行者をはねて逃走する事件が多数発生している。事故は携帯電話操作中や，酒酔い運転，無免許運転など逃走を図る理由が存在することが多数見受けられる。被害者が亡くなっていることで，被疑者のみの供述になりがちな歩行者事故であるから，自動車の痕跡から，真実を明らかにすることが重要である。

# 第2章

# 二輪車対四輪車の事故

## 二輪車事故解析の基礎知識

■ 衝突部位の突き合わせを行い，衝突状況を明らかにする。

■ 被害者の股間が衝突したことによる自動二輪車の燃料タンクの凹損の有無を捜査する。（➡ p.38**写真7**，p.69の2，p.72式(2)）

■ 二輪車の軸間距離を測定し，縮小量あるいは伸張量から有効衝突速度（バリア換算速度）を算出する。（➡ p.46式(1)，p.74**図5**）

■ 衝突地点に存在するタイヤ痕や擦過痕を捜査し，衝突地点を特定する。

■ 四輪車両の衝突部位の凹損を測定する。（➡ p.75**写真3**，**図6・7**）

## 予備知識 ■ 二輪車事故解析のポイントについて

　二輪車事故では，右折自動車と直進二輪車の事故が多く発生しているが，ほとんどのケースが直進する二輪車を見落として，四輪車が右折して衝突したものである。被疑者（右折する四輪車の運転者）は，見落としていたため，急に二輪車が衝突してきたように感じることが多いようである。

　二輪車乗員は，衝突すると死亡するケースが多く，被害者（二輪車乗員）からの供述が得られず被疑者の供述に頼る捜査となることもしばしば見かけられる。被疑者は，曲がれると思って右折を開始したと述べ，裁判で速度を争うことがしばしばである。また，時には，右折しようと交差点付近で停止し，右折の機会をうかがっていたときに二輪車に衝突されたと供述する場合もある。被疑車両が衝突時に停止していたか否かは，路面に印象された二輪車の衝突時のタイヤ痕を見れば判断ができる。

　以下では，このような二輪車事故の捜査について述べたい。

## 1　衝突現象

　図1は，自動車の衝突時の時間変化を自動車，タイヤ，車室内乗員別に示したものである。自動車と自動車が衝突した場合，自動車はその衝撃により車体変形が起こる。自動車の衝突現象で最も重要なことは，車体変形終了後に，自動車が移動を開始するということである。図1に示した衝突の時間変化に基づく路上痕跡であるガウジ痕やタイヤ痕から衝突地点の特定や衝突直後の車両挙動の解析ができる。

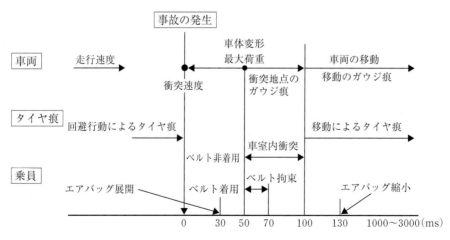

**図1　自動車衝突時の時間変化**

　衝突の瞬間を0秒とすると，自動車は衝突してから約0.1秒（100ms）間で変形が終了する。自動車に最大荷重が加わる（最大減速度が発生する）のは約50msである。大きな車体変形が

生じるような高速度での衝突では，衝突車両の車底部が路面に強く接触し，ガウジ痕を路面に印象する。車体変形が生じている間は自動車の移動が起こらないから，衝突地点はこのガウジ痕を印象した部位を突き合わせることにより特定できる。

　衝突後，車体変形が生じている間，シートベルト非着用の車室内乗員は，慣性の法則によって車室内構造物へ衝突する。他方，シートベルトを着用した乗員は，衝突から50〜70msまでに，ベルトにより体が拘束される。エアバッグは，最大荷重が発生する前の約30msで展開し，変形が終了する100ms後には，縮小を開始し，130msではしぼんでいる状況となる。

　衝突後，自動車は約0.1秒間変形し，変形終了後，初めて自動車の移動が起こり始める。このとき，変形した自動車が移動することにより，タイヤ痕，変形したリムや自動車部品のガウジ痕や擦過痕などを印象する。衝突変形中のガウジ痕や擦過痕と変形後に移動中のガウジ痕や擦過痕は，異なった方向に印象される。この印象方向から，衝突位置や車両の飛び出し角度などが特定できるので，十分に見分することが捜査のポイントである。

　二輪車事故においても，衝突した車両が変形終了するまで，二輪車は運動を持続し，四輪車も変形終了するまで，運動を持続することは同じである。

## 2　右折移動する車両と二輪車が衝突したときの車両挙動

　図2に示すように，右折移動する車両の側面と二輪車を衝突させた。右折車両の衝突速度を15km/h，二輪車の衝突速度を45km/hとして衝突実験を行った。右折車両の側面は，車体側面が変形し，二輪車の前輪は変形し後方に後退する。

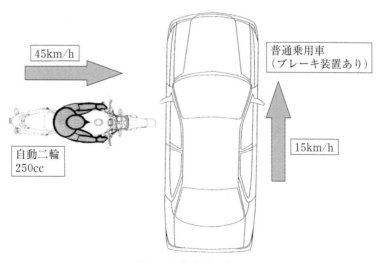

45km/h

普通乗用車
（ブレーキ装置あり）

自動二輪
250cc

15km/h

**図2　衝突実験の状況**

32

写真1は，衝突後の停止状況を示している。

写真1　衝突後の停止状況

写真2は，上方から撮影した衝突後の車両の停止状況を示す。

写真3は，右折車両の左側面の凹損状況を示す。

写真4は，右折車両の側面の凹損状況を上から撮影したものである。

写真5は，二輪車の前輪が後退した状況を示している。二輪車の前輪のフロントホークは曲損し，前輪軸は大きく後退している。

写真2　上方から撮影した衝突後の停止状況

写真3　右折車両の左側面の凹損状況

写真4　右折車両の側面の凹損状況を上から撮影したもの

写真5　二輪車の前輪が後退した状況

　**図3**は，衝突時及び衝突後の移動状況を示している。この図から，右折車両は二輪車との衝突によって大きく進路を変えたことが分かる。また，実験では，衝突直後に右折車両を急制動させたため，路面にタイヤ痕を印象させており，車両の進路変更の程度が分かるようになっている。一般的に，右折車両は二輪車と衝突しても強く制動することはない。したがって，右折車両の急制動痕がないことが多い。

　二輪車の衝突速度解析には，運動量保存則及びエネルギー保存則を用いる。

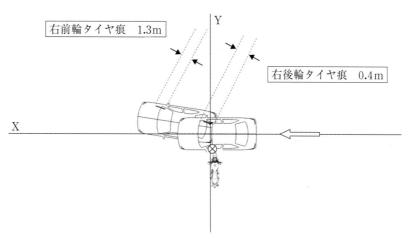

**図3　右折車両の衝突後の移動状況とタイヤ痕**

## 運動量保存則

$(m_A + m_人) V_A \cos\beta_A + m_B V_B \cos\beta_B = m_A V_{slipA} \cos\alpha_A + m_B V_{slipB} \cos\alpha_B$

$(m_A + m_人) V_A \sin\beta_A + m_B V_B \sin\beta_B = m_A V_{slipA} \sin\alpha_A + m_B V_{slipB} \sin\alpha_B$

## エネルギー保存則

$$\frac{1}{2}(m_A + m_人) V_A^2 + \frac{1}{2} m_B V_B^2 = \frac{1}{2} m_A V_{barrierA}^2 + \frac{1}{2} m_B V_{barrierB}^2 + \frac{1}{2} m_A V_{slipA}^2 + \frac{1}{2} m_B V_{slipB}^2$$

ただし，　$V_A$　　＝二輪車の衝突速度

　　　　　$V_B$　　＝右折車の衝突速度

　　　　　$m_A$　　＝二輪車の質量

　　　　　$m_B$　　＝右折車の質量

　　　　　$m_人$　　＝二輪車乗員の質量

　　　　　$\beta_A$　　＝二輪車の衝突角度

　　　　　$\beta_B$　　＝右折車の衝突角度

　　　　　$\alpha_A$　　＝二輪車の飛び出し角度

　　　　　$\alpha_B$　　＝右折車の飛び出し角度

　　　　　$V_{slipA}$　＝二輪車の飛び出し速度

　　　　　$V_{slipB}$　＝右折車の飛び出し速度

　　　　　$V_{barrierA}$＝二輪車のバリア換算速度

　　　　　$V_{barrierB}$＝右折車のバリア換算速度

である。

　二輪車の衝突速度を求めるために，衝突角度，衝突後の飛び出し角度を求める必要がある。右折車両が急制動しないためタイヤ痕はない。

　そこで，筆者は，二輪車のタイヤ痕から右折車両の飛び出し角度を見いだす方法を発見した。二輪車の前輪は衝突してタイヤの回転が止められる。フロントホークなどが変形し，右折車両の側面も変形するため，それらの変形が終了するまで，二輪車の運動は持続され，路面に二輪車の進行方向を示すタイヤ痕を印象する。変形終了後，運動する右折車両と二輪車は互いにある方向に飛び出す。このとき二輪車は右折車両の側面に接触しているため右折車両の向きに二輪車前輪のタイヤが向き，回転できない二輪車前輪は右折車両の向きにタイヤ痕を印象する。この変形終了後の二輪車のタイヤ痕が，移動する右折車両の飛び出し角度である。実験において，衝突後の二輪車のタイヤ痕と右折車両の急制動痕の向きが一致することが確認できている。衝突角度は，衝突した車両同士の突き合わせから求めることができる。

　**写真6**は，路面に印象された二輪車のタイヤ痕を示す。二輪車の衝突前の進路を示すタイヤ痕及び変形終了後に印象されたタイヤ痕が，右折車両の飛び出した角度を示している。

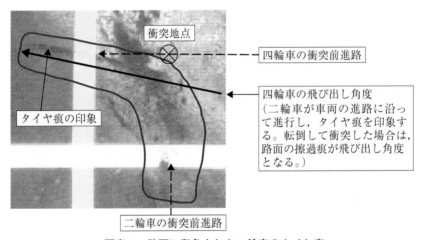

写真6　路面に印象された二輪車のタイヤ痕

　このほか，路面には，転倒した二輪車の擦過痕やガウジ痕（路面のえぐれ痕）が印象される。右折しようとして停止していた右折車両と衝突した場合は，**写真6**のような屈曲した二輪車のタイヤ痕は印象されないし，屈曲した二輪車の擦過痕やガウジ痕は印象されない。したがって，衝突地点の痕跡を見分し，写真を撮影することが二輪車事故の捜査における重要なポイントである。

## 3　まとめ

　二輪車事故では，二輪車乗員が死亡することが多いため，右折車両の供述に頼った事故捜査が行われる傾向にある。しかしながら，衝突地点の路面のタイヤ痕，ガウジ痕などから事故の解明ができる。互いの衝突速度や停止していたか否かなども目撃者や被疑者の供述に関

係なく明らかにすることができる。衝突地点付近の痕跡の捜査が交通事故解析の重要なポイントである。

## 事例 2-1 間違いやすい二輪車の衝突形態事例
### —真横から衝突したか，斜め正面から衝突したか—

　本事例では，間違いやすい二輪車の衝突形態について述べる。二輪車事故の解析は，四輪自動車同士の事故解析と比べて非常に難しい。現状の二輪車事故の基本捜査要領では工学的事項が不十分なため，事故解析に必要な事故の見分が十分に行われていないのが現状である。

　以下では，間違いやすい二輪車の事故形態について実例を示して解説することで，二輪車事故の見分や捜査の一つの指針になればと思い紹介することとした。

### 事件の概要

　本事件は，午後9時頃，信号機のない交差点内で起こったものである。被疑者進行道路は，センターラインのない幅員4.2mの道路である。被疑者は，信号機などで交通整理が行われていない交差点を直進進行していたところ，自動二輪車と衝突したもので，被疑者は，自動二輪車がどこから走ってきたのか，あるいは飛び出してきたのか衝突直前まで分からなかったと主張したものである。被疑者からは，見通しの悪い交差点ではあるが，左右にはカーブミラーが設置されており，対向車以外の直行する方向から進行してきた車両を，ミラーに反射したライトなどで判断できたと認められる。

　自動二輪車を運転していた被害者は，被疑車両との衝突によって，頭部がフロントガラス右端に衝突したが，致命傷となったのは，バイクの前輪及び前軸が衝突によって回転したことによって，大腿部が燃料タンクとフロントホークに挟まり動脈が断裂し，死亡したものであった。

## 1　警察の捜査

　警察は，衝突後の状況を見分し，写真撮影を行い，交通事故現場見取図に現場の状況を記載した。また，被疑車両及び被害車両（自動二輪車）の見分を行い，写真撮影している。二輪車事故の解析は，自動二輪車の前軸と後軸の軸間距離の縮小量などを測定することが重要であるが，事故の見分では，フロントホーク曲損としか示されていない。また，燃料タンクの座席付近に凹損があったが，記載されていない。被疑車両の損傷を，**写真1**に示す。

　科学捜査研究所の鑑定では，**図1**に示すような形態で衝突したと認定し，自動二輪車が，一時停止せずに横断したため，衝突したものであるとした。その中では，具体的な証拠が示されずに衝突時の被疑車両の速度が20〜25km/h，自動二輪車が15km/hと鑑定され，燃料タ

36

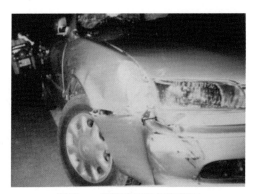

写真1　被疑車両の損傷状況

ンクの凹損があったこと（**写真2**），フロントホーク
が曲損して前軸が後退（**写真3**）しているので，自
動二輪車はある速度をもって衝突したとした。しか
し，自動二輪車の前軸が曲損して後退したこと，及
び燃料タンクが凹損したことは，横方向からの衝突
であるから，自動二輪車の速度だけで起こらなけれ
ばならない。**図2**に示すように，自動二輪車の軸の
後退量は9.5cmであり，車軸間距離の縮小量からバ
リア換算速度を求める計算方法では，バリアに衝突
したとして30km/hの速度で衝突したことになる。
自動二輪車の速度を15km/hと鑑定したとの結果と
は異なる。したがって，真横から衝突したとは考え
られない。実際の状況からは，自動二輪車は，左折

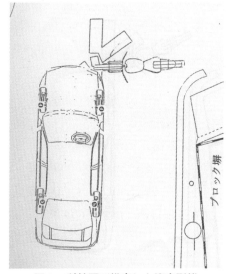

図1　科捜研が推定した衝突形態

凹損

写真2　燃料タンクの凹損

写真3　フロントホークの曲損

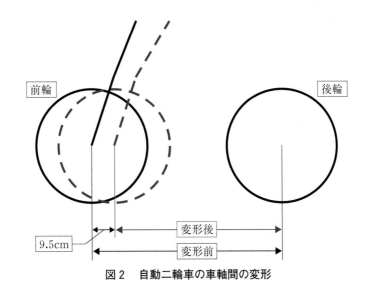

前輪

後輪

変形後
9.5cm
変形前

図2　自動二輪車の車軸間の変形

して直進し始めたとき，右寄りに走行していた乗用車と斜め正面衝突したものと推定された。

　ここで，前方不注視の場合は，被疑者が衝突するまで，「分からなかった」と証言し，空から降ってきたようなことを言うことがよくある。前方を注視して運転していた場合は，前方から来た，あるいは横から急に出てきた，と証言ができるのである。

## 2　検察の対応

　検察は，業務上過失致死罪として起訴し，その内容は，交差点の見通しが困難であったから，徐行して右方向からの車両の有無に留意し，その安全を確認しながら進行すべき業務上の注意義務があるのにこれを怠り，漫然と交差点に進入したことにより，被害者と衝突し死に至らしめたとした。検察は，起訴状で，簡易裁判所に略式命令を請求している。

## 3　簡易裁判所の略式命令

　裁判所は，「被告人を罰金30万円に処する」とした。

## 4　改善のポイント

　前述したように，自動二輪車のフロントホークや燃料タンクの損傷状況から，真横から衝突したとは考えられず，フロントホーク曲損，燃料タンクが凹損していることなどから，被疑車両の正面のやや斜め方向から衝突したと考えられる。そこで，衝突形態に対する留意点について，一般財団法人日本自動車研究所で行った実験の事例で示すことにする。

　実験の事例は，乗用車が斜め正面に向いて停止していた自動二輪車に衝突した衝突ケース（**写真4**）と，真横に向いて停止していた自動二輪車に衝突した衝突ケース（**写真5**）である。

　乗用車が停止した自動二輪車の斜め正面から衝突した場合は，**写真6**に示すように，フロントホークが曲損し，**写真7**に示すように，燃料タンクが凹損する。また，乗用車の前面の損傷は，**写真8**に示すようになる。大きく凹損しているのは，フロントホークの食い込みで

ある。これらの損傷状況は，本事故状況と極めて類似している。

　乗用車が停止した自動二輪車の真横から衝突した場合は，自動二輪車が停止しているため，当然フロントホークの曲損や燃料タンクの凹損は認められない。また，乗用車の前面には，フロントホークの食い込み凹損も認められなかった（**写真9**）。

　以上から，衝突の状況を様々な角度から精査検討することが重要である。

写真4　斜め正面に衝突したケース

写真5　真横から衝突したケース

写真6　斜め正面衝突におけるフロントホークの曲損

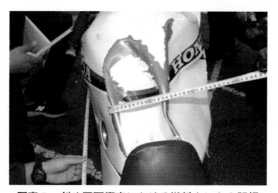

写真7　斜め正面衝突における燃料タンクの凹損

写真 8　斜め正面衝突における乗用車の損傷　　　　写真 9　真横衝突における乗用車の損傷

## 5　まとめ

　自動二輪車の事故捜査は，大変難しいものである。衝突角度や衝突後の飛び出し角度など詳細に見分することが重要である。本件の場合は，フロントホークの後退量から衝突形態及び速度を求めることや，タンクの凹損，車体に飛び散った被害者血液と路面に飛び散った血液の状況から衝突位置を特定するなど，緻密な見分から読み取れる衝突状況の検討が不足したため，衝突形態を誤ったものと考えられ，今後は多くの衝突実験を行い，衝突検証を行っておくことが必要である。

## 事例 2-2　捜査が長引いて逆送対象になったバイク事故事件

　本事例は，事故発生当時15歳だった少年が起訴されたものである。
　平成13年に改正される前の少年法では，犯行時ではなく送致の時点で16歳に満たない少年の事件は，「検察官に送致できない」とされていたが，捜査が長引き，平成13年になって被告人が送致された家庭裁判所が「送致時点の年齢が18歳だった」として逆送を決定し，15歳時の事故で刑事裁判が行われる異例の裁判となり，裁判も長期化した。
　以下では，事件捜査と裁判までの進行について述べる。

### 事件の概要

　本事件は，被告人が仲間の少年と5台のバイク（原動機付自転車）と連なって対向車線を逆走し，このうち被告人が運転する二人乗りバイクが対向車線を走行する乗用車と正面衝突し，同乗者に重傷を負わせたものであるが，被告人（15歳少年）が運転していたことを否認した事件である。
　15歳であった少年は，バイク事故を起こし同乗者に重傷を負わせたとして家裁から検察官送致（逆送）され，業務上過失傷害と道路交通法違反（無免許運転）の罪に問われた。

## 1 衝突状況の捜査

　図1は，交通事故現場見取図を示している。

　図1に示されるように，被告人車両は事故当時，対向車線を数台で逆走して，対向車と衝突したものである。図2に示されるように，被疑車両（バイク）と被害車両（対向乗用車）との衝突角度は，約30°であった。被害車両は，信号待ちの後，発進した状態で，速度は25km/h程度と認められた。被告人車両の速度も右折中であり，同程度の速度であったと認められた。

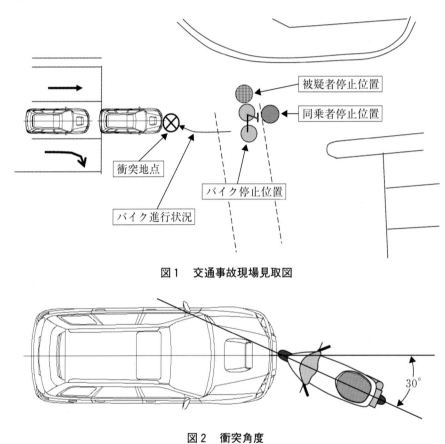

図1　交通事故現場見取図

図2　衝突角度

## 2 傷害の状況

　被害車両の乗員に傷害は認められなかった。被告人の傷害は，右大腿骨骨折，左鎖骨骨折であった。また，被告人車両の同乗者の傷害は，脾破裂，左腎梗塞，左上腕骨骨折，右鎖骨骨折であった。

## 3 被害車両の凹損状況

　写真1は，被害車両のボンネットの凹損状況を示している。　この写真から，被害車両のボンネットは，大きく凹損していることが認められる。

写真1　被害車両のボンネットの凹損状況

## 4　供述の状況

被告人は，運転していたか否かについて問われると，自分はバイクの後部に乗車していたと一貫して否認した。バイク同乗者は，傷害が大きかったためか，記憶が曖昧で，運転していたか否かを明確にできなかった。また，仲間の供述も曖昧なものであった。

一方，被害車両の運転者及び助手席同乗者はともに，ボンネットに乗り上がった大柄の1人だけ見えたと供述した。

このような供述状況で，警察は，バイク運転者は被告人であると認めてはいたが，明確な証拠を被告人に示すことができなかった。そこで，運転者が誰だったのかが問題になった。

## 5　バイク運転者の特定

被害車両の運転者及び助手席同乗者は，ボンネットに上がったバイク乗員は1人しか見えていなかった。筆者が交通事故現場見取図及び実況見分調書を見て最初に判断したのは，衝突したとき，バイク乗員が2人とも被害車両のボンネットに上がって，被害車両の進行方向に飛び出したということであった。

**写真2**に示すように，ボンネットには，2つの大きな凹損が認められ，凹損Aはバイクの後部乗員によるものであり，凹損Bはバイク運転者による凹損と認められた。

写真2　被害車両のボンネットの凹損

衝突の状況を**図3**に示す。バイクが斜めに衝突したが，バイク乗員は，2人ともボンネットに上がり被害車両の進行方向に飛翔したと認められた。**図1**に示したように，2人のバイ

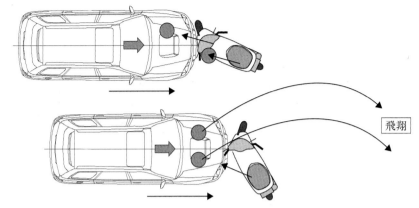

**図3　バイク乗員の衝突状況及び飛翔状況**

ク乗員が，近い場所に飛翔停止していることからも明白である。

　次にバイク運転者の傷害であるが，**図4**に示すように，左斜め正面にバイクが衝突した場合，ハンドルが右に変形し運転者が左方向に飛び出すが，ハンドルが右に曲げられているため，バイク運転者の右大腿部が右ハンドルに衝突する。

**図4　斜め衝突におけるバイク運転者の飛び出し**

　衝突が強かったため，バイク運転者は大腿骨を骨折したと容易に認められた。左側から衝突しているから，バイク運転者はボンネットとの衝突，あるいは飛翔落下したときに左の鎖骨を骨折する可能性がある。しかしながら，被害車両との衝突や飛翔落下で大腿骨を骨折することは考えられない。

　バイクの後部乗員は，衝突後に前方に移動し，身体の左側面部を被害車両のボンネットと強く衝突し，その後ボンネットに乗り上がったものと認められる。後部乗員は，ボンネットとの衝突により，身体の左側面部に大きな損傷を生じたものと認められた。

## 6　裁判での争い

　裁判での争いは，

⑴ 大腿骨骨折が運転者にだけ生じるものか

⑵ ボンネットに２人の乗員が乗ったか

⑶ 目撃者供述の信用性

であった。

　裁判において，大腿骨骨折が生じる衝突変形及び乗員挙動の解析を説明したが，裁判官は，医者でないものが骨折を論じることは適切でないとし，医者に更なる鑑定を依頼した。

　また，ボンネットに２人の乗員が乗った痕跡を指摘した際，これまで，警察，検察，裁判所において一度も議論されたことがなく，法廷で時間をかけて尋問されることとなった。それは，被害車両の運転者及び助手席同乗者もボンネットに乗った人を１人しか見ていなかったためである。裁判では，２人が被害車両の前方に飛び出していることから，２人がボンネットに乗ったことが明白であることや，もし，バイク運転者がボンネットに乗らなかったとしたら，被害車両の左右どちらかの後方に飛び出しているべきであることなど，時間をかけて尋問に答えた。

　最後に，裁判での争いは，目撃者である被告人の仲間の供述が事故当時と刑事裁判時では異なっていたことである。被告人が少年であったことから，母親が補佐人として裁判に関わり，仲間の目撃者の供述を変えさせた疑いがあった。判決において裁判官からその点についても指摘された。

## 7　判　決

　被告人を禁錮１年，執行猶予３年に処するとされた。

　被告人は，判決を不服とし，高等裁判所に控訴したが，平成19年９月に棄却され，刑が確定した。

## 8　まとめ

　本件においては，

⑴ 乗員が乗り上げたボンネットの凹損や擦過痕の衝突対象物との突き合わせ

⑵ バイク乗員の飛翔状況の捜査

が捜査上のポイントとなった。

　なお，被告人は，本件の捜査に問題があったとして国家賠償請求を行っている。

　本件の公訴までの経緯は，平成11年３月に事故が発生し，警察署は平成13年３月に検察庁に送致し，被告人は同年９月に家庭裁判所に業務上過失傷害，道路交通法違反保護事件として送致された。同年10月，被告人の住居地の家庭裁判所に送致され，同年11月，裁判所は少年法20条，23条１項該当を認め，地方検察庁に送致した。平成14年２月，事故発生地検察庁・検察官は，本件公訴を提起した。

　しかし裁判所は，補佐人が訴えた捜査に対する違法性は見いだせないとして訴えを退けた。

## 事例 2-3 : 四輪車が後方不確認で車線変更して起きた追突事故

本事故は，都内の片側2車線の，照明によって比較的明るい夜間の道路で起こった。被告人は，事故当初，自分の過失を認め素直に取調べに応じたが，数日後，一変して容疑を否認し，自分に過失がなく，被害者である自動二輪車が追突してきたと申し立てた事件である。

事故を捜査した警察側は，当初，被告人が事故について，後方を十分に確認せずに車線変更した過失を認めていたため，この事故は簡単に解決するものと考えていた。しかしながら，一変して容疑を否認したため，被告人の過失を証明するための見分や捜査が後手になり，公判は厳しい状況となったものである。

### 事件の概要

本事件は，被告人が，午後11時頃，業務として普通乗用自動車を運転し，路上において第二車線から第一車線に車線変更する際に，後方から来た被害者運転の自動二輪車と衝突し，被害者を死亡させたものである。

図1は，事故現場の状況を示す。

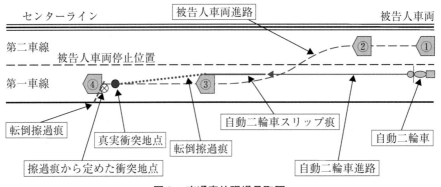

**図1　交通事故現場見取図**

図1の自動二輪車のスリップ痕及び転倒擦過痕から，自動二輪車運転者は，第一車線の右寄りを走行していたものと認められた。被告人が第二車線を走行中，①地点でウインカーを出して，②地点で第一車線に進路変更し，③地点を通過した後，転倒擦過してきた被害者の自動二輪車が⊗地点で被告人運転車両の後部に衝突したことがうかがえる。一方，被告人は，自動二輪車が衝突してきたのでブレーキをかけて停止したと供述した。

この事故の争点は，

① 自動二輪車が，第一車線を走行していた事実が認められない。つまり，第二車線を走行していて，被告人と同時に車線変更を始めた可能性があると弁護側は主張した

② 被告人は車線変更したとき，ドアミラーを一瞥して車線変更している。一瞥する以

上にいかなる注意義務がドライバーに課せられるのか明らかでない。左ウインカーまで点灯させているのだから，過失はないと主張した。つまり，被告人運転車両が車線変更したときに，自動二輪車が相当速い速度で走行してきたため，被告人運転車両がウインカーを出して通常の車線変更を行ったにもかかわらず，<u>追突</u>してきたものである，と弁護側は主張した

というものであった。

　これらの主張を警察・検察が覆せるか否かが問題であった。このような事故では，両車両の位置関係が重要であるが，両方の車両が同方向に走行している状態であるため，衝突（追突）の因果関係を明らかにすることは困難であった。

## 1　捜査上のポイント

　事故当初，過失を認めていた場合でも，容疑者の立会いによる検証を確実に行うことが捜査上のポイントである。後日，否認されたときに困らないような捜査が重要である。本件の場合は，被告人運転車両及び自動二輪車の走行速度を鑑定し，被害者運転の自動二輪車の追突事故か，被告人運転車両が後方不確認で車線変更した事故であるかを明らかにすることが重要であった。

## 2　警察の初動捜査から検察の対応まで

　警察は，最初に被告人が後方確認を十分行わずに車線変更した過失について認めていたので，大きな問題にならないと考えていた。さらに，自動二輪車がブレーキを踏んで転倒擦過して衝突したのを目撃した目撃者がいたことからも問題がないと考えた。しかし，目撃者による，ブレーキ音以前の自動二輪車の走行状態については不明であった。乗用車と自動二輪車の衝突位置の突き合わせなどは，十分捜査された。しかしながら，自動二輪車の軸間距離が測定されていたが誤りがあったことと，被害者の衝突状況が明らかにされていなかったことに問題があった。被害者は，フルフェースのヘルメットをかぶっていたが，顔面の額部の頭蓋骨骨折により死亡したもので，どこに衝突したかは特定されていなかった。

　裁判所は，自動二輪車の追突か，あるいは被告人が後方不確認のまま車線変更して衝突した事故なのかを専門家に鑑定を依頼することとした。弁護側の強い主張によって，大学の教授が鑑定することとなった。

## 3　大学教授の鑑定

　鑑定項目は，以下のとおりであった。
⑴　被告人・被害者運転車両の速度
⑵　被告人・被害者運転車両の衝突形態
　鑑定を依頼された大学の教授は，科学的知識は有してはいたが，二輪車事故の鑑定の経験がなく，二輪車の運動性能，衝突変形，衝突部位の特定，二輪車の転倒擦過時の摩擦係数な

どについては専門家ではなかった。

そこで，検察から筆者に再鑑定が依頼された。

## 4　鑑定経過

### (1)　被告人・被害者運転車両の速度の算出

#### ア　被害者運転車両の衝突時の損傷と衝突時の速度

転倒した被害者車両の前輪タイヤは，被告人車両の左後輪に衝突し，その後，二輪車前輪タイヤが被告人車両後輪の左側をすべり抜け，それと同時に，ハンドルが被告人車両の後部牽引フックに衝突し，ハンドルが曲損したと推定された。

被害者車両の衝突前の軸間距離は，諸元表から138cmで，衝突後の被害者車両の軸間距離は右側測定で約138cm，左側測定で136cmと測定され，軸間距離は両者を平均して約1cmの縮小であると考えられた。

二輪車が乗用車の側面に衝突した場合に，軸間距離の減少量と衝突速度の関係が調べられている。軸間距離の減少量 $D$ (cm) と有効衝突速度（バリア換算速度）$V$ (km/h) の関係は，次式で与えられている。

$$V = \frac{D+8}{0.67} \text{(km/h)} \quad\cdots\cdots\cdots\cdots 式(1)$$

式(1)において，速度の単位をm/s，変形量を $D=1$ cmとして，被害者車両と被告人車両の相対衝突速度を計算すると，

$$v_s = \frac{D+8}{0.67\times3.6}$$
$$= \frac{1+8}{0.67\times3.6}$$
$$= 3.73\text{m/s}(13.4\text{km/h})$$

と得られた。

被害者のハンドルの曲損による消費エネルギーは小さく，大学の教授が計算した結果では，ハンドルの曲損によって消費された速度は6km/h（1.67m/s）であった。これを考慮しても被害者の走行速度に大きな影響がないので，ここでは無視した。

この相対衝突速度 $v_s$ は，被告人と被害者の相対的な速度差であり，被告人車両の衝突時の速度を $V_4$ とすると，衝突時の被害者車両の速度 $v_x$ は，

$$v_x = v_s + V_4 \quad\cdots\cdots\cdots\cdots 式(2)$$

である。

いずれにしても，被害者車両と被告人車両との相対的な衝突速度は13.4km/h程度で，大きいものではなかった。

#### イ　被告人運転車両の走行速度及び衝突時の速度

被告人車両は，レストランを探しながら第二車線を低速走行し，すぐ後ろに後続車が

車間距離を詰めてきたので，第一車線に車線を変更したと供述した。さらに，被告人は，車線変更前から衝突するまで40km/h程度の同じ速度で走行していたと供述していた。

　**図1**に示したように，最初の接触である真実衝突地点は，被害者車両の転倒擦過痕の終点付近から約1m後方であると推定された。よって，被告人の車両の衝突地点から停止までの距離は，実況見分の衝突地点から停止までの距離12.1mに1mを加えて13.1mとした。この間，被告人車両のブレーキ痕は，印象されていない。したがって，強い制動操作は行っていない。

　供述の矛盾を正すために，走行状態を制動状況に分けて検討した。

(ア)　衝突後ブレーキをかけた場合

　被告人の供述どおり，走行速度40km/h（11.11m/s）で，衝突後ブレーキをかけたとする。この場合，衝突してブレーキをかけようとする反応時間を0.7〜0.8秒とすると，その後にブレーキが効くことになる。

　したがって，真実衝突地点から11.11m/s×0.7〜0.8s＝7.8〜8.9m後に減速し始める。

　制動距離$L$は，$L = 13.1 - (7.8〜8.9) = 5.3〜4.2$m　である。

　このときの減速度$a$は，

$$a = (速度)^2 / (2 \times L) = 11.6〜14.7 \mathrm{m/s^2}$$

である。

　減速度をタイヤの摩擦係数$\mu$で置き換えると$a = \mu g = 11.6〜14.7$と表され，$\mu = 1.18〜1.5$と高い値であり，現実にはあり得ない摩擦係数である。

　**この結果から，被告人の供述による「速度40km/hで走行中，衝突を感じて制動停止した」ことはあり得ないといえる。**

(イ)　制動しながら車線変更した場合

　制動しながら車線変更した場合について検討した。ブレーキ痕が印象されていないことから，被告人車両は衝突前も衝突後も強い制動操作をしていない。0.5G以上の強い制動では，タイヤ痕が印象される。一般的な制動の大きさは，0.1〜0.3G程度である。

　a　減速度0.1Gの制動の場合

　被告人車両の衝突時の速度$V_4$は，停止距離$L$を12.1＋1＝13.1mとして，

$$V_4 = \sqrt{2aL} = \sqrt{2\mu gL} = \sqrt{2 \times 0.1 \times 9.81 \times 13.1} = 5.07 \mathrm{m/s}（18.3 \mathrm{km/h}）$$

と計算され，極めて低い速度である。**図2**に示すように，④地点の衝突時の速度$V_4$が18.3km/h（5.07m/s）であり，③地点での速度$V_3$は，以下のように求められる。

$V_4$から$V_3$まで速度が変化したときの計算式は，

$$V_3{}^2 - V_4{}^2 = 2\mu gS$$

である。よって，

$$V_3 = \sqrt{V_4{}^2 + 2\mu gS}$$

$$=\sqrt{5.07^2+2\times0.1\times9.81\times24.7}$$
$$=\sqrt{74.17}$$
$$=8.61\mathrm{m/s}(31.0\mathrm{km/h})$$

と計算される。

ただし，$S$は，③地点から④地点まで進んだ距離（$25.7-1=24.7\mathrm{m}$）である。

図2に示された時間の計算式は，$t=\dfrac{V_3-V_4}{\mu g}$ から求められる。

被告人の衝突時の速度を5.07m/s（18.3km/h）とすると，被害者の衝突時の速度は，$18.3+13.4=31.7\mathrm{km/h}$（8.81m/s）となる。被害者が転倒したときの速度は，二輪車の転倒擦過の摩擦係数を0.4とすると，

$$V_{\mathrm{T}}=\sqrt{V^2+2\mu gS}$$
$$=\sqrt{8.81^2+2\times0.4\times9.81\times12.2}$$
$$=\sqrt{173.36}$$
$$=13.2\mathrm{m/s}(47.5\mathrm{km/h})$$

と求められる。

被害者のスリップ痕の印象始めの速度（走行速度）は，二輪車のスリップ時の摩擦係数を0.7とすると，

$$V_{\mathrm{S}}=\sqrt{V^2+2\mu gS}$$
$$=\sqrt{13.2^2+2\times0.7\times9.81\times9.9}$$
$$=\sqrt{310.2}$$
$$=17.6\mathrm{m/s}(63.4\mathrm{km/h})$$

と求められる。被告人車両は，③地点から④地点（衝突地点）まで進むのに3.6秒を要する。被害者は，同じ距離を$1.1+0.64=1.74$秒で到達する。

被告人が③地点から，衝突までに進む時間は3.6秒であるから，被害者は③地点より$3.6-1.74=1.86$秒分，後方を走っていることになる。

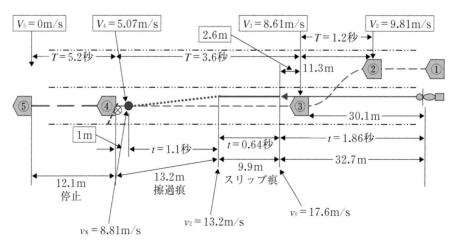

図2　被告人車両が0.1Gで減速して車線変更した場合

　　これは，被害者が，③地点より，1.86s×17.6m/s－2.6＝30.1mもの後方の地点を走行していることを意味する。空走距離と停止距離を加えた距離は，8.8＋22.6＝31.4mである。ただし，二輪車は，踏み換え時間がないことから，反応時間は，0.5秒とした。

　　被害者が相当後方にいたときに車線変更したのであるから，被害者は，余裕をもって停止，あるいは衝突を避けることができる。よって，被告人が0.1Gの減速度で，車線変更したとは考えられないことは明らかであった。

b　減速度0.2Gの制動の場合

　　前述に示した同様の計算を行うと，やはり，被告人車両が車線変更したとしても，被害者車両は16.1m後方を走行していたことになるので，被害者は，余裕をもって衝突を避けられたと考えられた。

c　減速度0.3Gの制動の場合

　　被告人車両の衝突時の速度 $V_4$ は，停止距離 $L$ を13.1mとして，

$$V_4 = \sqrt{2aL} = \sqrt{2\mu gL} = \sqrt{2 \times 0.3 \times 9.81 \times 13.1} = 8.78\text{m/s}(31.6\text{km/h})$$

と計算される。

　　**図3**に示すように，④地点の衝突時の速度が31.6km/h（8.78m/s）であり，③地点では，

$$V_3 = \sqrt{V_4^2 + 2\mu gS}$$
$$= \sqrt{8.78^2 + 2 \times 0.3 \times 9.81 \times 24.7}$$
$$= \sqrt{222.5}$$
$$= 14.9\text{m/s}(53.7\text{km/h})$$

と求められる。②地点では，17.0m/s（61.2km/h）である。

　　被告人の衝突時の速度を8.78m/s（31.6km/h）とすると，被害者の衝突時の速度は，31.6＋13.4＝45.0km/h（12.5m/s）となる。被害者が転倒したときの速度は，15.9m/s（57.2km/h）と求められ，被害者車両のスリップ痕の印象始めの速度（走

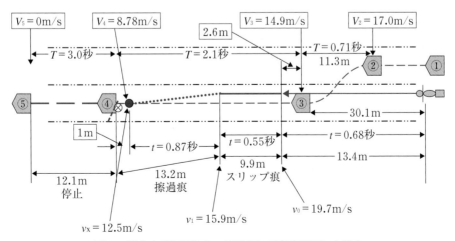

**図3　被告人車両が0.3Gで減速して車線変更した場合**

行速度）は，19.7m/s（70.92km/h）と求められた。被告人車両は，③地点から④地点（衝突地点）まで進むのに2.1秒を要する。被害者は，同じ距離を0.87＋0.55＝1.42秒で到達する。

被告人が③地点から，衝突まで進む時間は2.1秒であるから，被害者は③地点より2.1－1.42＝0.68秒分，後方を走っていることになる。

よって，被害者は，③地点より，0.68s×19.7m/s－2.6＝10.8mの後方地点を走行していたのである。二輪車が急停止するために，空走距離と停止距離を加えた距離9.9＋28.3＝38.2mが必要である。前方10.8m先で被告人車両が0.3Gという制動状態で自車線に入ってきたので，被害者は，パニック的な急ブレーキ操作を行わざるを得なかったものと推定される。

以上の結果から，

ⅰ）　被告人車両が0.3Gの制動操作をしながら車線変更したことによって，被害者車両がパニックブレーキをかけ，転倒擦過し，被告人車両に衝突した。

ⅱ）　被告人が車線変更した③地点における走行速度は，14.9m/s（53.6km/h）で，衝突時の速度は，8.78m/s（31.6km/h）である。

ⅲ）　被害者車両の衝突時の速度は，被告人車両の衝突時速度より13.4km/h速い，12.5m/s（45.0km/h）である。

ⅳ）　被害者車両がスリップ痕を印象させる直前の走行速度は，19.7m/s（70.9km/h）である。

と鑑定された。

(2)　被告人・被害者運転車両の衝突形態

被害者は，被告人車両が制動しながら自車線に車線変更してきたため，危険を感じ，後輪をロックさせるほど，急制動の操作を行った。一般的に，二輪車は，前輪がロックした場合，すぐに転倒するといわれ，後輪がロックした場合は，数秒（40km/hの速度で長くて3秒程度）倒れないで走行できるといわれている。したがって，被害者車両の後輪ロックのタイヤ痕と推定された。

転倒後，擦過しながら被告人車両に衝突したものと推定され，その衝突状況を図4に示す。図4に示すように，被害者は，二輪車が被告人車両と衝突したときに，道路左の縁石方向に飛び出したと推定された。被害者車両は，被告人車両と衝突後，回転しながら，道路左の縁石方向に飛び出したと推定された。

被害者のヘルメットは，車両に衝突した後に外れたが，被害者の顎に損傷がなかったことから，紐をかけた状態ではなかったと推定された。

被害者は，衝突後，縁石付近に飛び出して停止した。このとき既にヘルメットは着用していなかったところ，二輪車が被害者の方向に擦過してきて，二輪車の後部が被害者の顔面を直撃したと推定された。その位置において，被害者の血液が溜まっていたことと一致した。

被害者車両の後部には，コーヒーの缶が挟まれていた。被害者の致命的な額の陥没損傷は，

直径が 5 センチメートル程度の円形のもので，コーヒー缶が衝突したものと推定された。

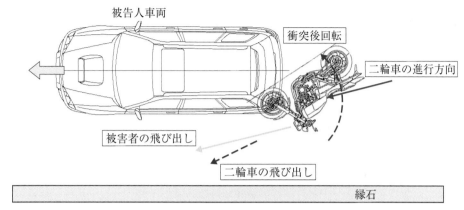

**図 4　被告人車両と被害者車両の衝突形態**

## 5　弁護人の反論

　弁護人は，二輪車の軸間距離の縮小量で衝突速度を計算する手法は，直立した二輪車の衝突における実験データから求められたものであり，このケースは，転倒して衝突したものであるから適用できないと強く反論したが，転倒しても二輪車の前面が衝突すれば軸間距離が縮小するので，適用できるものであることが裁判で認められた。

　タイヤ制動痕の状態が車線に平行な直線であり，制動後転倒したときに斜めに擦過していたことから，弁護人は，二輪車も第二車線を走行していたのではないかと強く反論したが，転倒した際に，バイクの突出している部分の擦過により回転モーメントが発生し，方向が変わる可能性が認められ，二輪車が第一車線を走行していたことが裁判で認められた。

　単純な追突ではないかという反論は，二輪車のタイヤ痕や擦過痕が明確になったことで打ち消され，また，減速して車線変更した計算手法が裁判で認められ，被告人が急に制動しながら車線変更したため，後続走行の二輪車が衝突を避けようとして事故に至ったことが裁判で認められた。

## 6　改善のためのポイント

　追突事故では，一般的に追突車両の過失が極めて大きいが，本事故のように，被追突車両が割り込んだために追突することになった場合があると思われる。ここで示した計算手法によって，事故の全容を明らかにすることが改善のポイントである。計算に必要な数式は難しいものではないので，今後，捜査官にはこのような計算の研修が必要である。

## 7　裁判の結果

　判決は，求刑どおり禁錮 1 年 2 月，執行猶予 3 年であった。判決の内容は，「被告人は，車線変更するに当たり，自車左後方から第一車両通行帯を進行してくる車両の有無及びその安全を確認して進路変更すべきところ，左側ミラーを一瞥したのみで，安全を十分確認しない

まま漫然と進路変更し，第一車線の後方を走行する自動二輪車に急制動させて路上に転倒させ，自車への衝突により頭蓋骨骨折等の傷害により被害者を死亡させた過失がある」であった。

判決において，鑑定書で検討された内容が全て認められた。

## 事例 2-4 スクールバス運転者が事故当初前方不注視による追突を認めていたが，後に否認した事件

事故当初，被疑者が事故の原因が自分の過失によることを認めていた場合，警察官は事故の処理が簡単に済ませられるものと思い，十分な捜査をせず，被疑者の供述調書をもとに捜査を終了してしまうことがある。これまで，筆者に依頼された鑑定は，後日，被疑者が否認に転じ，捜査が不十分だったため起訴が難しくなったものや裁判維持が困難になったものが相当数ある。

本事例は，被疑者が語学スクールの外国人教員で，スクールバスを運転中，追突事故を起こし，追突された自動二輪車の運転手が死亡したものである。事故当初，被疑者は，バス乗員の子供が車内で騒いでいたのを何度も後ろを向いて注意していたので，前方不注視で追突したことを認めていたが，後日，全てを否認した事件である。

### 事件の概要

#### ○逮捕事実

本事件は，被疑車両が，片側一車線の直線道路を約40km/hで走行中，後部座席の子供たちの動静に気を奪われ前方注視を怠り，前方交差点で右折のため停止していた第二被害車両（普通乗用自動車）及び右折する第二被害車両の後続で停止していた第一被害車両（自動二輪車）に追突したものである。この事故により，第二被害車両の運転手に対して腰椎頚椎捻挫等全治2週間，また助手席乗員に対し頚椎捻挫等全治2週間の傷害を負わせた。第一被害車両の乗員に対しては胸部外傷の傷害を負わせ，死亡させたものである。

事故当初，被疑者は前方不注視を認めていたが，後日，第一被害車両が，突然横から被疑車両の前方に現れたため衝突したと供述を翻し，これまでの前方不注視について否認した。

## 1 警察の対応

警察では，追突事故であり，否認されると思っていなかったため，様々な点において捜査不足が認められた。まず，交通事故現場見取図に事故に関係した車両のタイヤ痕が全く記載されていなかった。図1は，交通事故現場見取図の記載状況を示している。ここには，タイヤ痕は記載されていないが，警察官が撮影した写真には，各車両のタイヤ痕が撮影されてい

た。しかしながら，これらのタイヤ痕の写真も，実況見分調書に添付されていなかった。

　また，被疑車両の車底部の見分も実施されていなかった。さらに，追突された第二被害車両の凹損状況も一切測定されていない状況であった。

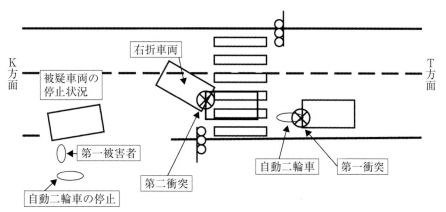

**図1　実況見分調書の交通事故現場見取図の記載状況**

　被疑者が否認したことによって，捜査の問題点を補うため，警察は被疑車両と第一被害車両との衝突状況を突き合わせて調書を作成するなど行ったが，衝突形態，衝突速度などについて明らかにすることはできなかった。

## 2　鑑定嘱託

　警察は，以下の項目について筆者に鑑定を嘱託した。

⑴　被疑車両の衝突速度

⑵　被害車両の衝突時の速度

⑶　衝突形態

⑷　その他参考事項

　筆者は，警察に保存されていた第一被害車両及び被疑車両を見分することとし，さらに，警察が撮影した全ての写真について収集した。

## 3　鑑定経過

### 被疑車両の衝突速度

　被疑車両は，T方面からK方面に向かって進行中，第一被害者運転の自動二輪車と⊗地点で衝突し，その後，信号機のある交差点で，右折するため停止していた第二被害車両と⊗地点で衝突して停止した。

　**写真1**は，路面に印象された第一被害者運転の自動二輪車のタイヤ痕を示している。さらに，**写真2**は，**写真1**のタイヤ痕を大きくしたものである。横断歩道における自動二輪車のタイヤ痕とそのタイヤ痕に沿うように別のタイヤ痕が印象されているのが認められた。

　このタイヤ痕は，**図2**に示されるように，被疑車両が装着していたタイヤ痕と類似したものである。したがって，被疑車両は，衝突直前に制動したと認められた。

写真 1　交通事故現場に印象された自動二輪車のタイヤ痕

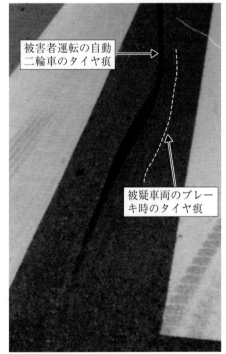

被害者運転の自動
二輪車のタイヤ痕

被疑車両のブレー
キ時のタイヤ痕

写真 2　被害車両タイヤ痕上に印象された被疑車両
　　　　タイヤ痕（点線は筆者による）

図 2　被疑車両が装着していた B シリーズタイヤの
　　　トレッド模様

写真 3　ガードレールに印象された被害車両の
　　　　タイヤ痕

　路面に自動二輪車の転倒擦過痕がないことから，第一被害車両は，衝突後しばらく転倒せずに押し動かされ，道路左端のガードレールに前輪が接触して転倒停止したと認められた。ガードレールの状況を写真 3 に示す。

　図 3 は，入手した写真を基に交通事故現場見取図に記載した自動二輪車のタイヤ痕の状況を示す。

　被疑車両のタイヤ痕，被害車両のタイヤ痕，衝突形態，車両の凹損状況を写真などから検討し，これらの鑑定資料から，被疑車両の衝突速度，被害車両の衝突速度を，エネルギー保存則を用いて計算した。つまり，衝突前にもっていた運動エネルギーと停止するまでに失ったエネルギーが等しいとして，被疑車両の衝突速度を定めることとした。

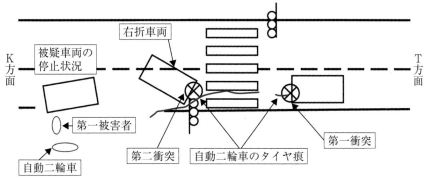

**図3　交通事故現場見取図に記載した自動二輪車のタイヤ痕**

エネルギー保存則は，次式で与えられる。

$$\frac{1}{2}m_A v_A^2 + \frac{1}{2}m_B v_B^2 + \frac{1}{2}m_C v_C^2 = \frac{1}{2}m_A v_{BarrierA}^2 + \frac{1}{2}m_B v_{BarrierB}^2 + \frac{1}{2}m_C v_{BarrierC}^2$$

$$+ \frac{1}{2}m_A v_{SlipA}^2 + \frac{1}{2}m_B v_{SlipB}^2 + \frac{1}{2}m_C v_{SlipC}^2 \cdots\cdots\cdots\cdots \quad 式(1)$$

ただし，

$m_A$, $m_B$, $m_C$　　　　　　　：被疑車両，第一及び第二被害車両の質量

$v_A$, $v_B$, $v_C$　　　　　　　：被疑車両，第一及び第二被害車両の衝突速度

$v_{BarrierA}$, $v_{BarrierB}$, $v_{BarrierC}$：被疑車両，第一及び第二被害車両のバリア換算速度

$v_{SlipA}$, $v_{SlipB}$, $v_{SlipC}$：被疑車両，第一及び第二被害車両の飛び出し速度

である。

それぞれの質量は，

$m_A$, $m_B$, $m_C$：1890kg，147kg，1590kg

である。

バリア換算速度（有効衝突速度）とは，衝突事故によって生じた変形をバリアに衝突させて同じ変形を生じさせるための，その速度をいう。

式(1)に代入するための数値を求め，それぞれ，代入してそれぞれの速度を求めた。ただし，第二被害車両は，停止していたものであるから，衝突時の速度はゼロである。

第一被害車両である自動二輪車の走行速度を考える。右折しようとしていた横断歩道では，道路の幅は3.5mで，ガードレールから，3.0mとなっている。

**写真4**は，事故現場の横断歩道上で右折しようとしている車両の状況を示す。

第二被害車両の車幅は，1.77mであり，第一被害車両の車幅は，0.915mであった。ガードレールが近い道幅に対してガードレール端から第二被害車両との間を自動二輪車が通り抜けるとすると，左右に0.1575mずつの隙間であった。この隙間を自動二輪車が高速で進行するとは考えられなかった。

また，筆者は，被疑車両と自動二輪車との衝突部位の突き合わせを行った。**写真5**は，被疑車両の前面左バンパー部の損傷を示している。被疑車両のバンパーには，幾つかの損傷が

写真4　事故現場の横断歩道上で右折し
ようとしている車両の状況

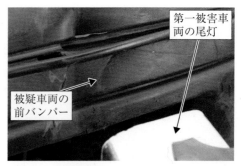

写真5　被疑車両の前面左バンパー部の損傷

認められたが，特徴的な四角い形状の凹損が認められた。自動二輪車との衝突によって被疑車両の左前面のバンパーが損傷したものであった。この四角い凹損部は，自動二輪車の尾灯と認められたため，突き合わせた結果，自動二輪車の乗員が，左足を着いて斜めに傾いた状況であることが判明した。

　したがって，第一被害車両は，右折車両が停止していたため，その後方で，左足を着いて停止していたと認められた。

　そもそも，第一被害車両の後部シートが大きく変形していたことから，被疑車両と第一被害車両との間に相対的な速度差がある程度なくてはならない。第一被害車両の乗員の後頭部は，被疑車両のフロントガラスに衝突し，フロントガラスがくもの巣状に損傷していた。フロントガラスがくもの巣状にひび割れるためには，35km/h以上の相対的な速度が必要である。被疑車両の速度は，現場の状況などから，30〜50km/h程度であり，第一被害車両の後部シートが変形するためには，第一被害車両が停止状況でないと起こり得ないものであった。

　これらのことから，自動二輪車の速度は，

　　$v_B = 0\text{m/s}$

と置けた。


　以上の検討の結果，被疑車両は第一被害車両との衝突直前に急制動し，被疑車両の衝突速度は，約35km/hと認められた。計算上，自動二輪車の速度を停止ではなく，走行状態であったとすると，被疑車両の衝突速度が，相対的に大きくならなければならない。

　最後に，第一被害者は，衝突後，被疑車両の前方に投げ出され，被疑車両が第二衝突したため，前方に転倒した第一被害者を被疑車両が左前輪で轢過し，死因である胸部外傷を負わせたと認められた。筆者が車底部を見分するまで車底部を見分していなかったため，左前輪の前後車底部に布目痕や払拭痕があることが分からなかった。誰も轢過されたとは考えていなかったようである。これによって，死因が轢過によるものと認められた。

## 4　裁判での争い

　被告人及び死亡した被害者ともに，外国人であったため，裁判は，長期間を要した。弁護

側からは，筆者が記載したタイヤ痕が本件のものか否か，その寸法が正しいかどうかなどが争われた。写真から路面などの証拠を判定する方法は，科学警察研究所などでも行われているもので，必要な手法である。

## 5　判　決

筆者らが，細かく見分した結果，衝突形態が明らかになり，衝突速度も論理的に矛盾が認められなかったことから，検察の求刑どおり有罪となった。

## 6　まとめ

傷害や殺人などの刑事事件とは異なり，交通事故では，供述が後日変わった場合，タイヤ痕が消えてなくなってしまうことや，事故車両が処分され再見分できなくなるなど，証拠収集が困難になる。弁護人が警察の証拠書類を手にしたときにずさんな調書であれば，無罪が主張できるであろうし，裁判官も疑わしきは罰せられなくなるので，いかなる時も十分な捜査を行うことが重要である。

## 事例 2-5　直進自動二輪車と軽四輪車右折時の事故
### ―停止中に自動二輪車に衝突されたか否か―

直進する自動二輪車と右折する四輪車の事故において，筆者の経験では，右折車両が二輪車を見落として右折進行して衝突する事故が多いのであるが，直進車両の走行速度が相当速いために衝突したと無罪を主張する被疑者が多い。

警察・検察の取調べにおいて，被疑者が罪状について強く否認し，裁判中も被告人が否認し続ける場合がある。被告人が罪状について強く否認した場合，裁判所も慎重にならざるを得ない。本事例は，被告人が右折のため交差点で停止中の被告人車両に直進する自動二輪車が衝突したものであると，強く主張した業務上過失致死事件である。

### 事件の概要

本事件は，交差点を右折しようとした被告人車両（軽貨物車）が対向車線を直進してきた被害車両（自動二輪車）と衝突したものである。裁判における最大の争点は，被告人が停止していたときに衝突したか，右折進行中に衝突したかであった。そのため，両車両の衝突速度鑑定が必要となり，速度鑑定を科学捜査研究所が行った。本件においては鑑定官の経験則による速度算出が行われたが，本件事故のような二輪車事故の速度鑑定は難しく，その信頼性が裁判で問題になった。

58

## 1　警察の捜査

　**写真1**は，事故直後の現場状況である。衝突した路上付近には，シグナルランプカバーなどの破片が散乱し，被告人車両のタイヤハウス及びタイヤに付着した土の散乱が認められる。

　被告人車両の右前面の角に被害車両の前面が衝突したもので，**写真2〜写真4**に示すように，衝突部位の突き合わせが行われた。これらの写真から，自動二輪車は，自身の進行方向に対して左側に傾いて衝突したことが分かる。これは，自動二輪車が左に旋回行動を行ったことを示しており，事故を回避しようとしたと認められた。

写真1　衝突直後の現場状況

写真2　衝突突き合わせ状況（その1）

写真3　衝突突き合わせ状況（その2）

キャンバー角

写真4　衝突突き合わせ状況（その3）

　警察の衝突車両の突き合わせ結果から，衝突角度は，互いの進行方向に対して約20°と認定された。衝突部位の突き合わせは，交通事故事件捜査の基本であり，事故を解明するためには必要なことである。

　**写真4**から，自動二輪車の前輪が被告人車両の前面に衝突したものではないため，両者の

衝突速度をエネルギー保存則で求めることはできない事案であった。そこで，科学捜査研究所では，これまでの多くの事故事例の経験則から，被告人車両の凹損状況から，被告人車両の衝突直前の速度は約10km/h，被害車両の衝突直前の速度は約40km/hであるとした。

## 2　検察の対応

公判において，被告人は一貫して停止中に衝突されたと証言したため，検察は，被告人が右折進行中に衝突したことを明確に立証する必要があった。両者の衝突直前の速度を明確にすることによって停止の有無を明らかにできるとして，衝突速度を科学捜査研究所が鑑定したが経験則に基づいたもので，これが公判で争点になった。そのため，検察はさらなる速度鑑定を筆者に求めた。鑑定事項は，以下のとおりである。

⑴　被告人車両と被害車両の衝突速度

⑵　前記各車両の衝突角度及び方向

⑶　その他参考事項

しかしながら，右折車両の速度は，一般的に低速であり，その速度を明確に求めることは困難である。

## 3　鑑定と反論

筆者は，衝突形態を検討し，車両挙動などを明らかにして衝突速度を求めることとした。鑑定事項では，衝突速度と衝突角度が求められたものであるが，示された写真などから衝突状況を分析することから鑑定を始めた。

衝突地点と走行状況

**図1**は，実況見分調書に示されている交通事故現場見取図の衝突地点付近である。この図において，車線区分を点線で示した。この図から，被告人車両の停止位置は，走行車線の半分以上をふさいで停止していることが分かる（弁護側の反論では，衝突後，警察官が車両を移動したというものであった。）。

前述したように，被害車両は，キャンバー角をつけて左に走行方向を変えながら，被告人車両と衝突したと認められるから，衝突手前からは道路のセンターラインの直線と平行ではなく，若干左に向いて走行して衝突したと認められる。

**写真5**は，被告人車両の衝突後の停止状況を示している。左前輪には，茶色に乾いた土が付着していることが認められ，路面に散乱している土は，衝突によって，被告人車両のタイヤハウスの中に付着した土が落下したものと認められた。しかしながら，被告人は，この土は，前の車両が落としたもので，自分のものではないと主張した。そこで，散乱した土の状況を観察すると，ほとんどの土がまだ踏みつけられていないものであり，事故の衝撃によって被告人車両から土が落ちたと考えるのが最も矛盾がなかった（弁護側の反論では，つぶれていない土が認められるにもかかわらず，散乱した土はその前に通過したトラックなどのもので，被告人のものであるという確証はないというものであった。）。

60

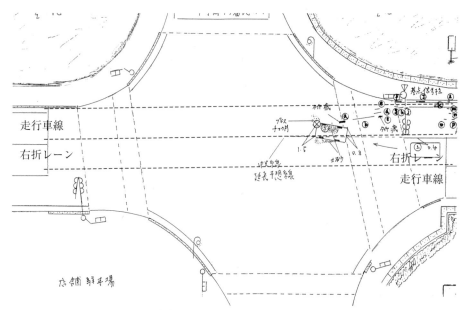

**図1　交通事故現場見取図（車線区分と停止位置）**

**写真5　被告人車両の停止状況と土及びシグナルランプカバーの散乱状況**

　さらに，**写真5**には，被告人車両の橙色の右シグナルランプカバーのプラスチック破片が散乱しているのが認められた。シグナルランプカバーの取り付け部は，被告人車両の右下部にある。衝突時に被告人車両が停止していたとすると，その破片は，車体下部に散乱するはずはないが，**写真6**に示されるように，移動した被告人車両の車体下部には，シグナルランプカバーのプラスチックが散乱していた。

　**写真7**は，衝突後，停止した被告人車両を後方から撮影したものの一枚である。この写真や他の写真にも明らかであったが，被告人車両は右折しようとしていたにもかかわらず，その前輪は若干左回転に切られていることが認められた（弁護側反論は，絶対にタイヤが左に切れているようには見えないということであった。）。

被告人車両の下部に
散乱したシグナルラ
ンプカバーの破片

左前輪の位置

**写真6　被告人車両の下部に散乱したプラスチック片**

**写真7　衝突後の被告人車両の停止状況と前輪角度**

　これらのことから，被告人車両は，停止状態ではなく走行中に自動二輪車と衝突したものと認められた。

　図2は，被告人車両が衝突時に前輪から飛散した土の状況及び衝突角度から推定できる衝突位置などの衝突状況を示している。この図において，被害車両と被告人車両との衝突角度は，約20°である。これが，右折する被告人車両と直進する被害車両との衝突形態と考えられた。

　以上から，被告人車両は，衝突直前に直進する被害車両に気付いて，ステアリングを左に回転させて停止したと認められた。

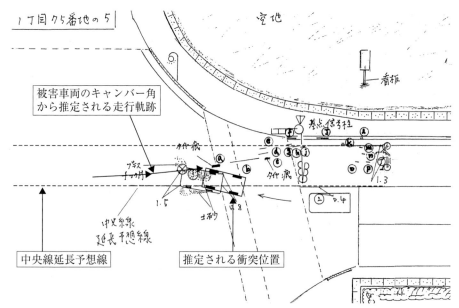

**図2　右折する被告人車両と直進する被害車両との衝突形態**

## 4　公判での争い

　弁護側が提出した意見書には，被告人車両の速度鑑定において科捜研と筆者の速度が1.4倍も異なっているので，物理的な解析としては，失格であると書かれていた。しかしながら，10km/hと14km/hとの差でありその差異を言及することは意味がない。そもそも速度鑑定は，物理法則を用いた工学的な鑑定であり，物理的な厳密解を求めているわけではない。

## 5　裁判所の判断

　判決は，禁錮1年2か月であった。判決文の内容を要約すると以下のとおりである。

　「本件の争点は，被告人の過失行為の有無，すなわち，被告人が対向車両の有無及びその安全を確認しないまま漫然と約10km/hで右折進行していたか，安全を確認するため停止していたかという点である。被告人の過失を立証する要約的な証拠として，山崎作成の鑑定書及びその証言がある。山崎鑑定は，もともと被告人車両と被害車両の衝突速度並びに衝突角度及び方向を主たる鑑定事項として実施されたものであったが，被告人車両が本件事故当時右折進行中であったことの根拠となる情況証拠が集約されている。山崎鑑定の中に集約された情況証拠を中心に被告人の過失の有無を検討し，最後に被告人の供述の信用性を検討して，当裁判所が被告人の過失を認定した理由を補足して説明する。」

　そして，裁判所は，山崎鑑定が示した被告人車両が右折進行していたことを示す証拠として，

① 　被告人車両のタイヤハウス及びタイヤに付着した土は，被告人車両に沿った土の位置，土の色や，飛散した土の位置と被告人車両の停止状況から，事故現場に散乱した土及び土粒であると認められる。

②　右折する被告人車両が安全を確認するため停止していたとする位置は，対向車線の約半分を遮った位置である。そこで，対向車両の通過を待つということは極めて困難であり，被告人車両が右折進行中であったことを強く推認させる情況証拠である。

③　被告人車両の右前シグナルランプカバーの破片の位置が，被告人車両の車底部に落下していた。停止していた被告人車両が，衝突して後ろに後退したとすれば，被告人車両のシグナルランプカバーの破片が下部に入り込むことは考えられないため，被告人車両が右折進行していたことを強く推認させる情況証拠である。

④　被告人車両の事故直後の前輪の角度は，わずかに左前方を向いている。これは，被告人が被害車両と衝突前後にわずかに左に切ったことを示すものであり，少なくとも自車のブレーキを強めに踏んで停止していたこととは整合しない。被告人は，ハンドルを操作しながら，右折進行し，被害車両との衝突前後に，被害車両との衝突を避けるため，わずかに左にハンドルを切ったとするのが自然である。

としている。

「以上のとおり，被告人車両が，本件事故当時右折進行中であった事実を合理的に推認することができる。よって，主文のとおり，実刑に処するのが相当である（求刑禁錮2年）。」

## 6　まとめ

本件は，被告人車両が右折中であったか否かが争われ，弁護側は，提出された科捜研や筆者の速度鑑定の精度を争点に無罪を主張しようとしたものである。検察，科捜研や筆者らは，右折進行中であったことを立証するために，衝突速度を示したものであるが，筆者が速度鑑定の前提に検討した情況証拠が，被告人の過失を立証する証拠として採用されたものであった。速度鑑定は，物理的な証拠をもとに精度よく計算されるものであり，それらの物理的証拠の信頼性を確認して速度鑑定することが重要である。信頼できる物的証拠から信頼できる精度のよい速度が求められるのである。

## 事例 2-6　スリップ痕が問題となった直進自動二輪車と右折普通乗用車の衝突事故の速度鑑定

本事例では，直進する自動二輪車と右折する普通乗用車との衝突事故について述べる。このような事故は多数発生している。本件について問題となったのは，自動二輪車の衝突時の速度であった。また，衝突地点の手前には，長い二輪車のスリップ痕が印象されており，本件被害車両のものか否かについても問題になった。

> **事件の概要**
>
> 　本事件は，12月下旬の午後7時頃，被告人が普通乗用自動車を運転し，信号機により交通整理の行われている交差点を南方面から北方面に向かい，対面信号の青色の灯火表示に従い右折進行したところ，北方面から自動二輪車を運転して対向直進してきた被害者と衝突し，被害者を死亡させたものである。

## 1　警察の対応

　警察は，両車両の衝突角度及び飛び出し角度が判明しなかったことから，運動量保存則を適用できないとして，被害者の自動二輪車の速度を算出しなかった。さらに，衝突車両同士の突き合わせ，被害者の衝突部位の特定，被害車両の寸法測定などが調べられていなかった。

## 2　検察の対応

　検察は，被告人車両が，右折する際に安全を確かめずに進行した過失を認め，自動車運転過失致死罪を適用して起訴した。

## 3　裁判所の対応

　裁判所は，自動二輪車の衝突前の走行速度が被告人の過失を認定するために重要であるとして，筆者に鑑定を依頼した。

## 4　鑑定項目

　筆者は，被告人車両が対向車線に進出した時点における被害車両と被告人車両の距離及び被害車両の進行速度について鑑定を行った。

## 5　鑑定経過

　**図1**は，交通事故現場見取図を示している。

　被告人車両は，右折するために，①から②に進行し，被害車両と衝突した。被告人車両の左前フェンダーが破損していることから，右折を開始してすぐ衝突したことが認められた。

　筆者は，衝突速度を求めるために，物理法則である運動量保存則を用いた。警察の捜査では，衝突角度及び飛び出し角度が判明しないため，運動量保存則を適用できないとしているが，これらの角度については衝突状況及び停止状況から推定した。

　運動量とは，速度×質量である。運動量保存則は，衝突前の運動量が衝突後の運動量と等しいというものである。

### (1)　運動量保存則による衝突速度の計算

　衝突直前の被害車両及び被告人車両のそれぞれの速度を$V_A$及び$V_B$とすると，運動量保存則は，次式となる。

$$m_A V_A \cos\beta_A + m_B V_B \cos\beta_B = m_A V_{slipA} \cos\alpha_A + m_B V_{slipB} \cos\alpha_B \cdots\cdots\cdots 式(1)$$

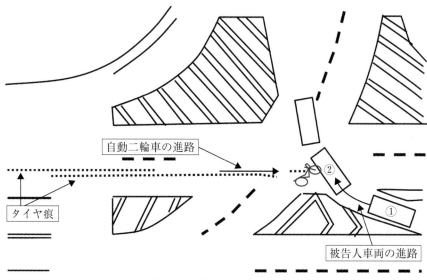

図 1　交通事故現場見取図

ここで，

　　$\beta_A$，　$\beta_B$　　：被害車両及び被告人車両の衝突角度
　　$\alpha_A$，　$\alpha_B$　　：被害車両及び被告人車両の飛び出し角度
　　$m_A$，　$m_B$　　：被害車両及び被告人車両の質量（kg）
　　$V_{slipA}$，　$V_{slipB}$：被害車両及び被告人車両の飛び出し速度（m/s）

である。

　ただし，**図 2**に示したように，衝突角度及び飛び出し角度は，衝突直前の自動二輪車の進行方向を 0°として，それを基準に定めた。被害車両は転倒して衝突しているから乗員質量は考えない。被害車両の質量はカタログから求めたものである。被告人車両の質量は，3 名乗車であるからカタログ値を用いるとともに，乗員質量は 1 人50kgとして算出した。

　被害車両の速度が大きい場合，被告人車両は上から見て右に大きく振られることになる。**図 2**に示したように，被告人車両の停止位置は，事故当時の写真などから信用できる。また，被告人車両と被害車両の衝突位置も信頼できることから，被告人車両の衝突角度も信頼性が高いと判断した。したがって，**図 2**に従って衝突角度を定め，停止した位置の車両の向きを飛び出し角度とした。実際に右折中であり，被告人は右にハンドル操作をしているから，車両は必然的に右に向く。そのため，ここで採用する被告人車両の飛び出し角度は，若干大きく見積もる可能性があることに注意が必要である。

　被害車両の飛び出し角度は，被害車両が衝突直前に転倒し，衝突後，停止位置まで，滑って進行停止したと認められた。よって，被害車両の衝突地点から停止位置までを飛び出し角度とした。

　飛び出し速度とは，衝突直後の速度である。被告人車両及び被害車両の飛び出し速度は，一般的に，衝突後のタイヤ痕及び擦過痕から算出する。

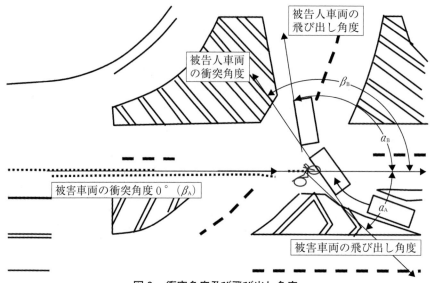

**図2　衝突角度及び飛び出し角度**

**(2)　被告人車両の飛び出し速度 $V_{slipB}$**

　被告人車両のスリップ痕は認められなかった。被告人車両は，衝突してから制動したと認められるから，衝突速度と衝突直後の飛び出し速度は，ほぼ同一の速度とみなせる。

　よって，

　　　$V_{slipB} = V_B$

　さて，被告人車両は，右折状態で一旦停止してから発進して衝突したから，速度は高いものではない。被告人は，「発進してから１，２，３，ドーンと衝突した」と供述している。この供述は信頼できると考えると，約３秒以内で衝突したといえる。被告人は女性であることから，発進の加速度を0.1gとすると，

　　　$V_B = 0.1g \times 3 = 2.9 \text{m/s}(10.4 \text{km/h})$

と求められる。

**(3)　被害車両の飛び出し速度 $V_{slipA}$**

　被害車両は転倒して衝突している。交通事故現場見取図から，被害車両は衝突地点から長さ $L_A$（m）を移動して停止している。擦過痕は，認められないが，転倒して衝突しているから滑って停止位置まで進行したと推定できる。

　擦過の摩擦係数を $\mu_A = 0.45$ とする。$g$ は重力加速度9.8（m/s²）として，被害車両の飛び出し速度が次式で求められる。

$$\frac{1}{2}m_A V_{slipA}^2 = \mu_A m_A g L_A$$

ここで，$\cos 0 = 1$ であるから，式(1)は次式のように変換される。

$$V_A = V_{slipA}\cos a_A + \frac{m_B}{m_A}(V_{SlipB}\cos a_B - V_B \cos \beta_B)$$

計算の結果，被害車両の衝突速度は，57.2km/hと算出された。

　次に，衝突前の速度について考察した。問題は，**図 1** の事故現場手前に印象されていた 2 本のタイヤ痕が被害車両のものか否かである。

　**図 1** に示す 2 本のタイヤ痕のうち右のタイヤ痕は，第二車線中央より右方向に緩やかに曲がっている。被害車両の転倒により印象されたことが明らかな擦過痕は，第二車線中央より左側に真っすぐ印象されていた。緩やかに右に曲がったタイヤ痕と，転倒して印象した真っすぐな擦過痕は，一致しないことから，本件被害車両のタイヤ痕とは，認められなかった。

　次にもう一方の左に印象されたタイヤ痕であるが，その長さが20m以上である。路面にこれだけの長さのタイヤ痕を印象させた場合，タイヤ表面に摩擦熱による溶融が生じるが，被害車両の前輪タイヤ及び後輪タイヤには，溶融痕は，認められなかった。また，被告人の供述においても衝突付近でブレーキ音を聞いていない。

　よって，左右の 2 本のタイヤ痕は，本件事故には，関係のない痕跡と判断できた。

　被害車両の転倒直前の走行速度 $V$ は，転倒して擦過しているから擦過痕の印象始めから衝突地点まで擦過したと考え，その擦過痕長 $L$ から次式のように求められる。ただし，被害車両と路面の摩擦係数 $\mu$ は0.45とする。

$$V=\sqrt{V_{\mathrm{A}}^2+2\mu g L}$$

　被害車両の走行速度が61.9km/hであるとすると，被告人車両が**図 1** の①地点から衝突地点まで進行する時間を約 3 秒として，被害車両が 3 秒前にどこにいたかを考えることになる。

　擦過の摩擦係数を0.45とすると，擦過して衝突するまでの時間 $t$ は，次式のようになる。

$$t=\frac{V-V_{\mathrm{A}}}{\mu g}=\frac{17.2-15.9}{0.45\times 9.8}=0.29\mathrm{s}$$

　3 秒から擦過した時間を引くと　$3-0.29=2.71$ 秒となる。

　よって，

　　$2.71\mathrm{s}\times 17.2\mathrm{m/s}=46.6\mathrm{m}$

と得られ，擦過痕長 5 m を加えると，被害車両が衝突地点から51.6m後方を走行しているときに，被告人車両が右折進行し始めたことになる。

　左方向約51.6mの地点に61.9km/hで進行する被害車両がいるのであるから，被告人車両が右折進行を開始するには危険な位置関係である。

　次に，以上の計算の確認のため，エネルギー保存則から衝突速度を求めた。エネルギー保存則は，衝突前の運動エネルギーが衝突後の停止するまでに消費したエネルギーと等しいというもので，消費したエネルギーは，すべり摩擦により消費したエネルギーと凹損して消費したエネルギーからなる。

　エネルギー保存則は，次式で与えられる。

$$\frac{1}{2}m_{\mathrm{A}}V_{\mathrm{A}}^2+\frac{1}{2}m_{\mathrm{B}}V_{\mathrm{B}}^2=\frac{1}{2}m_{\mathrm{A}}V_{\mathrm{barrierA}}^2+\frac{1}{2}m_{\mathrm{B}}V_{\mathrm{barrierB}}^2+\frac{1}{2}m_{\mathrm{A}}V_{\mathrm{slipA}}^2+\frac{1}{2}m_{\mathrm{B}}V_{\mathrm{slipB}}^2$$

　　$V_{\mathrm{slipA}}$　＝被害車両の飛び出し速度

$V_{slipB}$ ＝被告人車両の飛び出し速度

$V_{barrierA}$ ＝被害車両の有効衝突速度

$V_{barrierB}$ ＝被告人車両の有効衝突速度

　有効衝突速度（バリア換算速度）とは，車両を剛体壁に衝突させ，本件衝突と同じ凹損を生じさせたときの剛体壁への衝突速度をいう。

　この式によって導かれた速度は，運動量保存則で導かれた速度とほぼ一致した。

　被告人車両が対向車線に進出した時点における被害車両と被告人車両の距離は，**図3**に示すように，被告人車両が対向車線を飛び出す直前と考えると，衝突地点からさらに1ｍ遠い位置（車幅分）として約52.6mである。

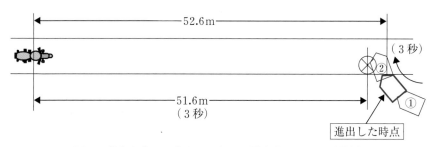

**図3　被告人車両が進出したときの被害車両との位置関係**

## 6　まとめ

　裁判所は，これらの鑑定結果を認め，被告人を有罪とした。

　被告人には，右折できると思ったが被害車両が相当速い速度で走行していたため衝突したと思いたい心理が強く，裁判で明らかにしてほしいという思いがある。捜査は，裁判に至る前に整然と実施され，被疑者も被害者も納得のできるものにすることが重要である。

# 事例 2-7　直進自動二輪車が右折普通乗用車に高速度で衝突したと鑑定された事件

　本事例では，直進する自動二輪車と，右折し始めた普通乗用自動車（被告人車両）が衝突した交通事故事件について述べる。

### 事件の概要

　本事件は，郊外の田畑が左右に広がる片側一車線の直線道路で起きた。指定速度は50km/hと交通規制されている道路である。被告人車両は，信号機のない交差点で右折しようと，対向車線に車の先端を出したところで自動二輪車（被害車両）と前面同士が衝突したものである。

## 1　事故の状況

　**図1**は，交通事故現場見取図を示している。被告人車両が右折を開始したところに，直進する自動二輪車が衝突し，被害車両は，道路左のガードパイプを越えてすぐの位置に停止し，自動二輪車のライダーは，約50m飛翔して停止した。

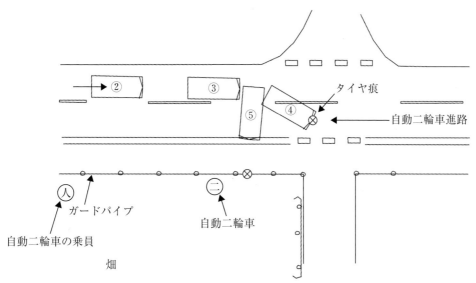

図1　交通事故現場見取図

　被告人車両は，衝突後，右方向に回転し横向きに停止し炎上した。また，被告人車両は，車体前部のバンパーが脱落し，右前輪付近の全部が大きく凹損した。

　被害車両は，自車進行方向左のガードパイプに衝突してガードパイプ下の道路外に飛び出し停止した。また，被害車両は，燃料タンクが損傷脱落しフロントホークが折損した。**写真1**に被害車両の前部の損傷状況を示す。

写真1　被害車両の前部の損傷

## 2　警察の捜査と課題

　右折する四輪車と直進する自動二輪車の事故の場合，二輪車の走行速度が問題になる。つまり，右折する車両が，遠くに見えた自動二輪車が猛スピードで迫ってきたため，右折中に衝突したと供述し，自動二輪車の速度について法廷で争うケースが多いからである。

　自動二輪車事故において，以下の実施すべき捜査項目がある。

(1)　衝突地点の痕跡の採取（四輪車の衝突後の飛び出し角度の測定）

　　衝突地点の自動二輪車のタイヤ痕やガウジ痕を計測し撮影する。

70

⑵　自動二輪車の前軸から後軸までの軸間距離の変化量を測定し，有効衝突速度（バリア換算速度）を求める。

⑶　自動二輪車のタンクの凹損状況

　　ライダーの股間によりタンクが凹損しているか否かを記録する。

⑷　四輪車両のバンパーラインにおける凹損量を測定し，有効衝突速度（バリア換算速度）を求める。

⑸　スリップ痕及び擦過痕の測定

⑹　衝突地点から停止地点までの距離

⑺　衝突部位の突き合わせ（衝突角度の測定及び飛び出し角度の測定）

　これらの捜査すべき項目が実施されたならば，被告人車両及び被害車両の衝突直前の速度を求めることができる。本件においては，警察の捜査の課題として，四輪車のバンパーラインにおける凹損量が正確に測定されていなかった。測定によっては実際と異なった速度が算出されるおそれがあるので，車体変形の測定は，現場警察官が十分に理解して測定すべき重要なポイントであると考える。

　本事故の捜査で重要な捜査のポイントがあった。それは，ガードパイプの変形量である。図2は，計測されたガードパイプの変形量を示している。

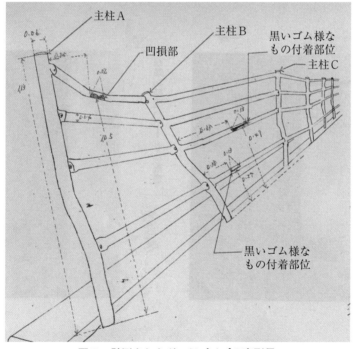

図2　計測されたガードパイプの変形量

　パイプの太さなどは，後の捜査で補うことができるが，変形量は，事故直後に測定しておく必要がある。このガードパイプの変形は，被害車両の自動二輪車が衝突して変形したものである。フェンスの変形によるエネルギー吸収が認められるから，速度を算出するときにパ

イプの変形エネルギーを考慮する必要がある。

　現場の警察官が変形量を測定していたことによって，より精度の高い衝突速度を算出することができた。

## 3　裁判での問題と検察の対応

　検察は，科学捜査研究所が簡易鑑定した自動二輪車の速度が80km/h以上という結果を基に，被告人車両が右折時に注意義務を怠ったことによる事故として起訴した。

　被告人は，民間鑑定人に速度鑑定を依頼し，速度について争った。民間鑑定人の鑑定書には，被害車両の速度は，180km/h以上であるというものであった。

　被告人が鑑定書を提出したことによって，検察も簡易鑑定ではなく，正規の速度鑑定が必要となった。まず，検察は，民間鑑定人による鑑定書の信用性について筆者に意見を求めた。民間鑑定人の鑑定書は，一般的に用いられる運動量保存則を適用して被害車両の速度を算出し，衝突後，バイクが路面を擦ってガードパイプまで進行し，ガードパイプを変形させて飛び越えて停止したとして，速度を算出したものであった。実際は，路面に被害車両の衝突後のガードパイプまでの擦過痕は認められず，これを考慮したことによって被害車両の速度が大きくなったと認められた。ガードパイプの手前の車道と歩道の間に縁石が設けられているが，衝突地点から縁石までの路面に擦過痕は認められず，縁石に被害車両が接触した痕跡も全く認められなかった。したがって，被害車両は衝突後，飛翔してガードパイプに衝突し，ガードパイプの反対側の直下に落下して停止していたものであると認められた。

　次に，鑑定書では，ガードパイプの変形によるエネルギー吸収を路面の摩擦係数に置き換え，大きな数値を与えて被害車両の速度を大きくしていた。さらに，被害者もガードパイプに衝突したとしてその変形も考慮して，被害車両の速度を大きなものにした。実際は，被害者はガードパイプの上部にかするように接触したものであって，大きく変形させたものではなかった。

　ガードパイプは，ペーブフェンスと呼ばれているもので，自転車や歩行者が飛び出さないために設置されているので，比較的細いパイプでできている。部材の耐力を許容限度として設計すると，歩行者自転車用柵は，質量60kg，20km/hの物体の衝撃力を柵面に直角方向に与えた場合でも，その変形が少なく，柵の機能を十分に果たすことが実験で確認されていた。

　**図2**に示されるように，ガードパイプは変形しているので，質量60kgで20km/hの物体の衝撃力より大きなものであったと認められる。被害車両の重量は190kgであるから，小さい速度で衝突しても変形が生じることは容易に推察できる。

## 4　速度鑑定

　検察が筆者に依頼した鑑定事項は，被告人車両及び被害車両の速度である。

　衝突速度の解析は，運動量保存則及びエネルギー保存則を用いるのが一般的である。自動二輪車と乗用車の事故では，車両の質量が両者で大きく異なるので，乗用車の衝突速度を運

動量保存則で求め，その速度をエネルギー保存則に代入して自動二輪車の衝突速度を求めることが精度の良い方法である(注)。運動量保存則で自動二輪車の速度を算出すると大きな速度で計算されることもあることが経験的に知られている。

　運動量保存則及びエネルギー保存則は，次式のように表される。

### 運動量保存則

$$m_A V_A \sin \beta_A + m_B V_B \sin \beta_B = m_A V_{slipA} \sin \alpha_A + m_B V_{slipB} \sin \alpha_B \quad \cdots\cdots\cdots\cdots\cdots\cdots\cdots\cdots\cdots 式(1)$$

### エネルギー保存則

$$\frac{1}{2}(m_A + K m_人) V_A^2 + \frac{1}{2} m_B V_B^2 = \frac{1}{2} m_A V_{barrierA}^2 + \frac{1}{2} m_B V_{barrierB}^2 + \frac{1}{2} m_A V_{slipA}^2 + \frac{1}{2} m_B V_{slipB}^2 \quad \cdots 式(2)$$

　$K$ は，乗員の影響係数と呼ばれ，本件のようにタンクが乗員の衝突により凹損している場合は，$K = 1/3$ を用いる。タンクについては，外れていて実際に現状は捜査されていなかったが，バイクから外れていたことから凹損しているものと推定した。この点について，弁護人からタンクの変形の推定の根拠について尋問された。

　記号は，以下のとおりである。

　　$V_A$　　　＝被害車両の衝突速度

　　$V_B$　　　＝被告人車両の衝突速度

　　$m_A$　　　＝被害車両の質量（190kg）

　　$m_B$　　　＝被告人車両の質量（1090kg＋50kg（乗員質量））

　　$m_人$　　　＝被害車両乗員の質量（60kg）

　　$\beta_A$　　　＝被害車両の衝突角度

　　$\beta_B$　　　＝被告人車両の衝突角度

　　$\alpha_A$　　　＝被害車両の飛び出し角度

　　$\alpha_B$　　　＝被告人車両の飛び出し角度

　　$V_{slipA}$　　＝被害車両の飛び出し速度

　　$V_{slipB}$　　＝被告人車両の飛び出し速度

　　$V_{barrierA}$ ＝被害車両のバリア換算速度

　　$V_{barrierB}$ ＝被告人車両のバリア換算速度

ここで，計算に必要な数値は，全て警察の捜査で求められていなければならない。

　図3は，衝突角度及び飛び出し角度を求めたものである。この図から，被害車両の進行方向をX軸（被害車両の衝突角度を0°）とすると，被告人車両の衝突角度は，時計回りに180°＋29°＝209°となる。

　被害車両の飛び出し角度は，ガードパイプの損傷状況から，衝突後に飛翔してガードパイプに衝突した。その重心の方向は，時計回りに319°となる。

　被告人車両の飛び出し角度は，図4に示したように，衝突直後の被告人車両の重心の移動

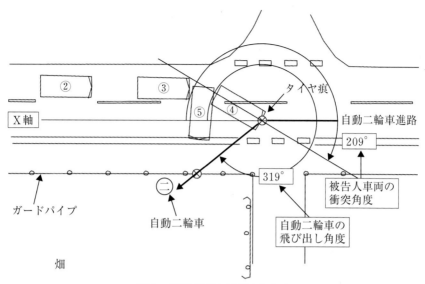

**図3　衝突角度と飛び出し角度**

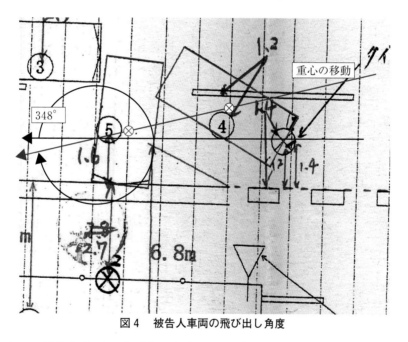

**図4　被告人車両の飛び出し角度**

方向から定める。被告人車両の飛び出し角度は，348°と認められた。

　また，捜査においては，被害車両の軸間距離は測定されず，全長が測定されていた。そこで，被害車両のバリア換算速度を求めるために，カタログ値の全長（206cm）と，見分時測定が180cmであったということから，全長が26cm縮小したと認められた。後輪はほとんど変形していないと考えられ，前輪軸と後輪軸の縮小距離は，全長の縮小量と同じと考えて，被害車両のバリア換算速度を求めた。

　軸間距離の縮小量を $D=26$cm とすると，バリア換算速度は，**図5**を参照して次式で表される。

$$V_{barrierA} = \frac{D+13.3}{0.8} = 49.1\,\mathrm{km/h}\,(13.6\,\mathrm{m/s})$$

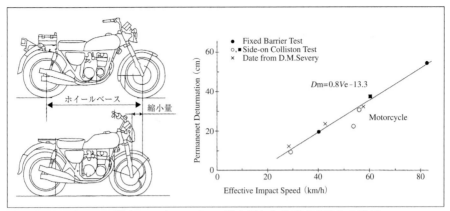

図5　二輪車のホイールベース縮小量と有効衝突速度との関係

　**写真2**は，被告人車両と被害車両の突き合わせを示している。

　この写真から，被害車両は，前輪が鋭く被告人車両に食い込んでいることが分かる。一般的に細いもの，例えば，車両が細い電柱やガードレールの板などと衝突することがあるが，深く食い込みやすくなる。本件も同様に，被害車両の前輪が被告人車両の前面に深く食い込み，局部的な変形が生じている。

写真2　被告人車両と被害車両の突き合わせ

　**写真3**を参照して被告人車両の変形状況を考察する。バリア換算速度を算出するために，変形を測定するには，バンパー高さでバンパーが取り付けられている状態で測定することが基本である。つまり，バンパーが外れている場合は，新たに取り付けるか取り付けられていると仮定して測定する。警察の変形量測定では，バンパーが外れた状態で測定されていたため，バリア換算速度が大きくなっていた。

　**図6**は，変形状況を確認したものである。被告人車両のカタログの三面図を参照すると，被告人車両の前面から，ホイールまでは約809mmである。警察が調べた前端の棒尺位置から，ホイールまでは約800mmとなっていた。したがって，バンパーが付いていれば，接触していない部分は，変形が生じていないことが確認できる。また，最深部は，バンパー先端から前軸の半分付近まで達しているから，凹損が40cm程度にまで及んでいる。

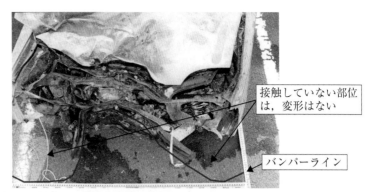

写真3　被告人車両の変形とバンパーライン

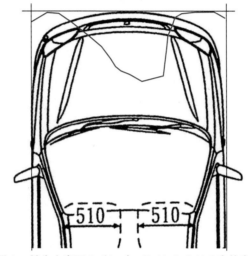

図6　被告人車両のバンパーラインにおける車体変形

　図7は，被告人車両の車体変形をエネルギー吸収図に記載したものである。中央部の変形の数値を全て加えた総数Nから，吸収エネルギーを計算し，バリア換算速度が求められる。

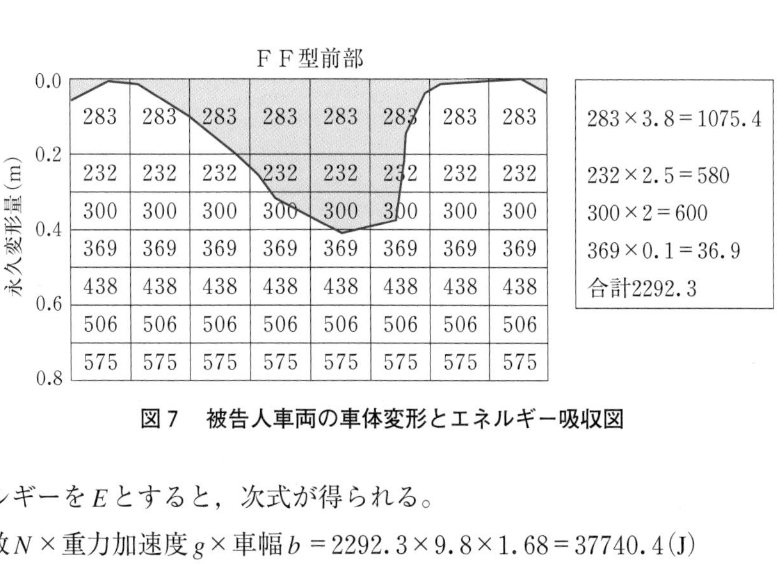

図7　被告人車両の車体変形とエネルギー吸収図

吸収エネルギーをEとすると，次式が得られる。

　　$E = $総数$N \times$重力加速度$g \times$車幅$b = 2292.3 \times 9.8 \times 1.68 = 37740.4$（J）

ただし，$g$は重力加速度（$9.8\mathrm{m/s^2}$）である。

吸収エネルギーと被告人車両のバリア換算速度との関係は，次式となる。

$$E = \frac{1}{2} m_{\mathrm{B}} V^2_{\mathrm{barrierB}}$$

よって，

$$V_{\mathrm{barrierB}} = \sqrt{\frac{2E}{m_{\mathrm{B}}}} = \sqrt{\frac{2 \times 37740.4}{1090 + 50}} = 8.1\mathrm{m/s}(29.2\mathrm{km/h})$$

となる。

以上の数値を運動量保存則及びエネルギー保存則に適用して衝突速度を求めると，

被告人車両の速度は13.0km/h（3.6m/s）

被害車両の速度は90.4km/h（25.1m/s）

と求められた。

## 5　裁判所の判断

裁判では，被害車両の衝突時の速度が180km/hであったか否かが争われたが，民間鑑定人が路面に擦過痕跡がないものをあるとして鑑定し，ガードパイプの変形評価が過剰であったことなどから，信用性に疑問があるとされた。さらに，道路状況などからも，180km/hの速度で走行できるとは考えられなかったことなどを理由に棄却された。

被告人車両の前面と被害車両の前面が衝突していることから，被告人は，右折する際，被害車両を見落としたと認められ，懲役1年，執行猶予4年の判決が下された。

## 6　まとめ

本件のように，被害者が死亡した事件においては，簡易鑑定ではなく正規の速度鑑定を行うことを前提に捜査することが重要である。

注　山崎俊一，久保田正美，山田喜久司「二輪車乗員の質量が衝突速度に及ぼす影響」自動車研究，Vol.30，No.4，2008，17－22頁

## 事例 2–8 右折する乗用車と直進する二輪車の事故鑑定の信頼性が問題となった事例

　最も多い事故のケースは，交差点において，対向車が通過した直後に，被疑車両が右折したが，対向車の後を直進走行していた二輪車と衝突したというものである。したがって，右折できると思ったが，二輪車が猛スピードであったために衝突したというケースよりは，衝突の寸前まで気が付かないで右折するケースの方が多い。

　しかしながら，事故の被疑者は，二輪車の速度が相当速かったために衝突したと否認することが多々ある。最初から否認している場合には，十分な捜査を行うが，最初に認めている場合は，捜査が被疑者の供述によってのみ行われ，十分に捜査されないことがある。また，被疑者が裁判になって否認するケースも多い。

　本事例では，右折する車両と直進する二輪車事故とその鑑定の信頼性について述べる。

### 事件の概要

　事件は，被告人が運転する普通乗用車が，信号機のある交差点を右折するに当たり，対向から直進してきた自動二輪車を衝突の直前に発見し，衝突を避けるために，加速して衝突を避けようとしたが，間に合わず衝突させ，自動二輪車乗員の被害者を死亡させたというものであった。

　**図1**に事故の状況を示す。

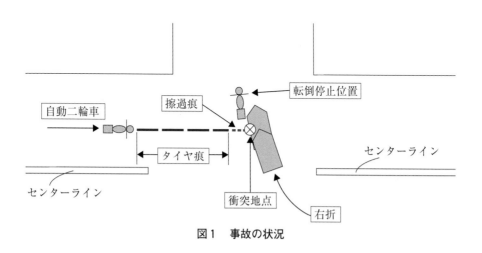

**図1　事故の状況**

　この図で示されるように，自動二輪車は，右折車に気付いて急制動し，転倒擦過して衝突したものである。

## 1　警察の対応

　警察は，死亡事故であったこともあり，十分な捜査を行っていた。しかし，目撃者の示した自動二輪車の停止位置が警察の交通事故現場見取図と異なっていたことや，その交通事故現場見取図に記載された被告人車両の右折状況が異なっているなどの不備が認められ，裁判において問題になった。

　警察は，自動二輪車の速度を鑑定するために，車両の変形損傷状態や衝突角度を自動二輪車と被告人車両との突き合わせによって求めていた。いかなる事故においても，衝突した車両同士の衝突部位の突き合わせは交通事故捜査の基本である。

　**写真1**は，衝突車両の衝突部位を突き合わせた状況を示している。

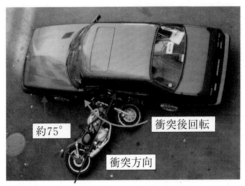

**写真1　当事車両同士の衝突部位の突き合わせ**

　警察では，衝突部位を突き合わせ，エネルギー保存則を用いて両者の走行速度及び衝突速度を求め捜査報告書にまとめた。

## 2　裁判所の鑑定要請

　右折する乗用車に自動二輪車が衝突する事故では，先にも述べたが，対向する乗用車が通過した後，後続してきた自動二輪車に気付かずに右折を開始して自動二輪車と衝突するケースが非常に多い。このようなケースでは，被疑車両は衝突直前まで，自動二輪車に気付いていない。

　ところが，被告人は，もしかすると自動二輪車が制限速度を大きく超えて走行していたのではないか？　だから，自分が自動二輪車を気付かなかったとしてもやむを得ないのではないか？　と思うようである。したがって，被告人としては警察の衝突速度ではなく，交通事故鑑定人に自動二輪車の走行速度の鑑定を依頼するケースが多い。

　被告弁護人の主張は，被害者が指定最高速度50km/hのところ，82km/hで交差点に進入したため衝突したもので，このような高速度で進行する車両が存在することまでも認識して進行する義務がなく，被告人は，注意義務違反がないから，無罪であると主張した。

　本件では，検察は警察が算出した両車両の走行速度及び衝突速度を基に被疑者を起訴した。弁護側は，鑑定人に依頼して速度の鑑定書を裁判所に提出した。裁判所は，鑑定された両車

両の走行速度に大きな差異が認められたため，第三者の専門家に速度鑑定を依頼した。

## 3　走行速度及び衝突速度の解析

　本事故の痕跡からは，両者の飛び出し角度を特定できないため，運動量保存則を適用することはできない。したがって，本件事故の速度解析は，エネルギー保存則を用いるのが適当であった。

　エネルギー保存則は，次式で与えられる。

$$\frac{1}{2}m_1v_1^2 + \frac{1}{2}m_2v_2^2 = \frac{1}{2}m_1v_{B1}^2 + \frac{1}{2}m_2v_{B2}^2 + \frac{1}{2}m_1v_{S1}^2 + \frac{1}{2}m_2v_{S2}^2 \quad\cdots\cdots 式(1)$$

　ただし，

　　$m_1$, $m_2$：被告人車両及び被害者車両の車両質量（kg）

　　$v_1$, $v_2$：被告人車両及び被害者車両の衝突直前の速度（m/s）

　　$v_{B1}$, $v_{B2}$：被告人車両及び被害者車両のバリア換算速度（m/s）

　　$v_{S1}$, $v_{S2}$：被告人車両及び被害者車両の飛び出し速度（m/s）

である。

　ここで，式(1)の右辺のバリア換算速度（有効衝突速度）と飛び出し速度について述べる。

　バリア換算速度とは，衝突によって生じた車両の凹損状況を測定し，その測定値を用いて，車両がコンクリートの剛体壁に衝突したと換算して，その速度を求めるものである。また，二輪車では，衝突によって前軸から後軸までの縮小した量からバリア換算速度を求めるものである。

　本件では，被告人車両の側面の凹損量を測定してエネルギー吸収分布図からバリア換算速度が求められる。また，被害者車両の軸間距離の縮小量から，バリア換算速度が求められる。

　次に，両車両の飛び出し速度は，衝突地点から停止地点までの距離$L$とその間の摩擦状況から求めることができる。飛び出し速度$v$を求める式は，次式となる。

$$v = \sqrt{2\mu gL}\,(m/s) \quad\cdots\cdots 式(2)$$

　ただし，$\mu$は摩擦係数で，$g$は重力加速度9.8（m/s$^2$）である。

　以上によって，式(1)の右辺は全て計算される。

　次に，式(1)における左辺において，被害者車両の衝突速度は未知であるが，被告人車両は右折であり，当時の道路交通状況から，その速度は5〜10km/h程度であることが確認されている。したがって，被告人車両の衝突速度を5〜10km/hとして，被害者車両の衝突速度を式(1)から計算すればよい。

　さらに，式(1)によって，被害者車両の衝突速度が求められた後，衝突直前に擦過により消費したエネルギー及びスリップ痕を印象させたエネルギーから，自動二輪車の走行速度が計算される。これらの手順によって，被害者車両の走行速度は，54.1〜58.9km/hとなり，被告人車両の走行速度は5〜10km/hであると鑑定された。

## 4　警察及び弁護側鑑定の信頼性

前述した速度計算が，鑑定資料から求められる速度である。　以下に，警察及び弁護側鑑定の信頼性について述べる。

### ⑴　警察鑑定の式の単位表示の誤り

警察鑑定の速度計算について，弁護側の鑑定書で，質量と重量の単位表示の誤りを指摘された。しかしながら，その後の計算を精査すると，誤植であることが容易に推察でき，求められた最終結果にはおおよそ誤りがないと認められた。

### ⑵　弁護側鑑定の速度計算手法の誤り

#### ア　衝突角度，飛び出し角度の誤り

弁護側鑑定では，運動量保存則を用いて衝突速度の計算を行っていた。

運動量保存則は，次式で与えられる。

$$m_1 v_1 \cos\beta_1 + m_2 v_2 \cos\beta_2 = m_1 V_{slip1} \cos a_1 + m_2 V_{slip2} \cos a_2$$

$$m_1 v_1 \sin\beta_1 + m_2 v_2 \sin\beta_2 = m_1 V_{slip1} \sin a_1 + m_2 V_{slip2} \sin a_2$$

ただし，

| | |
|---|---|
| $m_1$，　$m_2$ | ：車$_1$と車$_2$の質量 |
| $\beta_1$，　$\beta_2$ | ：車$_1$と車$_2$の衝突角度 |
| $a_1$，　$a_2$ | ：車$_1$と車$_2$の衝突直後の飛び出し角度 |
| $v_1$，　$v_2$ | ：車$_1$と車$_2$の衝突速度 |
| $V_{slip1}$，　$V_{slip2}$ | ：車$_1$と車$_2$の飛び出し速度 |

しかしながら，本件では，タイヤ痕などが明確に印象されていないため，飛び出し角度が見いだせないので運動量保存則は適用できない。それにもかかわらず，弁護側鑑定では，**写真2**に示すような，衝突角度と飛び出し角度を設定し，速度計算を行った。

弁護側鑑定書では，衝突角度は，**写真2**に示すように，32.2°とした。それは，被害者のヘルメットが被告人車両の左端のガラスに衝突し，くもの巣状にひび割れができたこと，被告人車両のドアミラーが脱落したことにより，角度を定めたとなっている。しかしながら，Aピラー（左フロントガラス端の支柱）に直接衝突したことによりAピラー

衝突角度32.2°

実際の転倒位置

**写真2　弁護側鑑定人の衝突角度**

が変形し，その変形によって，フロントガラスがくもの巣状になったことが明白であり（**写真3**），ドアミラーは，この方向の入力では，折りたたまれるのであって，脱落する入力方向ではないことが明白であった。

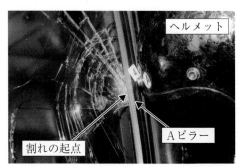

**写真3　ヘルメットとAピラーの衝突痕**

**イ　被害者車両の走行速度の誤り**

　さらに，被害者車両の走行速度を，エネルギー保存則を用いて計算していたが，乗員の重量を自動二輪車の重量に加算し，エネルギー式に人体の飛翔したエネルギーをも加算している。自動二輪車の重量を考慮した運動エネルギーは個別に考えればよく，人の最初の運動エネルギーは，衝突，飛翔後，擦過して消費し，それらは相殺するので考慮する必要がない。弁護側鑑定書では，飛翔したエネルギーを加えて被害者車両の走行速度を高く算出したもの（84km/h）と認められた。

　最も決定的な誤りは，走行速度のエネルギー計算式であった。

　前述したように，①衝突速度による運動エネルギー，②擦過痕による運動エネルギー，③タイヤの制動痕印象エネルギーの3つを加えたものが，被害者車両の走行中の運動エネルギーとなる。

　これを式で表すと次式となる。

$$\frac{1}{2}m_2V^2 = \frac{1}{2}m_2v_{A1}^2 + \frac{1}{2}m_2v_{A2}^2 + \frac{1}{2}m_2v_2^2$$

　自動二輪車の質量が同じであるから，自動二輪車の走行速度Vは，以下のように表される。

$$V = \sqrt{v_{A1}^2 + v_{A2}^2 + v_2^2}$$

　ただし，$v_{A1}$，$v_{A2}$は，それぞれ擦過痕による速度，スリップ痕による速度である。

　弁護側鑑定では，前述のように，人のエネルギー，自動二輪車のエネルギー，被告人車両の運動エネルギーも全て計算している。したがって，そのような計算では上式のように簡単にならず，それぞれに質量の項を入れる必要がある。それにもかかわらず上式を公式として利用した誤りであると推定される。弁護側鑑定書の計算方法に明らかな誤りが認められた。

　以上から，衝突形態については，若干異なるものの，警察鑑定による速度計算に矛盾が認められず，弁護側鑑定の速度計算には明らかな誤りが認められた。

## 5 裁判所の判断

裁判所法廷で，それぞれ鑑定人の証人尋問が行われた。弁護側鑑定人の尋問では，計算式の誤りが検察官から指摘された。鑑定人本人が鑑定したと申し述べていたが，計算について指摘されると，助手に計算させているが，正しく計算されていることを自分が確認した，と証言した。しかし，誤りの部分については，何ら説明ができなかった。そこで，検察官が鑑定人の経歴など尋問したが，これについても，「鑑定とは関係ない」と前置きして回答を拒否した。

裁判所の判決は，禁錮2年，執行猶予5年，訴訟費用は被告人負担とする，であった。

裁判所は，検察が主張した被告人の右折時の注意義務違反を，種々の証拠から認めた。判決は，証拠に基づいて弁護人の主張を退けたものであった。判決文では，弁護側鑑定人に触れ，「鑑定人が公判廷において供述するところでは，被害者運転車両の制動開始時の速度は，84km/hと推定するとされているところであるが，同人は，公判廷において，専門的知見に基づき検討・判断されたものであるかを吟味するひとつの要素である学歴等に関して，合理的な理由を明らかにすることなく供述を拒み，同人が作成した鑑定書中の速度計算は助手に任せて自ら計算したものではなく，自身がチェックしたとしながら，具体的な計算式については答えられないなどと供述し，その供述態度は誠実性を欠くとともに，専門的な知見により検討・判断し得たのかに疑義が残るばかりでなく，速度計算方式，計算方法も適切でなく採用できない」と断じたものであった。

## 6 まとめ

筆者は，このような誤った鑑定の結果を多々目にし，前記のような判決文を多々見ることがある。被告人自身，被害者の速度が指定法定速度よりはるかに速かったことに期待を寄せたくなるであろうが，いずれにしても信頼できる鑑定人を選定することが被告人にも重要であろう。

# 事例 2-9 白バイとスクールバス事故

本事例では，当時テレビでもよく報道されていた，白バイとスクールバスの衝突事故について述べる。本件事故は，生徒を乗車させたスクールバスが道路に出て右折進行している時，直進してきた白バイと衝突し，白バイに乗っていた警察官が死亡した事故である。

スクールバスの運転手は，停止していたと主張し，路面に印象されたスクールバスのブレーキ痕は，警察官がデッキブラシとコーラで書いたものであると主張したものである。

### 事件の概要

　本事件は，**図 1** に示すように，被告人運転のスクールバス（生徒22人，引率教員 3 人乗車）が国道沿いの飲食店の駐車場から国道に出て右折する途中，右側から来た白バイと衝突したものである。白バイは，バスの右前部に衝突し，スクールバスに乗っていた生徒と教員にはけがはなかったが，白バイの交通機動隊員は死亡した。

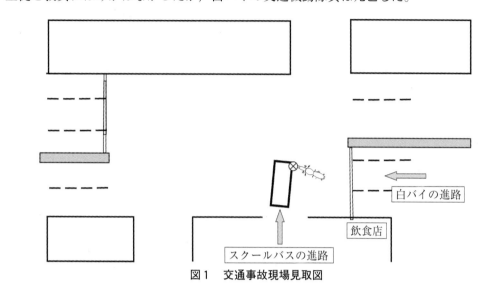

白バイの進路

飲食店

スクールバスの進路

図 1　交通事故現場見取図

## 1　警察の捜査

　警察は，現場の痕跡から，スクールバスが走行中に衝突したと認め，安全確認を怠ったとして，スクールバスの運転手を業務上過失致死容疑で送検した。当時の警察による発表では，スクールバスの運転手は容疑を認めているとされていた（平成18年 6 月23日付け朝刊）。

## 2　検察の対応

　検察は，警察の捜査を基に，業務上過失致死罪でスクールバスの運転手を起訴した。起訴事実では，安全確認を十分にしないまま右折しようとして，右から来た白バイと衝突させたとした。この時の新聞にも，起訴事実を認めているとされていた（平成18年12月14日付け朝刊）。

　その後，裁判になって被告人が起訴事実を否定したため，検察側は「被告人が右折進行するに当たり，右から来る白バイを確認せず，優先通行権を妨害した過失は重大で，自己の落ち度を反省する姿勢もない」として，禁錮 1 年 8 月を求刑した。

## 3　弁護側の主張

　平成19年 1 月19日付け朝刊によると，初公判が同月18日に高知地裁で開かれ，被告人は，「十分に安全を確認して車道に出た」などと無罪を主張したと記載している。弁護側は，「現場付近の道路はカーブになっており，確認した段階では，視線の範囲に白バイはなかった」として過失を否定した。また，弁護側は，「白バイは，少し注意すれば停車中であったスクー

ルバスを発見，事故を回避できた。事故は，白バイの前方不注視とスピードの出し過ぎによるもので，スクールバスの運転手には過失がない」と反論した。

## 4　争　点

裁判での争点は，

①　スクールバスは，停止中であったか。

②　白バイの速度はどの程度であったか。

であった。

弁護側は，**写真1**に示すように，「スクールバスが印象させたとするスリップ痕（長さ1〜1.2m）は，県警がねつ造したものである。事故は，白バイのスピードの出し過ぎによるものである」と主張した。

**写真1　スクールバスのスリップ痕**
（よく見るとタイヤのたて溝が印象されている）

## 5　判　決

地裁では，被告人側の無罪主張を退け，禁錮1年4月の有罪判決を言い渡した。裁判官は，「事故直後，被告人がバスに乗った状態で，撮られた現場写真（**写真2**）もスリップ痕が付いており，被告人の運転によって付いた。スクールバスの速度は，5〜10km/hであった」と認定した。

**写真2　乗客が乗った状態の現場写真**
（スリップ痕が印象されている）

また，白バイの後ろで車を走行していた男性が，「白バイの速度は100km/hぐらいであった」と証言した点についても，「白バイは，緊急走行しておらず，100km/h出ていたとするには，合理的疑いがある」と退け，白バイの速度は60km/h程度であったと認定した。

その上で，「被告人は右折する際，左右の安全確認に十分注意を払うべきだったが怠った。

被害者にも前方注視義務が課せられる状態にあったことを考慮しても，被告人の過失の程度は大きい」と判断し，「被告人は独自の弁解に固執し，これに沿わない証拠はねつ造されたと主張し，自らの責任を否定した。真摯な反省の情を示していない」と断じた。

　判決後，被告人は即日控訴した。しかしながら，高裁における判決も一審を支持し，被告側の控訴を棄却した。被告側は，即日上告した。

## 6　争点の検証

　争点について検証する。

### ①　スクールバスは，停止中であったか

　**写真3**は，被告人車両を移動させた後の被告人車両のタイヤ痕を示している。

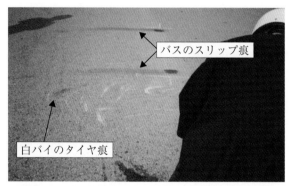

**写真3　バスを移動させた状態のバスのスリップ痕**

　**写真1**にも示されているが，路面のスリップ痕は，タイヤの下まで印象され，刷毛(はけ)やブラシで人為的に作られるものとは認められない。スリップ痕はタイヤ縦溝に一致した状態であると認められる。スリップ痕には，明らかに，4本の溝が認められる。**写真4**は，スクールバスのタイヤ及びスリップ痕を示している。

**写真4　スクールバスのタイヤ及びスリップ痕**
（手前の黒いしみ状のものは撮影者の影）

　スクールバスは，スタッドレスタイヤを装着していたと認められるから，夏タイヤと比較

して停止距離が長い。特にＡＢＳ装置が装着された車両では，長くなり，印象される痕跡は薄めに印象されるのが特徴である。ＡＢＳ装着車でもスリップ痕は印象される。

　弁護側の鑑定人は，夏タイヤでの実験を基に主張しており，本件には適用できない。また，同鑑定人は，後輪のスリップ痕が全くないことを取り上げている。**図２**に示すように，自動車の前輪と後輪の制動の強さは異なる。

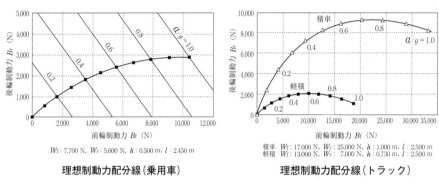

$W_f$: 7,700 N, $W_r$: 5,600 N, $h$: 0.500 m, $l$: 2.450 m

理想制動力配分線（乗用車）

積車 $W_f$: 17,000 N, $W_r$: 25,000 N, $h$: 1.000 m, $l$: 2.500 m
軽積 $W_f$: 13,000 N, $W_r$: 7,000 N, $h$: 0.730 m, $l$: 2.500 m

理想制動力配分線（トラック）

**図２　乗用車とトラックの制動力配分**

　自動車は，制動時の車両の安定のために，前輪の制動力が後輪の制動力より強いように設計されている。強く制動したとき，後輪が前輪より先にロックすると，制動時の走行が不安定になりスピンするため，前輪の制動力が後輪より大きく設計されているのである。したがって，前輪のタイヤ痕が印象されやすい（資料：『自動車技術ハンドブック』（公益社団法人自動車技術会）　１基礎・理論編から）。

　衝突は，白バイの前部とバスの前部が衝突したものである。白バイは，バスのバンパー側面部に衝突し，バスのバンパー部を押し込んでいる。バンパーを押し込んだことにより，白バイの左側面部がバンパー下部に潜り込んでいる。したがって，二次衝突が起こらず，バスの右前下部のフェンダーやホイールは無傷となったと認められる。

　白バイが印象したとされる４か所の擦過痕は，移動方向がバラバラであると指摘された。

**写真５**は，白バイによって印象されたタイヤ痕及び擦過痕を示している。

白バイ前輪タイヤ痕

白バイ転倒擦過痕

**写真５　白バイによって印象されたタイヤ痕及び擦過痕**

　この写真のほかにも，明らかにチョークではなく路面がえぐれて印象されたガウジ痕と呼ばれる痕跡が印象されている。白バイは，衝突し転倒した後，バスのバンパー右下に潜り込

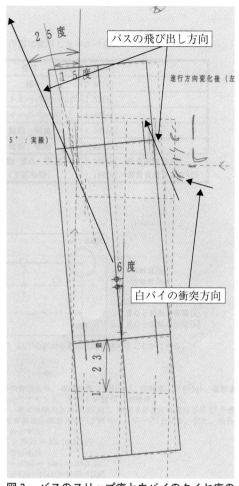

んでバスに引きずられたため，路面の擦過痕が右に曲げられたものが印象されたと認められる。

　転倒せずに自動車と衝突した二輪車事故には，特徴的なタイヤ痕が路面に印象される。二輪車事故では，前輪が車体と衝突したとき，接触によって前輪タイヤの回転が止まり，慣性の法則により，変形が終了するまで，運動を継続するため，二輪車のタイヤ痕が路面に印象される。同様に，本件スクールバスも変形が終了するまで，慣性の法則により運動を続ける。衝突し，変形が終了すると，白バイとバスの前部バンパー部が衝突したことにより，バスは左方向に飛び出す。バスのスリップ痕は，白バイとの衝突後の飛び出し状況を制動痕で示すことになる。白バイのタイヤ痕は，**図3**に示されるように変形後のバスの飛び出し方向にタイヤ痕を印象させるから，白バイのタイヤ痕の傾きは，バスの飛び出し方向を示すことになる。このことは，白バイがバスに潜り込んで，バスと一緒に飛び出して進行したことを意味している。このような現象は，最近の研究によって明確にされたもので，スクールバスが移動中に白バイと衝突したと考えることは物理的に矛盾がない。

**図3　バスのスリップ痕と白バイのタイヤ痕の傾き**

### ②　白バイの速度はどの程度であったか

　これらの痕跡などを運動量保存則に適用することによって，被告人車両の衝突速度及び白バイの衝突速度が求められる。解析の結果は，白バイの衝突時の速度は60km/h，スクールバスの衝突時の速度は約10〜15km/hとなった。バス及び白バイの損傷は，白バイが100km/hも出して衝突したとするには損傷は小さく，多数の実験結果とは矛盾し，裁判における判断に矛盾はない。

## 7　まとめ

　最高裁においても，被告人の主張は退けられ，刑に服することとなった。その間，弁護側は，スリップ痕などをねつ造したとして被疑者不詳で警察を検察に告訴した。しかしながら，検察は不起訴とした。さらに，被告人は刑期を終えて，裁判所に無実であるのに服役させられたとして，国家賠償請求の民事訴訟を起こした。裁判所は，有罪とされているのであるから，国家賠償を請求することはできないとし，無実を訴えるのであれば，再審請求することが順序であるとして，訴えを棄却した。

# 第3章
# 四輪車同士の事故

## 四輪車同士の事故解析の基礎知識

■衝突部位の突き合わせを行い，衝突状況を明らかにする。

■衝突後，0.1秒間で変形が終了する。その間，衝突部位は，密着している。
（➡p.97**図3**，p.99**図4**）

■衝突後，0.05秒で最大荷重が発生する。このとき，車体底部が路面と擦過し，ガウジ痕を印象する。この地点を衝突地点と特定できる。（➡p.97**図3**，p.98**写真2**）

■路面に印象されたタイヤ痕を詳細に図面に記載する。

■横すべり痕の角度と進行方向の角度を捜査する。これにより車体の横向き角度及び操作したハンドル角度が明らかにできる。

■衝突速度は，運動量保存則とエネルギー保存則を用いて計算される。
（➡p.123**式(1)**）

■バンパーラインにおける車体の変形を測定する。（➡p.124**図2・3**）

■故障診断装置に記録されたデータがないか調査する。

■エアバッグが開放されていた場合は，イベントデータレコーダーを調査する。

■当該車両のカタログを取り寄せる。

## 事例 3−1　正面衝突事故 ─どちらがセンターラインを 越えたか─タイヤ痕が解明

　本事例では，目撃者もない状況で発生した正面衝突事故について，どちらがセンターラインをオーバーしたかが問題となった捜査のポイントを述べる。

### 事件の概要

　事故は，山間の比較的交通量が少ない緩いカーブが続く川沿いの道路で起きた。最高速度制限は，50km/hの道路で，白線の点線がセンターラインとして引かれた道路である。

　事故は，**写真1**に示すように，カーブしているが見通しのよい道路上における普通乗用自動車とワンボックス車の正面衝突で，ワンボックス車の運転手は即死，普通乗用自動車の運転手は，頭部を打ち重傷で記憶が曖昧な状況であった。

写真1　交通事故現場道路状況

## 1　警察の初動捜査

　**写真2**及び**写真3**は，普通乗用自動車及びワンボックス車の事故後の停止状況を示したものである。

屈曲したタイヤ痕

衝突によってタイヤがバースト

写真2　普通乗用自動車の事故後の停止状況

脱落したワンボックス車の右前輪

写真3　ワンボックス車の事故後の停止状況

　事故直後の警察の初動捜査では，**写真2**に示すように，普通乗用自動車の制動痕と認められるタイヤ痕の上に普通乗用自動車の右後輪が乗った状態で停止していたことから，交通事

故現場見取図（**図1**）に示すように，ワンボックス車が，センターラインを越えて走行し，普通乗用自動車と衝突したものとした。

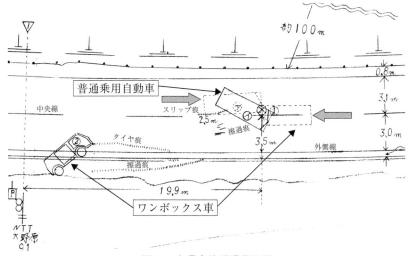

**図1　交通事故現場見取図**

**写真4**は，普通乗用自動車の損傷状況を示し，**写真5**は，ワンボックス車の損傷状況を示したものである。

**写真4　普通乗用自動車の損傷状況**

**写真5　ワンボックス車の損傷状況**

## 2　警察の初動捜査の検証

### (1)　ポイント1─タイヤ痕は普通乗用自動車の後輪の制動痕か

**写真2**で示したタイヤ痕は，センターラインより若干内側に印象されている。このタイヤ痕上に普通乗用自動車の右後輪が乗っていた状況であったため，警察では，右後輪が印象させたタイヤ痕であると見分したものである。そのため，**図1**に示したような，実況見分調書における現場見取図になったものである。

ここで，普通乗用自動車が制動したときに，後輪だけがタイヤ痕を印象させるだろうか。

普通乗用自動車では，**図2**に示すように，ブレーキの前後輪の制動力配分が定められている。実制動力配分でみると，おおよそ前輪のブレーキ力2に対して，後輪のブレーキ力は1である。

この図で示したように，乗用自動車は，後輪が前輪より先にロックすることがないように

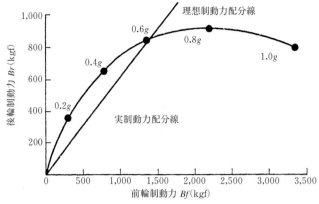

図2　乗用自動車のブレーキ配分

設計されている。前後輪の制動力はブレーキ圧力弁で制御され，ブレーキ圧の強さは，おおよそ後輪1に対して前輪2のブレーキ圧力になっている。つまり，ブレーキ力としては，前輪のブレーキ力が大きく，後輪は前輪の半分のブレーキ力になっている。したがって，後輪だけが制動のタイヤ痕を強く印象することはない。

　普通乗用自動車では，**図3**に示すように，後輪が先にロックするとスピンを生じる。前輪がロックした場合は，真っすぐ停止することができる。よって，急制動したときに自動車がスピンしないように，制動力が配分されているのである。

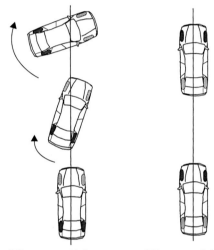

後輪ロック：不安定　　　　　前輪ロック：安定
スピンを起こす　　　　　　　真っすぐ停止

車輪ロック時の安定・不安定

図3　タイヤがロックしたときの車両の挙動

　以上のことから，路面に印象されたタイヤ痕は，普通乗用自動車の後輪のタイヤ痕ではないことは明らかであり，前輪の左右いずれかのブレーキ痕である。

(2)　ポイント2—屈曲したタイヤ痕の分析

　タイヤ痕が曲がって印象されているが，屈曲するタイヤ痕がどのようにして印象されたか，警察は十分に検証していない。正面衝突のうちオフセット衝突と呼ばれる，互いの車両の中心がずれた正面衝突時に屈曲したタイヤ痕が，よく印象される。前輪は，衝突によって急激に進行方向を変えられることによって，屈曲したタイヤ痕が印象されるのである。本件の場合，典型的なオフセット衝突である。制動しながらオフセット衝突した場合，前輪のタイヤ痕は屈曲したタイヤ痕が印象されるが，このとき，後輪は，前輪とは異なり緩やかに回転するため，屈曲したタイヤ痕を印象することはない。したがって，この屈曲したタイヤ痕からも，前輪のタイヤ痕であることが確認される。

⑶　ポイント 3 ―衝突車両同士の突き合わせ

　たとえ右後輪がタイヤ痕上に乗って停止していたとしても，衝突した車両同士の衝突状態を突き合わせて，確認することが重要である。衝突位置の突き合わせを行えば，**写真 6** に示したような路面に印象されたガウジ痕（えぐれ痕）がどちらの車両のどの部位が印象したものか，確認できるのである。

　**写真 6** に示したように，屈曲したタイヤ痕は，左前輪によって印象されたものである。**写真 2** に示したように，右前輪は衝突したと同時に，その衝撃によってタイヤがバーストしたものである。また，普通乗用自動車の右前輪ホイールには，ワンボックス車の右前輪ホイールの衝突痕跡が印象されていた。つまり，ワンボックス車が，普通乗用自動車の右上に上がったりせず，両車の右前輪が衝突したということである。タイヤ同士が衝突し，普通乗用自動車の右前輪が，衝突によってタイヤがバーストしたため，**写真 6** に示したタイヤ痕を印象することはできないのである。これらのことから，路面に印象されたタイヤ痕は，普通乗用自動車の左前輪のものであると確認できる。

　**写真 7** に示すように，普通乗用自動車の右前輪ホイールには，路面と擦過した傷や削られた傷は見当たらなかった。よって，路面に印象されたガウジ痕は，普通乗用自動車のホイールによって印象されたものではない。普通乗用自動車は，右前輪がバーストしたが，タイヤがリムから脱落することはなかった。

左前輪タイヤによって印象されたタイヤ痕

ガウジ痕とタイヤ痕

写真 6　タイヤ痕の判明

写真 7　普通乗用自動車の右前輪の損傷状況

　ワンボックス車の右前輪タイヤは，**写真 3** で示されたように，衝突によって脱落している。したがって，ガウジ痕はワンボックス車の右前輪の取り付け部分によって印象されたと推定できる。

　以上の結果，**図 4** に示すように，衝突は，普通乗用自動車がセンターラインを越えたために，ワンボックス車に衝突したことが解明された。

## 3　被害者遺族の警察に対する捜査の疑問

　この事件の捜査に対して不信感を持っていた被害者（ワンボックス車）遺族からは，真相究明への強い要望が出されていた。警察の対応に不満を持った被害者遺族は，第三者への鑑定依頼などの対応を準備していたものである。

　加害者である普通乗用自動車の運転者は，頭部を損傷したため，事故当時の記憶がなく警

94

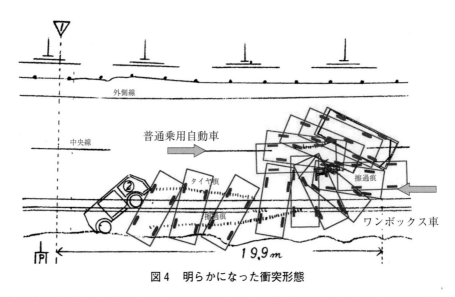

図4　明らかになった衝突形態

察の捜査に全てを委ねた形であった。しかしながら，警察が1年以上にわたって捜査して得られた真実を告げると，加害者は素直に罪を認め，被害者遺族に謝罪し，示談を速やかに進めた。加害者の素直な対応によって遺族も納得し，全ての解決が早く進んだ。刑も重いものではなかった。

　捜査した警察官の話によると，加害者はある時点で自分がセンターラインを越えたことが分かったが言い出せずにいた状況にあって，むしろこれで楽になりましたと言ったそうである。

## 4　捜査対応のポイント

　この事故の対応のポイントは，最初の捜査を誤ったとしても，真実が分かった時点で適切に対応したことにある。被害者遺族に対して，最初の捜査の誤りを謝罪し，真実を示すことができたことが重要なポイントである。

　警察が捜査の途上で方向が違うことが分かったら，適切に対応すべきで，その誤りについてどのように対処するかが大きなポイントになる。遺族の感情を考慮した適切な捜査をすることが重要であることを示す好例であろう。

　最近，テレビなどで報道されている交通事故事件においても，真相解明に努力することを忘れないこと，適切な対応を心掛けることによって事件は速やかに解決されるものと思われる。

　いずれにしても，事故解明は難解なものが多々あるが，痕跡を重視することによって真相が明らかにできるのである。衝突等による車両の損傷から痕跡がどこにどのように印象されたか検証することが重要である。特に重要なのが，路面に印象されたタイヤ痕やタイヤホイールによるガウジ痕などの特定とそれらの突き合わせである。

　交通事故の捜査が手順どおり行われて，初めて真相が解明できるのである。

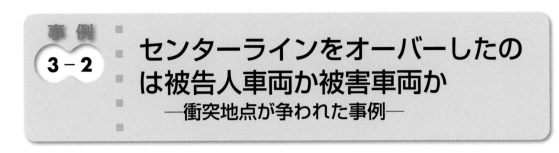

事例 **3-2**

# センターラインをオーバーしたのは被告人車両か被害車両か
## ―衝突地点が争われた事例―

　本事例では，国道の下り車線を直進進行中の被告人車両と，上り車線を直進進行中の被害車両が正面衝突した事故について述べる。正面衝突事故でよくある被告人の言い訳として，「相手がセンターラインをオーバーしていたので，事故を避けようとしてハンドルを切って反対車線に逃げたら，相手が自車線に戻ってきたので衝突した」というものがある。筆者は，これまで，このような事故事例を見たことがないが，車両の変形状態及び路面痕跡によって，衝突の状況を明らかにすることができる。

　正面衝突事故における衝突現象及び捜査のポイントについて述べる。

### 事件の概要

　事故は，国道の下り車線を直進進行中の被告人車両と，上り車線を直進進行中の被害車両が正面衝突したものである。**図1**は，交通事故現場見取図を示す。上り車線の路面には，えぐれ痕（ガウジ痕）や擦過痕が印象されていた。センターライン上には，被告人車両のタイヤ痕が印象されていた。

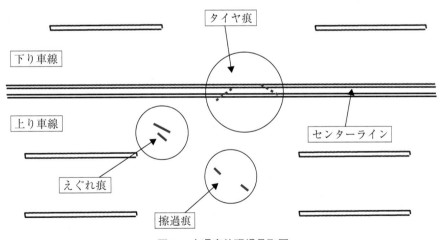

**図1　交通事故現場見取図**

　上り車線を走行していた被害者は死亡し，被告人は，被害者がセンターラインを越えて衝突してきたと申し立てた。

## 1　警察及び検察の対応

　警察の司法警察員が捜査報告書において物理法則である運動量保存則及びエネルギー保存

則を用いて速度計算を行い，記載されている数値に誤りはなかった。

　また，司法警察員作成の捜査報告書では，衝突部位の各部所を突き合わせ，適正に見分されたと認められ，変形状況から衝突角度が推定された。

　警察は，えぐれ痕などの捜査の結果から，被告人車両がセンターラインを越えて被害車両と衝突したと認め，送検した。

　検察も被告人車両がセンターラインを越えて被害車両と衝突したと認め，起訴した。

## 2　裁判における争点

　弁護側は鑑定人に鑑定を依頼して，衝突地点について争った。被告人車両と被害車両との衝突角度については，弁護側鑑定と争いがなかった。しかし，弁護側鑑定人は，図2に示すように，被害車両がセンターラインを越えて衝突したと申し立てた。

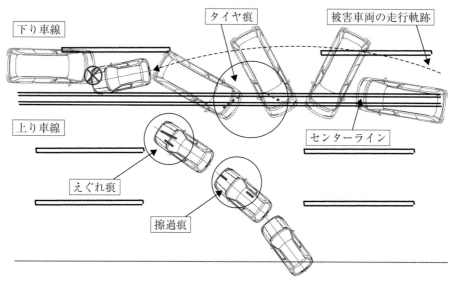

**図2　弁護側鑑定人が申し立てた衝突地点**

　衝突角度は，互いの最深部の変形状態から定められるものなので，弁護側の鑑定でも否定できなかった。その衝突角度を前提に衝突状況を考え，被害車両がセンターラインを越えたとするには，図2のように，被害車両が，反対車線に大きく飛び出して，戻ろうとした時に衝突したとせざるを得ない。被害車両の走行経路は，あまりにも不自然なものである。

　また，弁護側鑑定人のえぐれ痕の説明に至っては，衝突後，被告人車両と被害車両がかみ込み，衝突部位同士が持ち上がり，被害車両が後退しながら，路面に落下し，この時にバウンドしてえぐれ痕ができたと申し立てた。

　このような申立てがあったため，検察は，筆者に衝突地点について鑑定を依頼した。

## 3　正面衝突における衝突現象と衝突地点の特定

　本件では，衝突地点がどこであるかが争われているので，それについて検討した。司法警察員作成の捜査報告書では，衝突地点を変形状況，車底部の擦過痕跡及び路面痕跡によって明ら

かにしていた。重要な痕跡は，路面の金属擦過痕及びセンターライン上のタイヤ痕であった。

　被告人車両の車底部に擦過した痕跡がなく，被害車両の車底部に擦過痕があることから，路面の擦過痕は，被害車両の擦過痕であると確認された。

　**図3**は，自動車の衝突時の時間変化を自動車，タイヤ，車室内乗員別に示したものである。自動車と自動車が衝突した場合，自動車はその衝撃により車体変形が起こる。自動車の衝突現象で最も重要なことは，車体変形終了後に，自動車が移動を開始するということである。**図3**に示した衝突の時間変化に基づいて，路上痕跡であるガウジ痕やタイヤ痕から衝突地点の特定や衝突直後の車両挙動を解析することができる。

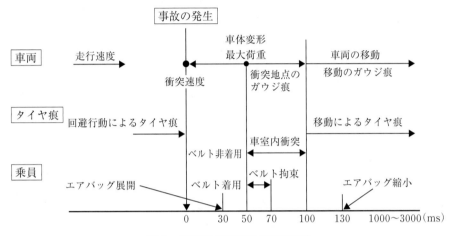

**図3　自動車の衝突時の時間変化**

　衝突の瞬間を0秒とすると，自動車は衝突してから約100ms（0.1秒）間で変形が終了する。自動車に衝突の最大荷重が加わる（最大減速度が発生する）のは約50ms（0.05秒）である。大きな車体変形が生じるような高速度での衝突では，衝突車両の車底部が路面に強く接触し，ガウジ痕を路面に印象する。車体変形が生じている間は自動車の移動が起こらないから，衝突地点はこのガウジ痕を印象した部位を突き合わせることにより特定できる。

　衝突後，車体変形が生じている間，シートベルト非着用の車室内乗員は，慣性の法則によって車室内構造物へ衝突する。他方，シートベルトを着用した乗員は，衝突から50〜70ms（0.05〜0.07秒）まで，ベルトにより体が拘束される。

　衝突後，自動車は約0.1秒間変形し，変形終了後，初めて自動車の移動が起こり始める。この時，変形した自動車が移動することにより，タイヤ痕，変形したリムや自動車部品のガウジ痕や擦過痕を印象する。衝突変形中のガウジ痕や擦過痕と変形後に移動中のガウジ痕や擦過痕は，異なった方向に印象される。この印象方向から，衝突位置や車両の飛び出し角度などが特定できる。さらに，重要なことは，衝突後の自動車の重心が直線的に運動し，衝突地点から停止位置まで直線的に移動することはないということである。タイヤ，リム，車体などが路面と擦過し，外力を受けるため，重心位置の移動は直線とはならない。

　**写真1〜4**は，オフセット衝突実験の連続写真を示す。**写真1**は，衝突直前の様子である。**写真2**は，衝突後，移動直前の最大変形が生じている状況である。両方の車両は衝突部位が

98

沈み，後部が上がっていることが分かる。衝突前部の車底部が路面と接触し，ガウジ痕や擦過痕を印象する。**写真3**は，車両の変形が終了し，互いの車両が移動している状況である。**写真4**は，停止状況を示している。これらの写真から，衝突によって衝突部位が沈み，車底部によるガウジ痕や擦過痕は，衝突地点付近で印象されることが分かる。つまり，弁護側鑑定がいう，衝突部位が持ち上がり，落下した時にガウジ痕を印象するなどという現象は起こらないのである。

写真1　衝突直前の状況

写真2　最大変形時の状況

写真3　変形終了後の移動の状況

写真4　停止状況

　**図4**は，本衝突実験の車体移動状況を上から撮影した連続写真から解析したものである。この図から，接触してから100ms（0.1秒）までは変形しながら互いに押し込み，変形終了後，かみ込んだ部分を中心に回転して停止している。その重心移動をみると，互いに横方向に移動していることが分かる。これらのことから，重心の移動は，衝突の状況に応じて異なった方向となる。これらの運動は，タイヤ痕やガウジ痕などから解析できる。

　**図5**は，警察の司法警察員が作成した捜査報告書の衝突挙動図である。この図に衝突地点が記載されている。筆者は，本事故がオフセット衝突であり，路面に被害車両の車底部が印象したえぐれ痕があることから，この擦過痕の位置が衝突地点であると認められると申し述べた。さらに，擦過痕の印象から，被害車両は，その擦過痕の印象方向に押し込まれたと認められ，司法警察員の作成に係る捜査報告書の衝突地点の特定に誤りがないことを申し述べた。

## 4　裁判官の判断

　裁判において筆者が証人出廷し，衝突現象の基本，ガウジ痕の印象過程，衝突部位が互いに沈み込むもので持ち上がらないことなどを証言し，弁護側鑑定人の申立ての不合理を明らかにした。その結果，被告人は，有罪となった。

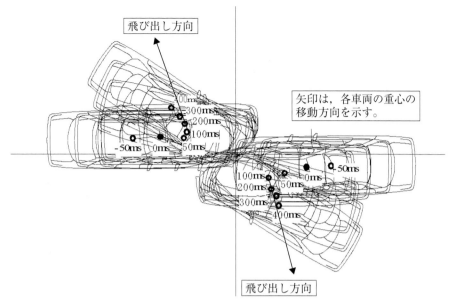

図 4　オフセット衝突における車両の移動

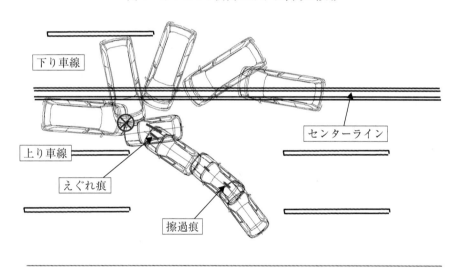

図 5　司法警察員作成に係る捜査報告書の衝突挙動図

## 5　まとめ

　被害者は，物言えない死者となって，加害者の言いなりに裁判が進められる場合があるが，衝突時の様々な痕跡が，真実を見いだしてくれるものである。捜査においては，自動車と衝突する自動車，二輪車，自転車，歩行者などの衝突現象を物理的に理解しておくことが重要である。

# 衝突死亡事故
## ―いずれの衝突によって死亡したか―

事例 3-3

　本事例は，ガードレールに衝突（第1衝突）した車両が，反動で右車線に飛び出し停止したところに追突（第2衝突）され，運転者が右車線の中央分離帯側の縁石に頭部を強打し，死亡したものであるが，第1衝突あるいは第2衝突（追突）のいずれによって車外に飛び出し，頭部を強打して死亡に至ったかが問題になった事故について述べる。

### 事件の概要

　本事件は，一般国道（自動車専用道路）において起きたものである。被害車両は片側二車線道路の左側車線を進行中，被害者死亡のため不明であるが，何らかの事情により急制動に至り，道路左端のガードレールの支柱に右前輪を衝突させたものである（第1衝突）。その状況を図1に示す。

　その後，その衝突の反動により右側車線まで飛び出し，同車線上に停止した。停止中の被害車両に，被告人車両が追突（第2衝突）したものである。その状況を図2に示す。被告人は，酒酔い運転によって免許取消し中で，この日も，無免許で酒酔い運転し，事故を起こしたものであった。

　本事故現場の中央分離帯は，コンクリート壁でできており，多数の擦過痕が存在し，いつの事故のものか不明であったこと，被害車両の前部及び後部の損傷が大きかったことで，車外放出の第1要因を物的に示すことが困難な事故であった。

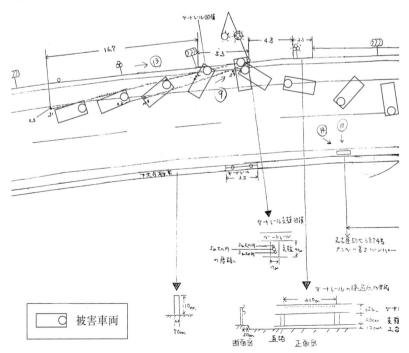

**図1　被害車両の第1衝突と車両挙動**

## 1　鑑定事項

　このような事故概要であったため，鑑定が依頼され，鑑定のため資料を精査した。鑑定資料は，被害車両及び被告人車両の損傷写真，警察が採取した交通事故現場における擦過痕等の写真，タイヤ痕の写真及び交通事故現場見取図である。

　警察の捜査によって，割られた被害車両の右後部窓ガラス枠に被害者の生地痕が認められたため，被害者は，自車右後部窓から飛び出したことが判明していた。

　鑑定事項は，以下のとおりであった。

(1)　本件において，被害車両が前記ガードレールの支柱に右前輪を衝突し，その反動（回転しているものと思料される。）により右側車線上に停車するまでの間に，どのような軌道をたどったか。また，被害車両を運転した被害者が運転席から放出され，実況見分における被害者の転倒位置に転倒することがあり得るか否か。

(2)　その他参考事項

## 2　警察の捜査

　このような事故の場合は，第1衝突の車両挙動を明確にする必要がある。しかし，この地点は，事故多発地点であり，多くの衝突痕跡が残された状況であった。現場検証を行った警察官の捜査も困難な状況であったことが分かる。現場は，交通量が多く通行車両の速度も速い。このような交通道路状況において，細かく現場痕跡を採取し見分することは難しい。そのなかで，第1衝突であるガードレール及びガードレール支柱付近の痕跡が警察官によって採取されていた。また，その付近の関連があるかもしれない痕跡も採取していた。現場検証

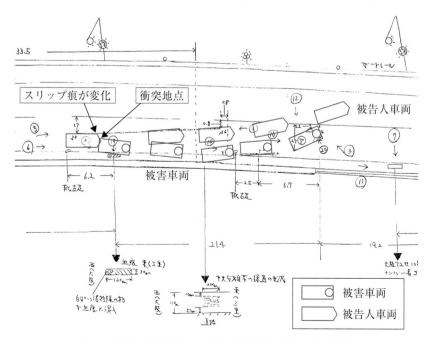

**図2　被告人車両と被害車両の衝突と衝突後の車両挙動**

の基本としては，痕跡が本件のものか否かが不明であったら，まず記録することが重要である。後に，精査すればよいことで，痕跡を見過ごしてはならない。

第1衝突後，左車線から右車線に被害車両が飛び出したのであるが，被害車両のタイヤ痕が見当たらなかったため，どのような経路を通って右車線に到達したか不明であった。右車線の中央分離帯側に被害車両のフロントバンパーなどが散乱していたが，中央分離帯のコンクリート壁に多くの擦過痕が印象されていたことから，これらの擦過痕が被害車両のものかは不明であった。

科学捜査研究所における鑑定は，主に以下の事実を前提とした。

① 被害車両が左ガードレールに衝突する前に，2本のスリップ痕があり，先に行くにしたがって，間隔が狭くなり，横すべりしている。

② 被害車両がガードレール及びガードレール支柱に衝突した後のスリップ痕は，見られない。

③ 凹損したガードレール支柱のさらに先4.8mに，2.1mの擦過痕がある。

④ 被害車両の損傷は，前部及び後部が大破している。後部右側面にはコンクリートとの擦過痕がある。右前輪ホイールに支柱との接触痕がある。

⑤ 被害者は，自車の右後部座席から放出されたと考えられる痕跡がある。

⑥ 被害者の損傷は，頭蓋骨，右上腕骨及び左下腿骨骨折，背中に集中した擦過傷及び挫傷がある。

⑦ 路面に靴の落下や血液の付着がある。

⑧ 被告人車両の損傷は，前部が大破している。

⑨ 第2衝突時における被告人車両のスリップ痕は，約14.9mの長さで，同スリップの一部が緩やかに左へ曲がっている。

これらの事実を基にして科捜研が鑑定した車両挙動及び乗員放出の推定について以下にまとめる。

本事故は，被害車両が左回転の横すべりを伴いながら，道路左のガードレールの支柱に右前輪を衝突させたため，車両は右前輪を支点として左回転し，一回転した状態で右側車線に停止したところ，100km/h程度で走行してきた被告人車両が約70°の角度で追突したものと判断される（ただし，70°とは，図3に示す角度である。）。

事故による車外放出は，乗員が最も力を受ける衝突初期の段階で発生する場合が多く，衝突時に慣性の法則に従って，乗員が車内で移動することが大きな原因となる。本件の場合，慣性の法則に従って，被害者が最初の衝突で転倒位置方向に飛び出すとは考えられな

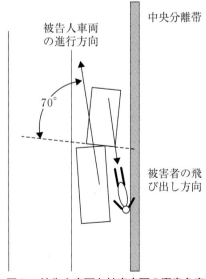

図3 被告人車両と被害車両の衝突角度

い。特に，被害者が車外放出された箇所が，右側後部窓と特定されていることから，飛び出す方向に矛盾が生じる。

衝突後，被害車両が他のものと衝突することなく，回転して右車線に移動したとすると，車両の重心がほぼ直線的に移動する。このことから，道路に平行して放出された被害者が，回転途中で飛び出して停止したことは考えられない。

よって，被害車両がガードレールに衝突して被害者が転倒停止位置に放出されることは，困難と考えられる。

これが鑑定書の主な内容であるが，具体的な物的証拠を示したものではない。

## 3　さらなる鑑定の必要性

捜査では，多数の判別しにくい痕跡があったため，具体的な証拠によってどこで被害者が車外放出したかを示すことができなかった。しかしながら，被害車両が，ガードレールに衝突した後，中央分離帯付近まで回転移動していること，被害車両の後部に追突等による損傷も認められたこと，及び中央分離帯のコンクリートには多数の擦過痕や衝突痕が残されていたことから，中央分離帯に衝突して放出された可能性の有無を鑑定する必要があった。

そこで，筆者は，鑑定資料から以下の物的証拠を示した。

① 被害車両の第1衝突地点におけるガードレール支柱付近には，ガラスの破片やその他の落下物が認められない。

② 被害者の後頭部に頭蓋骨骨折が認められ，致命傷は脳挫傷によるものである。

③ 被害車両の後部座席左右窓ガラス及び後面のガラスが割れて外れている。

④ 被害車両右後部窓枠に付着した繊維片は，被害者着衣のトレーナーの構成繊維と特性が類似し，擦過痕は，青色シャツの織り目形態と同一間隔の痕跡である。

⑤ 被害車両の後部損傷は，被告人車両に追突された痕跡しか認められない。

⑥ 被害車両の右後部側面の損傷及び擦過痕は，強く衝突したものではなくコンクリート様のものにかする程度の擦過痕であると認められる。

⑦ 被害車両の車内には，被害者の衝突痕は認められない。

⑧ 被害車両前部の左右ドア及び前面ガラスに破損がない。

⑨ 2度の衝突によりドアが開放されていない。

⑩ 被害車両後部右車輪付近の擦過痕は，その擦過状況から被告人車両の衝突後に印象されたものである。

### (1)　被害車両の挙動

被害車両は，片側二車線道路の左側車線を進行中，何らかの事情（被害者死亡のため不明）により道路左端を暴走し，ガードレールの支柱に右前輪を衝突させている。被害車両は，交通事故現場見取図に記載されているタイヤ痕跡から道路左のガードレールに向かっており，右前輪がガードレールの支柱と衝突したものである。

これらの物的証拠及び痕跡から，第1衝突であるガードレールの支柱に衝突するまでの被

害車両の進行形態は，**図1**に示すようであったと推定された。

　被害者は，何らかの理由により強くブレーキをかけ，第1衝突地点である道路左端のガードレール支柱に衝突させたものである。被害車両は，右前輪リムの中心とガードレールの支柱が衝突していることから，右前輪を中心に回転し，**図1**に示したように回転して移動したものと推定された。

　被害車両には，被告人車両に追突された第2衝突以外に，被害車両の左右及び後部に大きな衝突損傷が見られないことや，第1衝突と第2衝突の間における被害車両の挙動から中央分離帯に擦過したとは考えられないので，被害車両後部右車輪付近の擦過痕（**写真1**）は，第2衝突の後に印象されたものと考えられた。よって，被害車両は，第1衝突後，被害者転倒位置付近まで進行し，停車したものと推定された。

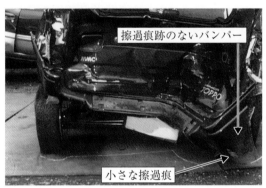

写真1　被害車両の後部バンパーの擦過痕

## (2)　被害者の飛び出し放出地点

　第1衝突地点におけるスリップ痕により推定される衝突角度から，衝突後の被害車両は回転しながらその反射角度で飛び出したものと推定された。被害車両の前面ガラス，左右ドアのガラスが割れていないことから，ガードレール支柱に衝突したとき，被害者は車外に放出されていないものと推定できた。また，被害車両の後部やその他には，第2衝突である被告人車両の追突以外に強く衝突した痕跡が見られないことや，第1衝突と第2衝突の間における被害車両の挙動から中央分離帯に擦過したとは考えられないので，被害車両後部右車輪付近の擦過痕は，第2衝突の後に印象されたものと考えられた。よって，被害者は，被告人車両に後部を第2衝突されるまで車外に飛び出すことはなかったと推定できた。

　被害車両の後部バンパーの擦過痕について，さらに詳しく述べる。鑑定資料の**写真1**を詳しく見分すると，被害車両後部バンパーの右横部分の擦過痕が小さなものしかなく，ほとんどきれいであることが観察される。被害車両の右後輪タイヤ付近に大きな擦過痕が見られるので，後部バンパーの右横には，大きな擦過痕ができるものと考えられるが，それが見られない。したがって，被害車両は，被告人車両による追突（第2衝突）によって後部バンパーが大きく変形した状態で，衝突後，右後輪タイヤ付近が中央分離帯コンクリートに擦過したが，変形したバンパー右横には擦過痕ができなかったものと推定された。よって，被害車両の右後輪タイヤ付近の大きな擦過痕は，第2衝突以後に印象されたものと推定できた。この

ことは，第 2 衝突以前に，被害車両は後ろから衝突したことがなく，被害者が自車から飛び出したことがなかったと推定できる物的証拠であった。

　次に，鑑定資料により，被害車両の右後部座席窓枠に印象された繊維痕及び擦過痕から，被害者がこの付近から放出されたものと推定することが自然で，被害者の後頭部が骨折していること，転倒位置が縁石上であることから，被告人車両と被害車両の衝突位置は，この付近であるとすることができた。また，被害車両が追突されていることから，大きく車外に飛び出して移動するとは考えられず，だるま落としのように運転席から衝突付近に放出されたものと推定できた。したがって，被害者の飛び出し放出地点は，血痕のある被害者が倒れていた場所であると推定された。

(3)　第 2 衝突形態

　被告人車両が被害車両に追突した第 2 衝突地点について検討する。被告人車両は，第 2 衝突地点付近にタイヤ 1 本のブレーキ痕を印象させている。交通事故現場見取図から，このブレーキ痕は，左前輪のタイヤ痕であると推定された。それは，被害者の飛び出し放出地点が，中央分離帯のすぐ横だったからである。スリップ痕が右前輪では，衝突位置が進行方向道路左側になり，また，その衝突角度が 70° であることを考慮すると，被害者が中央分離帯まで飛ぶには横方向に距離がありすぎると考えられる。これらのことから，被告人車両と被害車両の追突地点は，**図 2** に示すようであったと推定された。

　衝突地点は，スリップ痕の印象始めにおいて，若干方向が変化している付近であり，被害者の転倒位置付近であると推定できた。道路左端にガードレールがあることから，このスリップ痕が印象されるためには，**図 4** に示すように，被告人車両の左前輪で印象させるしか考えられない。このように，被告人車両の左前輪はタイヤのブレーキ痕が印象されやすかったことが示された。**写真 2** に示すように，被告人は，タイヤのブレーキ痕を強く印象させたが，追突の衝撃により一旦解除し，ガードレールに向かったことから再び制動したものと推定された。**写真 2** において，車線分離白線付近にタイヤ痕が見られるが，長いブレーキ痕とこのブレーキ痕は，進行方向の傾き，つまり進行角度が異なるので，同一の車両のものではないと判断された。

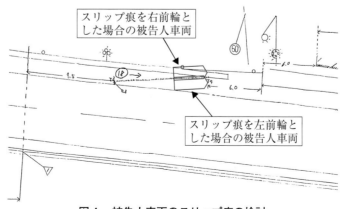

**図 4　被告人車両のスリップ痕の検討**

**写真2　被告人車両のブレーキ痕**

　以上により，被告人車両の追突位置（第2衝突地点）は，被害者の飛び出し放出地点付近であり，路面に印象されたブレーキ痕は，被告人車両の左前輪であると推定された。

## 4　裁判における争点

　裁判では，第1衝突あるいは第2衝突のいずれによって死亡したものかが争点であり，弁護側から厳しい尋問があった。さらに，第1衝突においてガードレールの支柱の先にあった衝突痕についても尋問が繰り返された。それは，交通事故見分調書に，凹損したガードレール支柱のさらに先4.8mに，2.1mの擦過痕があると記載されていることであった。その付近の関連があるかもしれない痕跡も採取することは重要であり，後に，精査すればよいことで，基本は，痕跡を見過ごしてはならない。この痕跡は，本件に無関係であることを丁寧に説明した。

　物的証拠から被害者の飛び出し状況を論理的に示したことによって，被告人，被害者遺族が納得できたものである。

## 5　捜査上のポイント

　本件の事故の捜査上のポイントは，たくさんある事故現場の証拠を論理付けて，事故の全容を解明することである。擦過痕や凹損などは，それぞれ意味があり，重要な証拠である。それらが何を証明し，疑問を解決してくれるのか，見極める知識が必要で，捜査に携わる者は十分訓練されるべきであろう。

## 6　裁判の結果

　裁判所は，被告人に懲役1年8か月の実刑判決を言い渡した。

# 事例 3-4 車線をはみ出した相手を避けたために正面衝突した事故か

　被疑者が強く否認した場合には，明らかな証拠をもって対応するしかない。本事例では，自車線をはみ出したことについて被疑者が強く否認したために鑑定が必要になった事件について述べる。

**事件の概要**

　午前7時頃，被疑者がA郡B町C番地先道路をM方面からN方面に向かい，制限速度40km/hの下りカーブの道路において自車普通乗用自動車を対向車線上に進出させ，対向進行中の被害者運転の軽貨物自動車右前部に自車前部を衝突させた事故である。

　被疑者は，警察の取調べにおいて，

　「自分は，速度40〜50km/hで走行中，いきなり相手車両が自分の車線に入ってきたため，自分は危険を感じてハンドルを右に切ったところ，車がスピンして相手車両と衝突し，その後，電柱に衝突して停止したものである。よく覚えていないが，相手の車線で相手車両と衝突したのであれば，相手車両がはみ出した後，相手車両が自身の車線に戻り，自分はよけて相手車線に入ったため衝突し，自分が相手車線に飛び出したことになってしまった。」

と申し述べたものであった。

## 1　警察の捜査

　警察は，事故現場のタイヤ痕や車体損傷などについて詳しく調査した。また，被疑者を立ち会わせて，被疑者が申し述べた状況を詳しく実況見分し，書類にまとめた。**図1**は，タイヤ痕の印象状況を調査した交通事故現場見取図である。この図から，被疑車両が横すべりして対向車線に向かったことが分かる。

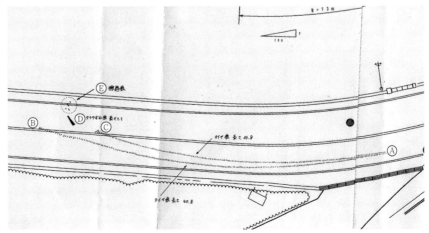

**図1　交通事故現場見取図**

　図2は，被疑者を立ち会わせて実況見分した概略図である。この図は，被害車両と類似の車両を現場に用意し，被疑者の乗車目線の高さ120cmに視線を合わせて指示説明を求めて作図したものである。図1に示したように，被疑者の横すべりタイヤ痕の最初の地点をⒶ点と認定した。被疑者の事故当時の速度を50km/hと60km/hに仮定して，②からそれぞれの速度の1秒手前の地点から見通し可能地点を認定した。

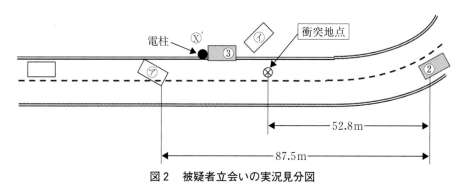

**図2　被疑者立会いの実況見分図**

被疑者の説明では，
- ・　右カーブを認めた地点は①（図中②の手前約50mの地点）
- ・　相手を発見した地点は②，そのとき相手はⒶ
- ・　危険を感じハンドルを右に急転把した地点は②，相手はⒶ
- ・　電柱に衝突した地点はⓍ´，そのとき私は③
- ・　私が停止した地点は③
- ・　相手が停止した地点は④
- ・　路面に印象された痕跡等から相手と衝突した地点は⊗

というものであり，これらが後に，被疑者の供述の矛盾をつく結果となった。


　次に，横すべりタイヤ痕であるが，一般的には右に横すべりして旋回する車両のタイヤ痕は，左前輪及び後輪が印象する。被疑車両はLSD装着車両であったことから，このようなタイヤ痕が左前後輪で印象されるものか疑われることになった。つまり，右前後輪で印象されたものであれば，被疑者は左前後輪を道路の左外にはみ出して走行し，ハンドルを右に急転把したことになり，被疑者の供述が嘘であることを明らかにできたからである。LSDは，差動制限装置といい，車両がぬかるみ，砂地，凍結路などの路面摩擦係数の小さい路面で駆動輪の片輪がスリップして脱出不能になったり，旋回時片輪が浮くと駆動トルクが減少し，走行性能が低下したりするが，この欠点を補い普通の差動機能を併せ持った装置である。したがって，LSD装備車は上記のような場合に，回転数の低い方に，より大きな駆動力が伝わり，車輪を脱出したりできるのである。しかしながら，この装置があっても，旋回限界速度を超えて横すべりした車両が印象させるタイヤ痕は，LSDの装着に関係なく，本件のような横すべりタイヤ痕を印象させることが明らかになった。そこで，タイヤ痕から事故を明らかにすることとなった。

## 2　検察の対応

　検察は，被疑者が強く否認しているため，筆者に事故の鑑定を依頼した。検察は，双方車両の走行速度を明らかにし，裁判で事故の真実を明らかにする必要があった。

## 3　鑑定の結果

### (1)　被疑車両及び被害車両の事故前・衝突時の速度

　被疑車両の事故現場までの走行速度は，路面に印象されたタイヤの痕跡から推定することができる。**図 3** に示すように，被疑車両のタイヤ痕跡から，車両の旋回時の旋回半径を求める。

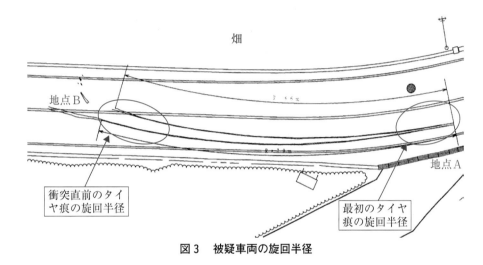

**図 3　被疑車両の旋回半径**

タイヤ痕跡から，旋回半径を求めるには，**図 4** に示す方法で簡単に求めることができる。

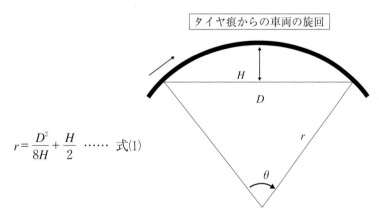

$$r = \frac{D^2}{8H} + \frac{H}{2} \ \cdots\cdots \ 式(1)$$

**図 4　タイヤ痕からの車両の旋回半径の求め方**

　車両が旋回しているとき，タイヤの横すべり痕が路面に印象された場合は，タイヤの横すべり限界状態で走行していたと考えられる。したがって，道路の半径を $r$（m）とすれば，次式で旋回中の旋回限界速度 $v_{CR}$ を求めることができる。

$$v_{CR} = 3.6 \times \sqrt{\mu g r}\,(km/h) \ \cdots\cdots\cdots\cdots\cdots\cdots\cdots\cdots\cdots\cdots\cdots\cdots\cdots\cdots 式(2)$$

ただし，$\mu$は路面とタイヤ間の摩擦係数，$g$は重力加速度（9.8m/s²）を表す。

　事故現場付近の道路の曲率半径は，$r=73$mであるから，この道路を旋回できる旋回限界速度は，乾燥路面の摩擦係数を0.75とすると，83.4km/hとなる。したがって，これ以上速い速度で走行した場合は，外側にはみ出すことになる。本事故現場では，右旋回道路であるが，道路の左に飛び出していないことから，速度83.4km/h以下で走行していたものと推定できる。

　本事故現場の地点A（図3）における被疑車両の重心位置での旋回の曲率半径は，図1における交通事故現場見取図に記載されている被疑車両のタイヤのスリップ痕跡及び式(1)から$r=67$mと計算され，この付近での被疑車両の走行速度は，式(2)から約80km/hと求められた。また，衝突地点Bにおける被疑車両の重心位置での旋回の曲率半径は，同様に式(1)から$r=33.5$mと計算され，この付近での被疑車両の走行速度は，式(2)から約56.5km/h（15.7m/s）と求められる。この速度が被疑車両の被害車両への衝突速度である。

　以上のように，被疑車両の事故直前における走行速度及び衝突速度がタイヤの痕跡から求められた。次に被害車両の走行速度を求める。

　理論的に求めるために，エネルギー保存則を用いる。エネルギー保存則は，次式で与えられる。

$$\frac{1}{2}m_1v_1^2 + \frac{1}{2}m_2v_2^2 = \frac{1}{2}m_1v_{B1}^2 + \frac{1}{2}m_2v_{B2}^2 + \frac{1}{2}m_1v_{S1}^2 + \frac{1}{2}m_2v_{S2}^2 \quad\cdots\cdots 式(3)$$

ただし，
　$m_1$及び$m_2$：被疑車両及び被害車両の質量
　$v_1$及び$v_2$：被疑車両及び被害車両の衝突直前の速度
　$v_{B1}$及び$v_{B2}$：被疑車両及び被害車両のバリア換算速度
　$v_{S1}$及び$v_{S2}$：被疑車両及び被害車両の衝突後の飛び出し速度
である。

　エネルギー保存則は，車体損傷状況から，バリア換算速度を求め，衝突後のすべり距離から，飛び出し速度を求めることによって，被害車両の速度が計算される。ただし，衝突前の被疑車両の速度は，前述の56.5km/hである。式(3)から，被害車両の速度は，50.4km/hと求められた。

　図5は，衝突時の状況を示している。

　以上から，被害者の走行速度及び衝突速度は約50.4km/hと推定され，被疑車両の横すべり痕の印象始めの走行速度は約80km/hで，衝突速度は56.5km/hと推定された。

(2)　被疑者は，被害車両が対向車線を越えて自車線に進入したため，対向車線上で被害車両と衝突した旨供述しており，その事実の有無

　被疑者は，供述調書において，事故現場付近の走行速度は40〜50km/hであったと供述し

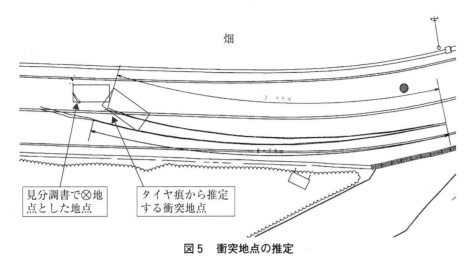

畑

見分調書で⊗地
点とした地点

タイヤ痕から推定
する衝突地点

**図5　衝突地点の推定**

た。速度50km/hで走行していた場合，危険を感じ急ブレーキ操作をしたとすると，危険を
感じてアクセルペダルからブレーキペダルに踏み変えて制動開始する時間を0.8秒とすれば，
空走距離は，11.1mとなる。

　制動が作用して停止するまでの距離は，乾燥路面では，おおよそ13.1mである。よって，
危険を感じて停止するまでの走行距離は，約24.2mである。したがって，被疑者が②地点
(**図2**)で危険を感じ急ブレーキ操作したとすれば，②地点から24.2mの地点で停止できたと
推定できる。これは，急ブレーキによる停止距離である。

　次に，信号などのために通常のブレーキ操作で停止しようとした場合，通常停止の減速度
を0.3Gとして，危険を感じてから32.8m＋11.1m＝43.9mで停止できる。②地点から⊗地
点までの距離は，52.8mであるから相当に余裕を持って停止できる。さらに，被疑者の②地
点から被害者の⑦地点までの距離は87.5mもあるのであるから，速度50km/hで走行してい
る場合は，全く危険を感じる距離ではない。②地点で危険を感じて急ブレーキを踏んだり，
急ハンドルを操作するような運転手はいない。このような運転行動をとることは考えられな
い。さらに，事故現場状況から，被疑者からは右カーブであり，被害車両がセンターライン
をはみ出したかどうか判断できるような状態ではない。

　走行速度50km/hで走行している車両が，②地点でタイヤの横すべり痕が印象されるよう
な，急ハンドル操作をしたとすると，どのような旋回になるか考える。タイヤの横すべり痕
が印象されたということは，車両にとって横すべり限界で走行したと考えることができるの

で，前述の式(2)を変形して，半径rを求めると$r = \dfrac{v^2}{\mu g}$から，r＝26.2mと計算される。つまり，

速度50km/hで走行している車両が急ハンドル操作で，タイヤの横すべり痕が印象されるよ
うな旋回行動した場合，半径26.2mの円運動をすることになる。40km/hで走行している場
合は16.8mの旋回半径の円運動である。したがって，被疑者が道路右の畑に飛び込むと推定
できる。つまり，速度40〜50km/hで走行していた場合，急ハンドルによる旋回限界運動は，
半径16.8m〜26.2mの円運動になり，この半径のタイヤの横すべり痕が路面に印象されるは

ずであるが，実際には，大きな半径のタイヤの横すべり痕が印象されている。

　速度40〜50km/hで走行している車両が半径66〜70mの円運動した場合は，限界運動ではないので，タイヤの横すべり痕が印象されることはない。限界運動ではないので，ハンドルを取られて車両のコントロールを失うこともない。

　よって，本件事故現場に印象されるような半径66〜70mもの横すべりタイヤ痕が印象されるのは，速度80km/hのように高速走行中に急なハンドル操作をした場合だけである。

　本事故現場のタイヤの横すべり痕の印象状態から，被害者が先にセンターラインを越えてはみ出し，そのため被疑者が危険を感じてハンドルを切って車両のコントロールを失ったと考えることはできない。よって，被害車両が対向車線を越えて自車線に進入したため，対向車線上で被害車両と衝突したという被疑者の供述は，その痕跡と車両挙動からあり得ず，被疑者供述の信頼性は全くないのである。

## 4　裁判の結果

　裁判では，被害者がセンターラインをはみ出し，被告人がハンドルを切って事故を回避したことが事故に至った原因かどうかが争われた。裁判では，鑑定人として事故の全容について弁護士から尋問されたが，一つひとつ説明を行った。その間，被告人が，「うんうん」とうなずいていたという。尋問の最後に，弁護側は，ほかに鑑定人に相談したいということを申し述べたが，その後の裁判では，被告人が全面的にこの鑑定書に同意し，これが事実であることを認めた。

## 5　まとめ

　捜査段階では，様々な疑問が生まれるので確認することが必要であり，特に被疑者が強く否認した場合，それらの疑問と重なって，どれが本当であるのか迷いが生じるものである。本事件は，被疑者の見通し状況や供述に基づいた見分を丁寧に行ったことによって，被疑者の供述が信用できず，速度が速かったために起きた事故であることが証明できた。この事件は，丁寧な捜査を行った好例であろう。

### 事例 3−5　福岡・飲酒追突3児死亡事件

　本事例では，飲酒して安全に運転することが困難な被告人が，平成18年8月25日午後10時48分頃に，福岡県の海の中道大橋において，追突事故を起こし，橋から被害車両を海に転落させ，幼い子供3名を死亡させた事件について述べる。

**事件の概要**

　　被告人が普通乗用自動車（以下「被告人車両」という。）を酒を飲んで運転して海の中道大橋上を進行中，進路前方を同一方向に進行中の被害者運転の普通乗用自動車（以下「被害車両」という。）右後部に自車左前部を追突させ，さらに同車を海中に転落させ，幼い子供 3 名を死亡させた交通事故事件である。

　　被告人は，居酒屋で酒を飲んだ後，帰宅し父親名義の車でスナックへ行きカラオケを歌い，「これからナンパに行こう」と車で出掛けたところ事故を起こしたものである。被告人は，事故後，身分や飲酒の発覚を恐れて逃走したが，途中で車が動かなくなったため，友人に電話をかけ身代わりを依頼し，断られると，大量の水を持ってこさせ，飲酒検知前に水を大量に飲んだことが明らかにされた。被告人は，事故現場近くに停車していたにもかかわらず，隠蔽工作に終始し，通報も救助活動もせず，現場警察官に名乗り出たのは，事故発生の40分も後のことであった。

## 1　警察の捜査

　警察の現場捜査は，夜の事故であり，路面のタイヤ痕など肉眼では見えない状況であった。事故当日，現場警察からタイヤ痕などが見当たらないため事故捜査が難しい，何から手をつけたらよいか筆者に相談の電話があった。そこで，被告人車両がトヨタマジェスタであったことから，車載されている故障診断装置を調査するよう助言した。故障診断装置は，衝突などを含め不具合があった箇所の状況を記録するもので，故障時の速度，アクセル開度，ブレーキ圧なども記録する。被告人車両は，ABS装置の断線による故障を感知し，断線時の状況を記録していたものである。これによって，被告人車両の速度，被告人の飲酒量などについて詳細に捜査された。

　被告人が大量に水を飲んでいたことや事故後40分もたってから名乗り出たことなどもあって，アルコール検知器では，酒酔いではなく酒気帯びと判断せざるを得なかった。

## 2　検察の対応

　検察は，事故の重大性から，危険運転致死傷罪を視野に捜査を行った。警察の捜査が進んだところで，検察から筆者に被告人の衝突直前の速度などについて意見を求められた。筆者は，それまでの捜査内容について，専門的な見地から考察した。タイヤ痕などについて再捜査することによって，真実が明らかになると助言したことなどから，筆者に被告人車両の衝突直前及び衝突後の挙動及び被告人車両の速度鑑定が依頼された。

## 3　鑑定の結果

　筆者に検察から捜査資料が示され，捜査の状況，被告人車両の衝突直前の速度についての捜査状況などについて考察した。以下にタイヤ痕などから解析された被告人車両の挙動と速度鑑定について述べる。

(1) 被告人車両の挙動

　図1は，交通事故現場見取図である。事故当日は見えなかったタイヤ痕などが，当日撮影された写真から確認することができた。

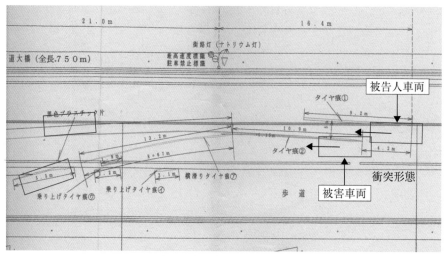

**図1　交通事故現場見取図**

　この図には，被告人車両の左右前輪のタイヤ痕などが記載されている。

　被告人は，警察に対してアクセルペダルに足が載った状態で，走行していたところ，被害車両が急ブレーキを踏んだため，衝突したと供述していた。また，アクセルペダルはそのとき損傷したもので，ブレーキは踏んでいないとも主張していた。**写真1**は，被告人車両のアクセルペダルの損傷状況を示している。

　調べてみると，この損傷は，衝突後，逃走するために，極めて強くアクセルペダルを踏んだことによって損傷したものであることが明らかになった。実際は，衝突によって，車両が故障して，アクセルをいくら踏んでも走行できなかったものである。

　被告人車両は，急制動してタイヤ痕を路面に印象させながら，被害車両に衝突したことが明らかであった。**図1**のタイヤ痕①が被告人車両の右前輪の制動痕と認められ，タ

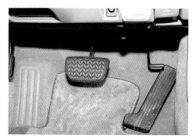

**写真1　被告人車両のアクセルペダルの損傷状況**

イヤ痕②は，左前輪のバーストしたタイヤ痕と認められた。**写真2**は，被告人車両の左前輪タイヤのバースト痕及び右前輪タイヤの制動痕を示している。バースト痕は，左右に2本ずつ平行に印象されるのが特徴である。右前輪の制動痕は，センターライン付近から細く印象されているが，これは，ABSが作動したことによるものと認められる。タイヤ痕から，被告人車両は，衝突直前にブレーキをかけていたことは明らかであった。

　図2は，被告人車両と被害車両の衝突部位を突き合わせた衝突形態を示している。ここから，0.6mのオフセット追突衝突であることが分かる。被告人車両が急制動しながら追突したことによって，被害車両の下部に被告人車両のボンネットが潜り込んだものである。被害

**写真2　路面に印象されていたタイヤ痕**

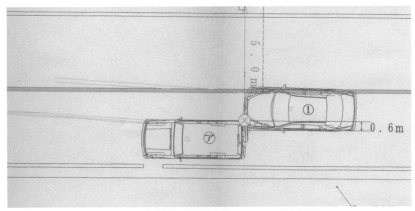

**図2　衝突部位の突き合わせによる衝突形態**

車両のタイヤ痕は，衝突後，歩道に乗り上げる直前の横すべりしたタイヤ痕が印象されているだけである。よって，被害車両は，強い制動操作を行ったとは考えられない。さらに，被告人車両の制動痕は，センターラインをまたいで対向車線方向に向かっている。よって，衝突後，被告人車両は被害車両に潜り込んで，一体となって進行したが，被告人車両はハンドルを右に切っていたため，被告人車両は被害車両と離れて対向車線の右方向に進行した。被害車両は横すべり痕を印象しながら，左の歩道方向に進行し，橋から落下したものである。

　**写真3**は，被告人車両の左前輪タイヤのバースト状況を示す。左前輪タイヤは，衝突直後，自車の変形したフェンダーの鉄板によりバーストした。バーストしたタイヤの痕跡が路面に印象された。タイヤがバーストすると，サスペンションがタイヤを路面方向に押し下げているため，すぐにタイヤ痕を路面に印象させる。そのため，バースト痕の印象開始地点が衝突地点と認められた。

　**写真4**は，被告人車両の故障診断装置から取り出されたフリーズフレームデータを示している。このデータで，故障したのは，ABS装置であり，故障したときの速度は60.16km/h，アクセル開度0.0V，マスター圧センサー 0.47Vなどが記録されていた。この表示から，被告

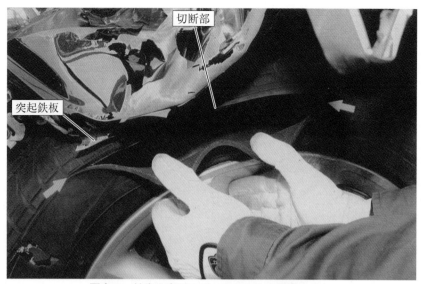

写真3　被告人車両のバーストした左前輪タイヤ

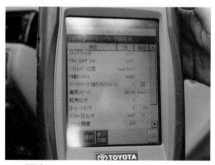

写真4　フリーズフレームデータ

人車両のブレーキ圧は小さいから，衝突時のブレーキが踏まれていない，アクセルも踏まれていない，ハンドル操作もしていないと，警察さらには弁護側も判断したものであった。ただし，トヨタによれば，この車両では，このデータは故障が発生してから0.2秒後に記録するものであるということであった。

　ABS装置が故障したのは，どの時点かが重要である。弁護側の鑑定人は，衝突直後に故障したと判断した。

　そこで，以下にABSが故障した地点について述べる。

　**写真5**は，被告人車両の印象された制動痕の最終地点の状況である。

　印象された制動痕の最終地点には，左前輪では，だんだん薄くなったバースト痕とその先にもバースト痕が印象されている。右前輪タイヤの制動痕は，急激に濃く印象されて終了している。

　被告人車両は衝突直前から衝突後もしばらくの間，制動を継続して，制動のタイヤ痕を印象させている。

　被告人車両は，追突衝突によって被害車両に潜り込み，ボンネット部がめくれ上がるように損傷した。ボンネットの助手席側フロントガラス近くにあったABS装置のソレノイドの

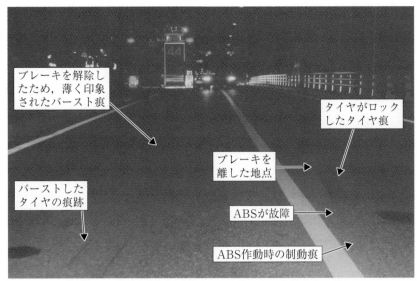

ブレーキを解除し
たため，薄く印象
されたバースト痕

タイヤがロック
したタイヤ痕

ブレーキを
離した地点

バーストした
タイヤの痕跡

ABSが故障

ABS作動時の制動痕

**写真5　被告人車両の印象された制動痕の最終地点の状況**

配線コードが切断されたため，故障診断装置が作動し，ブレーキ圧や走行速度などを記録し
たものである。**写真6**は，被告人車両のボンネットの損傷状況を示す。

ABS装置が故障した場合，フェールセーフ機能が働
き，通常のブレーキと同じに作動する。つまり強くブ
レーキペダルを踏んだ場合は，タイヤがロックするブ
レーキ機構となる。

本件の場合は，路面に印象されたタイヤ痕から，被
告人車両は急制動しながら衝突し，その後も制動した
状態であったが，ABS装置のソレノイドの配線が断線
したため，ABS装置が働かなくなり，フェールセーフ
機能によりタイヤは，ロック状態になった。それが，
**写真5**のタイヤ痕の終点における右前輪の濃く印象さ

ソレノイド断線

**写真6　被告人車両のボンネットの損傷
状況**

れた制動痕であり，ABS制御が不能となりタイヤがロックしたものである。濃くなったタイ
ヤ痕の始点がロックした地点であり，ABS装置のソレノイドの配線が断線した地点である。
よって，フリーズフレームデータは，ロックしたタイヤ痕が印象された時点から0.2秒後の速
度を記録したということである。

まとめると，被告人車両の左前輪タイヤは，衝突直後，バーストしたため，バーストした
タイヤ痕を印象させた。被告人車両は，衝突後も制動し続けたが，ABS装置のソレノイドの
配線が断線したことによって，ABS装置が作動できなくなり，強くブレーキを踏んでいたた
め，タイヤがロックして，ロックした右前輪タイヤ痕を印象させた。ロックのタイヤ痕の印
象開始から，0.2秒後にフリーズフレームデータが記録された。その後，被告人は，足をブ
レーキペダルから離して逃走しようとして，アクセルペダルを強く踏み，アクセルペダルを

損傷させたものである。

(2)　被告人車両の速度

　衝突速度の解析において，本件の場合，前車の後部バンパーに後車の前部バンパーが衝突したのではなく，潜り込んだのであるから，バンパーの凹損により有効衝突速度を求めることはできない。よって，潜り込みの有効衝突速度を算出する方法を用いるしか方法がない。乗用車が乗用車に追突して潜り込んだ事故であり，被追突車両の凹損の有効衝突速度が求められないため，潜り込みの有効衝突速度を求めることや，ブレーキを踏みながら追突したことなどからタイヤ痕のエネルギー損失を求めるなど，その解析は難しく，計算の手法については十分注意する必要があった。

　さらに，重要なことは，フリーズフレームデータに記録された速度が，衝突直後の両車両の速度が同一になった速度ではないということであった。ABS装置のソレノイドの配線の断線直後から0.2秒後の速度であるから，ソレノイドの配線が断線したのは，衝突してから数メートル先である。したがって，フリーズフレームデータは，前述の濃く印象されたタイヤ痕がABS装置の故障地点であり，その後，0.2秒後に記録されたのがそのときの速度である。したがって，衝突速度は，潜り込んで凹損したことによって失ったエネルギーとタイヤ痕によるエネルギー損失及びフリーズフレームデータによって求める必要があった。前述のように，故障した地点が判明したことによって，被告人車両のABS装置が故障した地点がタイヤ痕が濃くなった地点であり，濃いタイヤ痕が消えた地点付近がフリーズフレームデータの60.16km/hであることを明らかにできた。したがって，印象されたタイヤ痕の長さから消費したエネルギーを速度解析に加算できたことにより，被告人車両が100km/h以上の速度で走行し，被害車両と衝突したことを明らかにすることができた。

　潜り込み衝突の有効衝突速度については，**図3**に示すように，潜り込み高さが重要なポイントになる。したがって，実際の被害車両の後部バンパー高さと被告人車両の潜り込み高さを厳密に突き合わせることが重要なポイントであった。**図4**に示すように，警察によって慎重な事故車両同士の突き合わせが行われた。

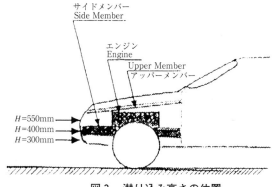

図3　潜り込み高さの位置

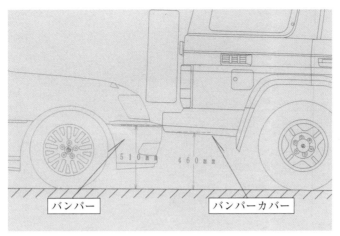

図4　被害車両と被告人車両の高さの突き合わせ

## 4　法廷での争点

　法廷では，筆者と弁護側鑑定人2名が証人尋問されたが，筆者以外の被告人車両の衝突速度は，約80km/hと鑑定された。法廷において，前述の速度鑑定が明らかにされたことで，100km/hが弁護側から強く反対されることはなかった。弁護側の筆者の鑑定に対する争点は，被害車両が急制動したか否かであった。弁護側の主張は被害車両が急制動したため，被告人車両が追突したものだと主張した。それは，被害車両のブレーキランプが，点灯した状態で損壊し，フィラメントが焼けていたからである。しかしながら，路面には，被告人車両のタイヤ痕だけが印象され被害車両の急制動の痕跡は全く認められなかった。筆者も，タイヤ痕が認められない以上，急制動した事実はなく，被告人車両が近づいた時点で，危険を感じたことにより自然にブレーキペダルに足が及んだものと推定されることを繰り返し述べたものである。

## 5　裁判所の判断

　第一審では，海の中道大橋が直線道路であったこと，被告人のアルコール検知の結果が酒気帯びと測定されたことなどから，危険運転致死傷罪は適用できないとして，業務上過失致死罪及び救護義務違反の重い刑として被告人に懲役7年6か月の判決を下した。事故の主たる要因として，被告人が酒気帯び状態で，約11.4秒から12.7秒にわたってわき見をしたことであるとしたものである。

　この判決を不服として，検察側及び弁護側の双方が高裁に控訴する事態となった。控訴審では，第一審判決を破棄し，一転，危険運転致死傷罪を適用し，懲役20年の判決を言い渡した。判決では第一審のわき見運転についての認定を誤りとし，被告人がアルコールの影響により正常な運転が困難な状態で100km/hもの速度で走行したことが本件事故を起こしたと認められ，危険運転致死傷罪が成立するとした。

　弁護側はさらに最高裁に上告した。最高裁の決定は，長い期間の審議を経て高裁判決を支

持するというものであった。最高裁の決定では，刑法が危険運転致死傷罪の成立要件としているアルコールの影響により正常な運転が困難な状態だったか否かを判断するに当たっては，事故の態様のほか，事故前の飲酒量や酩酊状態，事故後の言動，飲酒検知結果等を総合的に考慮すべきだとし，被告人が相当程度酩酊状態だったことは明らかであった。被告が100km/hの速度で高速走行していたにもかかわらず，8秒程度被害車両の存在を認識していなかった理由は，その間終始前方を見ていなかったか，見ても被害車両を認識できない状態であったかのいずれかということになる。被告人はどちらにしても，飲酒酩酊によりそのような状態であったと認定できるから，危険運転致死傷罪が適用できるとしたものである。

## 6　まとめ

　本事件は，国民にとって衝撃的なものであり，飲酒が原因となって幼い子供3名の命が一度に失われたことに悲しみと，憤りを感じたものであった。この事件によって，道路交通法などが大きく改正されたが，危険運転致死傷罪の適用の難しさも浮き彫りになるなど，反響が大きなものであった。この事件を契機に，飲酒による悲惨な事故がなくなることを望むものである。

## 事例 3−6　無免許運転が危険運転となった衝突事故

　本事例では，未成年が，無免許で酒気帯び状態で自動車を運転し，センターラインを越え対向車と衝突事故を起こした事故について述べる。この事件は，1名が死亡し4名が受傷した事故であったが，直線道路であったことから危険運転致死傷罪が適用できるか否かが問題になった事件であった。

### 事件の概要

　未成年の被告人が，酒気帯び状態で午後10時頃普通乗用自動車を運転し，無免許であったため，ハンドル操作を適正に行えずに自車を対向車線に進入させ，対向してきた被害車両と衝突し，同車の同乗者1名を死亡させたほか，同乗者4名に重傷を負わせた事故である。

　被告人は，当初一方通行と思い込み，対向車線を逆走していたが，被害車両が対向してきたので驚いてハンドルを左に急転把し，左車線を越えて道路左側の法面に乗り上げ，法面から下って対向車線に飛び出して，被害車両と正面衝突したと供述していた。しかしながら，対向車線から法面に乗り上げる角度が緩やかなことから，被告人は本来の車線を走行していて，対向車が対向してきたと思い込んで左にハンドルを切って，法面に

乗り上げたとしか考えられなかった。

　**図1**は，被害車両及び被告人車両の進路状況と衝突状況を示す。

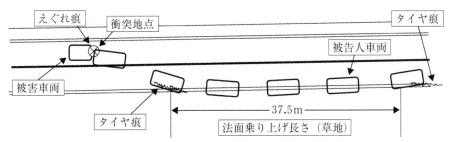

**図1　被害車両及び被告人車両の進路状況と衝突状況**

　路面には，ガウジ痕が強く印象され衝突地点と認められた。また，法面に進入する手前の路面と法面出口の路面には，タイヤ痕が印象されていた。法面は，草地になっており，タイヤが通過した部分は，土が露出していた。

　**写真1**は，被告人車両の進行方向から見た事故現場の状況を示している。**写真2**は，被告人車両が草地の法面を乗り上げたタイヤ痕を示している。法面の草がなくなり土が露出していることから，タイヤが強くこすりつけられたと認められた。

**写真1　被告人車両の進行方向から見た事故現場の状況**

**写真2　被告人車両が草地の法面を乗り上げたタイヤ痕跡**

　**写真3**は，法面の草地の出口付近の被告人車両のタイヤ痕を示す。路側帯の白線には，筋状のタイヤ痕が印象されていた。

**写真3　法面の草地の出口付近の被告人車両のタイヤ痕**

　被告人車両は，被害車両と衝突後，被害車両を押し込み，そのまま一体となってガードレールをこすりながら停止した。

## 1　警察の対応

　警察は，死亡事故であり少年事件であったことから，慎重に捜査した。**写真4**は，衝突した車両を突き合わせた状況である。

**写真4　衝突車両の突き合わせ**

　最初に衝突速度及び法面に乗り上げた速度は，科学捜査研究所が鑑定した。

## 2　検察の対応

　検察は，直線道路の事故であったが，衝突速度が速かったことから，危険運転致死傷罪が適用できないか，慎重に捜査を始めた。特に速度が重要な争点になることが明白であったことから，筆者に速度鑑定を依頼した。

## 3　鑑定項目

　検察から筆者に依頼された鑑定項目は，以下のとおりである。
　⑴　被告人車両の走行状況
　⑵　被告人車両及び被害車両の走行速度・衝突時の速度
　⑶　本件の事故原因
　⑷　その他参考事項

## 4　鑑定の結果

### ⑴　被告人車両の走行状況

　最初に，被告人車両が通過した路面痕跡を詳しく調べ，走行状況を特定した。**写真1**から，被告人車両はほぼ直線の道路を進行し，**写真2**から，自車線左の草地の法面に左前後輪を乗り上げたものであったと認められた。さらに，草地は通過したタイヤによって土が露出していた。このことは，タイヤから路面に大きな制動力が作用していたことを示している。制動力が作用しないでタイヤが転がっただけの路面は，草を倒すだけで，土が露出することはない。したがって，被告人は，法面の37.5mを急制動しながら走行したと認められた。このことは，この間大きな制動力が作用し，走行していた運動エネルギーを大きく失わせたと考えることができる。

　写真3は，被告人車両が法面を下りた付近の路面に印象したタイヤ痕を示した。白線の部分に被告人車両のタイヤ痕が印象されている。タイヤ痕は，横すべり痕のように見えるが，これは，タイヤの踏面（トレッド）の模様である。

　写真5は，被告人車両の前輪タイヤのトレッド模様を示す。これらの写真から，白線には，被告人車両のタイヤトレッドの模様が印象されたことが認められた。被告人車両は，ABS装置装着車であった。ABS装置は，極めて短い時間内にタイヤがロックしないように，細かく繰り返し強く制動する装置である。ABS装置を作動させて白線などを通過すると，タイヤのトレッド模様が明確に印象されることが多々ある。したがって，被告人車両は，強く制動させながら自車線左の法面に乗り上げ，37.5m走行後，ハンドルを右に大きく転把してセンターライン方向に向かい，被害車両と衝突したものと認められた。

**写真5　被告人車両のタイヤトレッド模様**

　以上の痕跡から，被告人車両は，何らかの理由により自車線左の法面方向に進行し，制動して法面に乗り上げ，法面を37.5m走行して，自車線に戻ったが，ハンドルを大きく転把したため，対向車線に進出して，ガウジ痕が印象された地点で被害車両と正面衝突したと結論した。法面に乗り上げた理由については，後述する。

⑵　被告人車両及び被害車両の走行速度・衝突時の速度

　被告人車両及び被害車両の衝突時の速度を求め，次にそれぞれの走行速度を求めた。衝突速度を求めるために，物理法則である運動量保存則及びエネルギー保存則を用いた。

　エネルギー保存則は，次式で与えられる。

$$\frac{1}{2}m_A V_A{}^2 + \frac{1}{2}m_B V_B{}^2 = E_{barrierA} + E_{barrierB} + E_{slipA} + E_{slipB}$$ ……………………………………… 式⑴

ただし，$V_A$　　＝被告人車両の衝突速度

　　　　$V_B$　　＝被害車両の衝突速度

　　　　$m_A$　　＝被告人車両の質量（人＋車両）

　　　　$m_B$　　＝被害車両の質量（人＋車両）

　　　　$E_{barrierA}$＝被告人車両の変形による吸収エネルギー

　　　　$E_{barrierB}$＝被害車両の変形による吸収エネルギー

　　　　$E_{slipA}$　＝被告人車両の衝突後の滑り摩擦エネルギー

　　　　$E_{slipB}$　＝被害車両の衝突後の滑り摩擦エネルギー

とする。

　エネルギー保存則とは，衝突前の2台の車両の運動エネルギーが衝突後に消費した車体変形吸収エネルギーと，すべって停止するまでに消費した摩擦エネルギーとの和に等しいというものである。

　衝突により車体が変形し吸収したエネルギーを求める。**図2**は被告人車両の変形状況を示し，**図3**は被害車両の変形状況を示している。変形形状は，それぞれの車両のバンパー高さの凹損を測定してエネルギー吸収量を求めるものである。

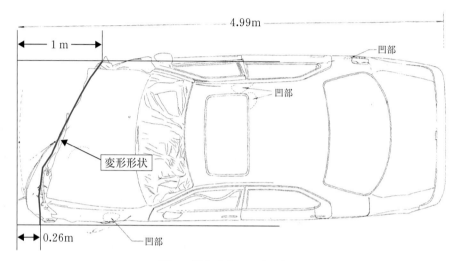

**図2　被告人車両の変形状況**

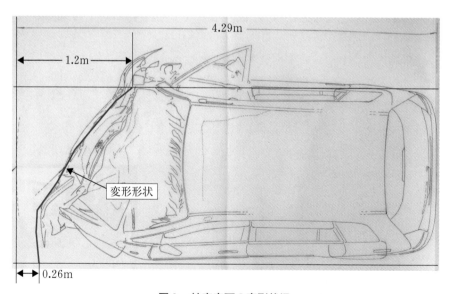

**図3　被害車両の変形状況**

　**図4**は，被告人車両の変形形状をエネルギー吸収分布図に記載したものである。変形形状で囲まれた数値の総和$N_A$を求め，バリア換算速度を求める。

　変形による吸収エネルギー $E_{barrierA}$ は，次式となる。

$$E_{barrierA} = 総数N_A \times 車幅1.83m \times 重力加速度9.8m/s^2$$

$$= 11838.9 \times 1.83 \times 9.8 = 212318.8 (J)$$

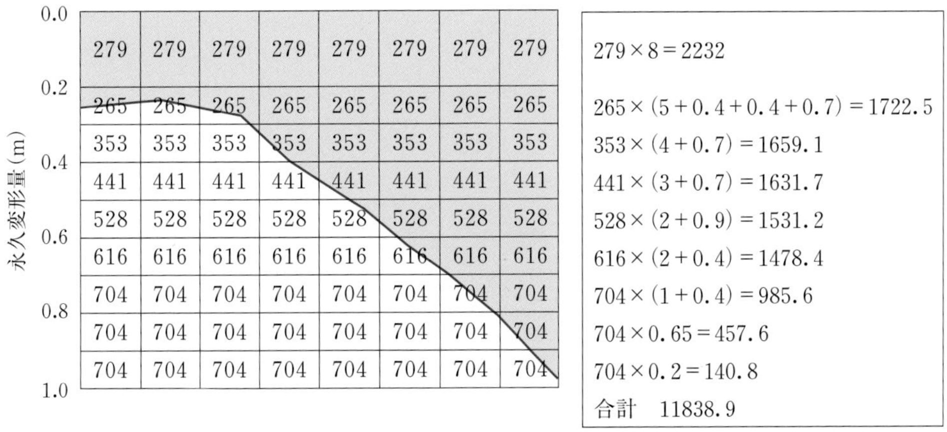

図4　被告人車両の変形形状をエネルギー吸収分布図に記載

被告人車両の乗員は2名で120kgとし，車両質量は1,730kgであるから合計1,850kgである。よって，被告人車両のバリア換算速度 $V_{\text{barrierA}}$ は，次式となる。

$$V_{\text{barrierA}} = \sqrt{\frac{2E_{\text{barrierA}}}{m_A}} = \sqrt{\frac{2 \times 212318.8}{1850}} = 15.2\,\text{m/s}$$

図5は，被害車両の変形形状をエネルギー吸収分布図に記載したものである。

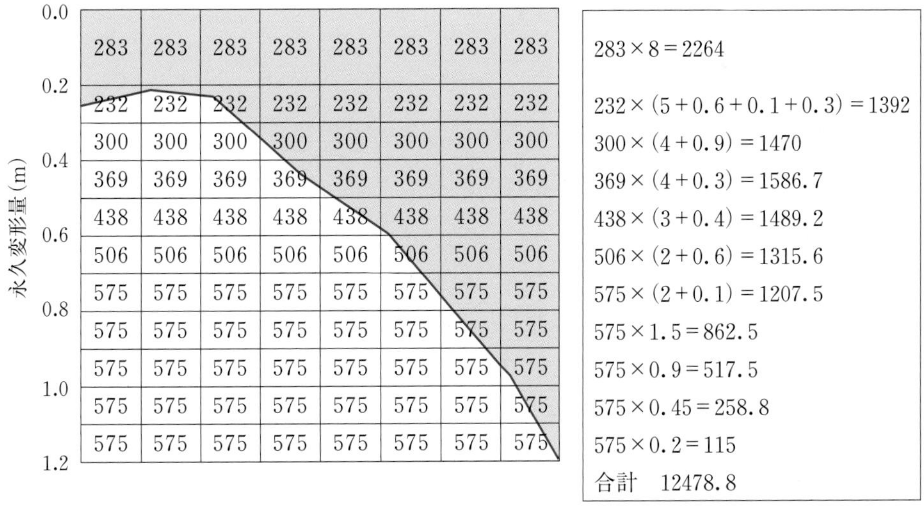

図5　被害車両の変形形状をエネルギー吸収分布図に記載

変形による吸収エネルギー $E_{\text{barrierB}}$ は，

$$E_{\text{barrierB}} = 総数N_B \times 車幅1.69\text{m} \times 重力加速度9.8\text{m/s}^2$$
$$= 12478.8 \times 1.69 \times 9.8 = 206673.9\,(\text{J})$$

である。

被害車両の乗員は5名で180kgとし，車両質量は1,300kgであるから合計1,480kgである。よって，被疑車両のバリア換算速度 $V_{\text{barrierB}}$ は，次式となる。

$$V_{\text{barrierB}} = \sqrt{\frac{2E_{\text{barrierB}}}{m_{\text{B}}}} = \sqrt{\frac{2 \times 206673.9}{1480}} = 16.7\,\text{m/s}$$

衝突後の衝突車両の停止距離から，消費した摩擦エネルギーが求められる。被告人車両及び被害車両の衝突したタイヤは，ロックした状態なので，摩擦によるエネルギー損失は大きい。

被告人車両及び被害車両の衝突後の一体となって飛び出した速度は，

$$V_{\text{slip}} = 9.72\,\text{m/s}$$

と求められた。

バリア換算速度及び衝突後の飛び出し速度が明らかになったので，以下のように変形による吸収エネルギー及び衝突後のすべり摩擦エネルギーが求められた。

被告人車両（A車）の変形による吸収エネルギー

$$E_{\text{barrierA}} = \frac{1}{2} m_{\text{A}} V_{\text{barrierA}}^2$$

被害車両（B車）の変形による吸収エネルギー

$$E_{\text{barrierB}} = \frac{1}{2} m_{\text{B}} V_{\text{barrierB}}^2$$

被告人車両及び被害車両の衝突後の一体となってすべった摩擦エネルギー

$$E_{\text{slip}} = \frac{1}{2} (m_{\text{A}} + m_{\text{B}}) V_{\text{slip}}^2$$

エネルギー保存則だけでは，被告人車両及び被害車両の衝突直前の速度は，求められない。そこで，運動量保存則を適用する。運動量保存則は，2台の車両の衝突前の運動量の和は衝突後の2台の車両の運動量の和と等しいという法則である。

両車両の衝突は，オフセット衝突となっている。しかしながら，被告人車両が被害車両を押し戻して停止するまで，ほぼそのまま押し込んで停止している。よって，両車両は，横方向の速度成分は，ほとんどなかったと推定できる。被告人車両の進行角度を0°とし，被害車両の進行角度を180°とする。また，衝突後の飛び出し角度は，0°とする。

よって，運動量保存則は，次式で与えられる。

$$m_{\text{A}} V_{\text{A}} \cos 0 + m_{\text{B}} V_{\text{B}} \cos 180 = (m_{\text{A}} + m_{\text{B}}) V_{\text{slip}} \cos 0 \quad \cdots\cdots\cdots\cdots\cdots\cdots\cdots\cdots\cdots\cdots \text{式(2)}$$

エネルギー保存則と運動量保存則を連立させて被告人車両及び被害車両の衝突速度が求められる。

運動量保存則から，

$$1850 \times V_{\text{A}} - 1480 \times V_{\text{B}} = 3330 \times 9.72 \quad \cdots\cdots\cdots\cdots\cdots\cdots\cdots\cdots\cdots\cdots \text{式(3)}$$

$$V_{\text{A}} = 0.8 V_{\text{B}} + 17.5$$

エネルギー保存則から，

$$V_{\text{A}}^2 + 0.8 V_{\text{B}}^2 = 15.2^2 + 0.8 \times 16.7^2 + 1.8 \times 9.72^2 \quad \cdots\cdots\cdots\cdots\cdots\cdots\cdots\cdots\cdots \text{式(4)}$$

式(3)を式(4)に代入して $V_A$ を消去すると，次式を得る。

$$V_B^2 + 19.4V_B - 220.8 = 0 \quad \cdots\cdots 式(5)$$

式(5)から被害車両の衝突速度は，

$$V_B = 8.0\mathrm{m/s}(28.8\mathrm{km/h}) \quad \cdots\cdots 式(6)$$

と求められる。

式(6)を式(3)に代入すると被告人車両の衝突速度が求められる。

$$V_A = 23.9\mathrm{m/s}(86.0\mathrm{km/h}) \quad \cdots\cdots 式(7)$$

次に，被告人車両が法面に乗り上げる直前の走行速度 $V_0$ を求める。

被告人車両が法面を走行しているときは，制動していたと認められた。アスファルト路面にタイヤが接地している側のタイヤの摩擦係数は，0.85と認められ，草地の法面の摩擦係数は，土が露出していることから0.55と考えることができる。よって，法面走行中の被告人車両の平均摩擦係数 $\mu_A$ は，0.7と認められる。法面の走行距離 $L_A$ は，37.5mと計測されているから，その摩擦エネルギーは， $\mu_A m_A g L_A$ である。

法面に乗り上げる直前の被告人車両の衝突速度は，次式のエネルギー保存則から，求められる。

$$\frac{1}{2}m_A V_0^2 = \frac{1}{2}m_A V_A^2 + \mu_A m_A g L_A$$

よって，法面に乗り上げる直前の走行速度は，

$$V_0 = 118.8(\mathrm{km/h})$$

となる。

### (3) 本件の事故原因（法面に乗り上げた理由）

本件事故原因は，被告人車両が法面に乗り上げ，その後センターラインに飛び出したことである。被告人の供述から，対向車線を走行していて，被害車両が対向してきたことに驚愕して法面に乗り上げたという理由は，法面に乗り上げる角度が浅いことから整合性が認められなかった。被告人は，走行位置すら分からずに走行していた可能性が認められた。

## 5　その後の捜査

検察は，被告人の供述と本件事故の整合性が取れないことから，運転能力が欠如した無免許運転が原因である可能性が高いとして，運転免許試験場にて，被告人の運転技能を調べた。その結果，運転免許が全く取得できない運転未熟者であったことが判明した。つまり，無免許運転であり，危険な運転状況であったとして，危険運転致死傷罪を適用して起訴したものである。

## 6 裁判所での争点

運転技能については，運転免許場の教官が全く不適合であると証言している。弁護人は，筆者が鑑定した「被告人が法面に乗り上げた時の走行速度」について強く尋問した。裁判は，被告人が未成年であったことから，最初に家庭裁判所で少年として審判した。少年審判の判断は大人として裁判を行うこととし，再度，同様に裁判が行われたが，危険運転致死傷罪が適用されたため，裁判員裁判となった。少年審判において，科捜研の鑑定が法廷に提出されていたため，筆者の速度との食い違いなどについて尋問され，その信頼度はどの程度かが問われた。筆者の速度鑑定は，物理法則を適用し，その信頼性は多くの実験によって確認していて，精度は算出された速度の±5km/h以内と考えていると証言した。

その後の警察の捜査によって，衝突地点手前のコンビニエンスストアの防犯カメラの映像解析から被告人車両の通過速度が123km/hであることが確認され，筆者が鑑定した速度は，信頼性が高いことが確認された。

## 7 捜査のポイント

重要なポイントは，路面に印象されたタイヤ痕をABS装置が作動した制動痕であると鑑識できるか否かである。警察の当初の捜査では，横すべり痕と認定していたが，法面は，サーキット場のように横すべりしないためのバンクがついた状態となっている。つまり，斜めに壁ができているのであるから，タイヤは横すべりできないのである。また，法面の草が削られ，土が露出していることなどから，ABS装置が作動した制動痕であると判断することが重要である。

## 8 まとめ

裁判では危険運転致死傷罪が認められ，被告人は有罪となった。

なお，この裁判は，裁判員裁判の最初の頃の事案であった。裁判員に対して裁判所も検察も慎重な対応となり，丁寧な説明に神経を遣ったものである。最近は，少し慣れた感がある。物理法則を使う鑑定手法について説明するのは，鑑定人にとっても時間がかかる厄介な作業である。

# 第4章
# 自 転 車 事 故

## 自転車事故解析の基礎知識

■衝突部位の突き合わせを行い，衝突状況を明らかにする。

■自転車と車両との衝突角度を明らかにする。(➡p.131図 1・2，p.132 図 3・4 )

■自転車乗員と車両との衝突位置を特定する。(➡p.132図 5 )

■乗員及び自転車の落下地点の擦過痕から擦過方向を特定し，繊維痕など を採取する。

# 自転車事故解析

　自動車と自転車の衝突事故では，自転車が飛び出したことが原因か否かが問題になることが多い。そこで捜査においては，衝突の状況を明らかにすることが最も重要で，自転車及び自転車乗員の衝突部位の突き合わせ，衝突角度，飛び出し方向などを明らかにする必要がある。

　自転車と自動車が衝突した場合，自転車乗員がボンネットやフロントガラス部に衝突し，飛翔する。自転車乗員の飛翔距離から，自動車の衝突速度及び衝突地点などが明らかにされる。さらには，自転車の衝突速度の推定もできる。以下では，自転車事故の見分のポイントについて述べる。

## 1　自転車事故の解析

　自転車事故が起きた場合，自転車がどのように走行し，自動車とどのように衝突したか，衝突地点はどこかなどが問題になる。自転車と自動車が衝突した事故としては，自転車が急に歩道から飛び出してきて避けられずに衝突した，並走していて急に自転車が右に進路を変えたため衝突した，など様々な事例がある。事故の全てにおいて，衝突した互いの部位を突き合わせることが重要である。

　最初に，自転車乗員が車両の前面に衝突した場合の自動車の衝突速度について説明する。ここでは，自転車乗員の運動を自転車乗員の重心位置における質点の運動と考える。

　自転車の衝突地点から停止するまでの距離 $X$ と衝突時の自動車の速度 $V$ は，歩行者事故と同様に，自転車乗員が前方に投げ出されて着地するまでの距離から，次の実験式が適用できる。

$$X = 0.1V^2 \quad\text{······································································· 式(1)}$$

あるいは，

$$V = \sqrt{10X} \ \text{(m/s)} \quad\text{······································································· 式(2)}$$

これは，大人（身長175cm）のダミーで実施した実験結果から求められた実験式である。

## 2　自転車事故における衝突地点の推定

　自転車事故の解析も歩行者事故と同様の方法で衝突地点が解析できる。自転車が走行しながら衝突した場合，自転車と自動車の衝突角度や自転車の走行速度が問題になる。つまり，自転車が歩道から急に飛び出したか否か，あるいはどの角度で歩道から飛び出したかが裁判で争点になることが多い。

　自転車と自動車が衝突した場合，自転車乗員が，ボンネットやフロントガラス部に衝突し

飛翔する。衝突速度が低速の場合，車体から自転車乗員が離脱する場所が分かりやすいので，飛翔する距離から自動車の速度を求めることは容易である。しかしながら，自動車の速度が速い場合は，自転車乗員が車体から離脱する位置を明確に特定できれば，理論によって衝突地点を精度よく推定することができる。

　自転車の衝突角度を求める方法及び自転車の衝突速度を求める方法などについて述べる。

(1)　衝突角度の見分方法（自転車事故における衝突状況）

　図1は，自転車と自動車が直角に衝突した場合の接触瞬間を示している。直角で衝突した場合は，自転車の側面と自動車の前面を突き合わせると，前の籠，ペダル，サドル，スタンド，タイヤ軸など，それぞれの位置が一度の合わせによってぴったり一致するので，直角に衝突したことを明らかにすることができる。

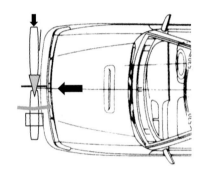

**図1　自転車と自動車が直角に衝突した例**

　図2は，自転車前面と自動車が斜めに衝突した場合の接触瞬間を示している。図3は，後方から斜めに衝突（追突）した例である。このような斜め衝突では，自転車と自動車を突き合わせても，前の籠，ペダル，サドル，スタンド，タイヤ軸など，それぞれの位置が一度にぴったり一致することがなく，それぞれが離れ離れになる。実際に，様々な自転車と自動車の衝突事故において，自転車と自動車の衝突の突き合わせにおいて，ぴったり一致することはほとんどない。

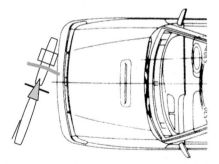

**図2　自転車と自動車が斜めに衝突した例**

　図4に示すように，斜めに衝突した場合には，自動車が最初に衝突したタイヤを自動車の前面に固定して，自転車のそのほかの部位の投影が自動車の衝突痕と一致するまで回転させてその衝突角度を求めることが見分のポイントである。

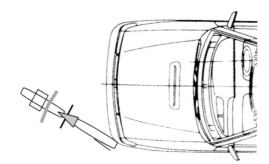

**図3　後方から斜めに衝突（追突）した例**

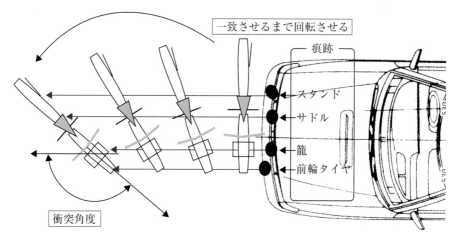

**図4　衝突部位の突き合わせと衝突角度の見分方法**

(2)　衝突地点の特定

　**図5**は，制動などによって自動車の速度が低速であるときの衝突状況を示している。

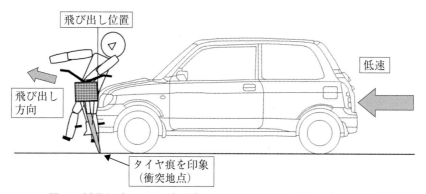

**図5　制動などによって自動車の速度が低速であるときの衝突状況**

　路面には，自転車のタイヤ痕が印象されるから，衝突地点を特定できると考えられるが，実際の実況見分においては，自転車のタイヤ痕を見つけられていない場合が多い。

　**図6**は，自動車の速度が高速であるときの自転車及び乗員の衝突状況を示している。

　**図6**に示した自転車乗員の飛び出し位置は，自転車乗員の重心位置（へその位置）である。**図6**中の*C*は，はねられた人が，自動車の前面と離れるときのへその位置から前輪タイヤまでの距離を表す。フロントガラスが凹損してへこんでいる場合は，ほとんど逆さに立ち上

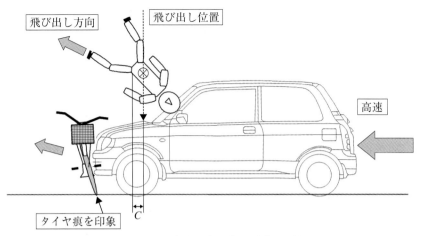

飛び出し方向

飛び出し位置

高速

タイヤ痕を印象

$C$

**図 6　高速衝突時の自転車及び乗員の状況**

がっているから，頭部の位置はガラスの深くへこんだ位置とする。速度が低い場合は，体がボンネットに擦過するから，その状況から，へその位置を判断する。$C$の距離は，衝突地点を決定するために，重要なものである。

　**図 7**を参照して，自転車の衝突地点を考える。原点 O から真実衝突地点⊗までの距離を$Sx$とする。真実衝突地点⊗から自転車乗員の転倒停止地点までの距離を$X$とし，自動車の制動痕の印象始めから自転車乗員転倒位置までの距離を$D(\mathrm{m})$とする。制動開始時の速度を$V_0$とし，衝突地点における速度を$V$（衝突速度）とする。自動車のスリップ痕の長さを$L$とする。

　自転車事故における衝突地点を求める式は，次式である。

$$Sx = \frac{V_0^2 - 2\mu gC - 10D}{2\mu g - 10} \quad\cdots\cdots\cdots\cdots\cdots\cdots\cdots\cdots\cdots\cdots\cdots\cdots\cdots\cdots\cdots\cdots\cdots\cdots\cdots\cdots\cdots\cdots\cdots\cdots\cdots　式(3)$$

ただし，$g$は重力加速度（$9.8\mathrm{m/s^2}$），$\mu$は自動車のタイヤと路面間の摩擦係数である。

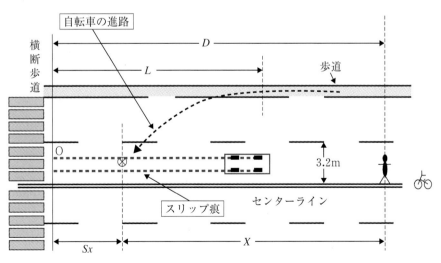

自転車の進路

横断歩道

$D$

$L$

歩道

O

⊗

スリップ痕

3.2m

センターライン

$Sx$

$X$

**図 7　交通事故現場見取図**

**(3)　自転車の衝突速度**

　自転車の衝突速度は，最初の衝突地点からフロントガラス衝突地点までの自動車及び自転

車乗員の進行距離の比から求めることができる。衝突状況を図8に示す。

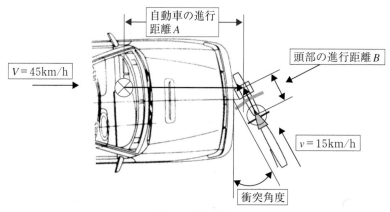

図8　衝突状況

　自動車が事故を回避するため，急停止したとすると，自動車の衝突速度Vは，スリップ痕の長さLから次式で与えられる。

$$V=\sqrt{2\mu gL}$$ ································································· 式(4)

　図8に示したように，衝突角度が特定できると，自転車乗員の頭部の進行距離と自動車のフロントガラスなどの衝突部位の進行距離の比が，自動車と自転車の速度比である。自動車の速度が式(4)から求められるから，自転車の衝突直前の速度vが推定できる。

　実験による数値例を示す。衝突時の状況を復元し突き合わせ，自転車乗員の頭部から自動車左側端までの距離Bは，約60cmであった。また，自転車乗員の頭部衝突位置であるフロントガラス下部付近までの距離Aは，約170cmであった。$A:B=V:v$である。このことから，相対的に自転車の速度は自動車の速度の約3分の1の速度で走行していたものと推定され，自動車の速度が45km/hの場合，自転車の速度は，約15km/hと推定される。この値は，実験とほぼ一致した。

## 3　自転車乗員の飛び出し方向

　図8に示したように，自動車の衝突直前の速度を45km/h，自転車の衝突直前の速度を15km/hとする。自転車の速度が15km/hであることから，図9に示すように，自転車乗員が飛び出し，フロントガラスに衝突した後，破線の方向に飛び出すように思われるが，実際は，自動車の衝突直後の進行方向に飛び出す。衝突直後，自動車も自転車乗員も変形が終了するまで，つまり，自動車はフロントガラスの変形が終了するまで，自転車乗員は身体の変形が終了するまで，運動を継続する。変形終了後，自転車乗員の身体の運動は全て失われ，衝突の衝撃から，自転車乗員は自動車の運動をもらい自動車の運動方向に飛び出す。したがって，自転車乗員の飛び出し方向には，注意が必要である。

　ここでは，自転車と自動車の衝突事故の衝突角度，衝突速度及び自転車乗員の飛び出し方向を求めるための実況見分のポイントについて述べた。ここで述べた方法は，裁判で問題になる自転車が道路から飛び出したか否かなどを明らかにできるので有効である。

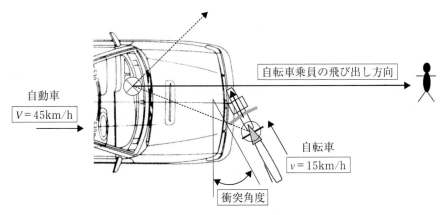

自動車
$V = 45\text{km/h}$

自転車乗員の飛び出し方向

自転車
$v = 15\text{km/h}$

衝突角度

**図 9　自転車乗員の飛び出し**

## 4　自転車事故の見分のポイント

　自転車事故の場合は，歩行者事故の場合と異なり，サドルが高いことや地面に足が着いていないことから，低速で衝突してもフロントガラスに到達し，フロントガラスが凹損しやすい。

　自転車事故における見分のポイントは，衝突地点や衝突速度を推定するために以下の点を捜査することである。

　⑴　衝突角度，進行方向を捜査する。

　⑵　衝突地点の路面には，自転車のタイヤ痕が印象されている。

　⑶　自転車乗員の転倒落下した路面には，被害者の衣服，皮膚などの擦過痕が印象されている。さらに，自転車に転倒擦過痕が印象されている。

　⑷　自転車乗員の衣服や自転車には，路面との擦過痕が印象されている。

　⑸　衝突物（自転車乗員と車両，自転車と車両など）の突き合わせを行う。

　⑹　擦過痕の突き合わせを行う。

　⑺　自転車乗員の外傷の状況を調べる。

　⑻　被疑車両のタイヤ痕を捜査する。

　⑼　ブレーキ音や衝突音の聞き込みを行う。

## 5　まとめ

　以上に示したように，衝突地点が明確になれば，事件の考察が可能であり，自動車運転者の供述によるものだけではなく，現場の証拠に基づいた見分によって事故の真実を明らかにすることができる。

## 予備知識 2　自転車の飛び出し事故

　自転車事故では，横断歩道以外での道路の横断において自動車と衝突する事故が多くみられる。自転車の飛び出しによる事故なのか，自動車側の発見遅れや前方不注視なのか事故原因を解明する必要がある。自転車事故では，自転車の速度や路面のタイヤ痕などを見いだすことは難しいので，事故の捜査は，困難であることが現状である。自転車事故や歩行者事故では，目撃者は重要であるが，衝突音やブレーキ音などの聞き込みも事故解明にとって重要な手掛かりになるので，実施することが重要である。特に，自転車に乗車した被害者が死亡するケースが多いため，自動車運転者の証言しか聴取できないので，証言の裏付けなど慎重に捜査する必要がある。自転車乗員の遺族などからは，自動車運転者の証言に沿った事故捜査になっていると批判されるケースもあるので，事故捜査は一層慎重に行う必要がある。

　そこで，以下では，自転車の飛び出し事故について物的証拠に基づいた科学的な捜査のポイントについて述べる。

## 1　自転車事故の捜査

### (1)　基礎式

　自転車事故における走行速度，衝突速度，衝突直後の速度の求め方と事故の解析方法について述べる。

　まず，速度計算に用いる一般式についてまとめる。

　以下に，用いる記号について示す。

　　$m$：自動車の質量（kg）

　　$v_0$：自動車の走行速度（m/s）

　　$\mu$：タイヤと路面間のすべり摩擦係数

　自動車が，速度$v_0$で運動していたエネルギーがスリップ痕（長さ$L$）を印象させて全て消費して停止した仕事の関係は，次式で与えられる。

$$\frac{1}{2}mv_0^2=\mu WL \quad\cdots\cdots 式(1)$$

　ただし，$L$はスリップ痕の長さ，$W$は自動車の重量，$g$は重力加速度（9.8m/s²）である。

　自動車の重量と質量には，次式の関係がある。

$$W=mg \quad\cdots\cdots 式(2)$$

　よって，スリップ痕印象開始の走行速度（制動初速度）$v_0$は次式となる。

$$v_0=\sqrt{2\mu gL}\,(\text{m/s}) \quad\cdots\cdots 式(3)$$

　ブレーキが効き始めて停止するまでの距離$S$と時間$t$の関係式は次式となる。

$$S = v_0 t - \frac{1}{2}at^2 \quad \cdots\cdots\cdots\cdots\cdots\cdots\cdots\cdots\cdots\cdots\cdots\cdots\cdots\cdots\cdots\cdots\cdots\cdots\cdots\cdots\cdots \text{式(4)}$$

$a$ は減速度（一定）で，次式で与えられる。

$$a = \mu g \quad \cdots\cdots\cdots\cdots\cdots\cdots\cdots\cdots\cdots\cdots\cdots\cdots\cdots\cdots\cdots\cdots\cdots\cdots\cdots\cdots\cdots\cdots\cdots\cdots\cdots \text{式(5)}$$

また，減速度 $a$（一定）で速度 $v_0$ から $v$ に達する時間 $t$ は，次式である。

$$t = \frac{v_0 - v}{a} \quad \cdots\cdots\cdots\cdots\cdots\cdots\cdots\cdots\cdots\cdots\cdots\cdots\cdots\cdots\cdots\cdots\cdots\cdots\cdots\cdots\cdots \text{式(6)}$$

(2)　**自転車事故における自動車衝突速度の推定**

　最初に，自転車が車両の前面に衝突した場合の自動車の衝突速度について説明する。自転車乗員の運動は，自転車に乗っているときの重心位置は立っているときとほとんど変わらないと考える。

　自転車乗員の衝突地点から停止するまでの距離 $X$ は，自転車乗員が前方に投げ出されて着地するまでの放物運動による移動距離 $X_1$ と，着地して路面を滑走して停止するまでの距離 $X_2$ から成っていると考えることができる[1]。ここで，自転車乗員の路面着地時の反発係数は 0，自転車乗員の飛び出し速度は，自動車の衝突速度と等しいものと仮定する。また，衝突時に自転車乗員がボンネットから $\phi$ という角度で飛び出すと考えられるが，その影響は小さいと考え，飛び出しの高さ $h$ から水平に飛び出したと仮定する。したがって，**図1** に示すように，自転車乗員の衝突後の転倒移動距離 $X$ は，次式で与えられる。

$$X = X_1 + X_2 = V\sqrt{\frac{2h}{g}} + \frac{V^2}{2\mu_x g} \quad \cdots\cdots\cdots\cdots\cdots\cdots\cdots\cdots\cdots\cdots\cdots \text{式(7)}$$

ここで，

　$V$ ：衝突直後の自転車乗員の投げ出された速度（自動車の衝突速度）（m/s）

　$\mu_x$：自転車乗員と路面間の摩擦係数

　$g$ ：重力加速度（9.8m/s²）

　$h$ ：自転車乗員の重心位置（m）

である。

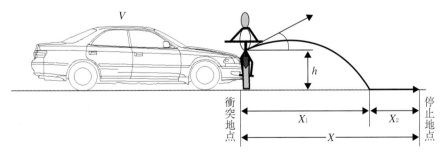

**図1　自転車乗員の衝突状況**

さらに，簡略化された実験式が示されている[2]。

$$X = 0.1V^2 \quad \cdots\cdots\cdots\cdots\cdots\cdots\cdots\cdots\cdots\cdots\cdots\cdots\cdots\cdots\cdots\cdots\cdots\cdots\cdots\cdots\cdots\cdots \text{式(8)}$$

138

あるいは,

$$V=\sqrt{10X}\,(\text{m/s}) \cdots\cdots 式(9)$$

これは,大人のダミーで実施した実験結果から求められた実験式である。

### (3) 自転車事故の衝突地点

　自転車事故では,衝突地点を特定することが大変重要であるが,自動車と自転車の衝突地点を示す物的証拠を採取することは,極めて難しい。自動車と衝突した自転車乗員や歩行者は,大きな人体傷害を生じ,死亡するケースが多い。目撃者のいない夜間の事故では,運転者の供述に基づく実況見分から事故を検討せざるを得ない。自動車運転者の供述を基に見分することになるが,供述の物的裏付けを採取することが重要である。

　特に自動車運転者の供述に多くみられるのが,

　・自転車が飛び出して,ブレーキを踏んだが間に合わなかった

　・横断歩道ではないところを横断したため事故になった

などである。

　自転車が飛び出したために,急制動したが間に合わない場合と,発見が遅れて間に合わない場合とでは,過失が大きく異なるのである。自転車事故では,衝突地点及び衝突速度が見いだせれば事故の全体が明確になることが多く,衝突地点や衝突速度の特定は重要である。

　自転車乗員が車両前面に衝突し,自動車が急制動してタイヤ痕が印象されて停止した場合に適用できる衝突地点の推定方法について述べる。

　自転車事故において,急制動して停止した場合は,タイヤ痕が路面に印象されるので,自動車の走行速度を推定することができる。

　図2は,実際に起きた自転車事故の現場見取図である。この種の問題のポイントは,「自転車が急に飛び出してきたため衝突した」という運転者の供述が真実か否かである。これらの問題は,これまで衝突地点などが判明しなかったため,明確にできなかった。

　いま,急制動したタイヤ痕の長さを$L$とすると,制動初速度$V_0$が次式で与えられる。

$$V_0=\sqrt{2\mu gL}\,(\text{m/s}) \cdots\cdots 式(10)$$

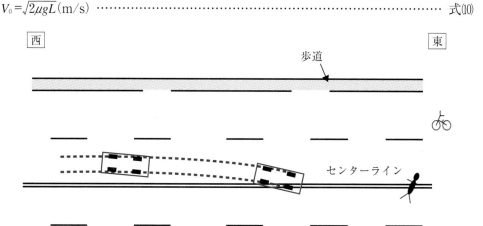

図2　自転車の交通事故現場見取図

自動車の制動痕の印象開始地点を原点Oとすると,衝突地点は,2か所考えられる。**図3**

は，解析のための座標を示す。

### ア　スリップ痕の印象前に自転車と衝突した場合

　一つは，衝突地点Aである。これは，自動車の制動痕が路面に印象する前に衝突し，距離$A_y$だけ自転車乗員をはね飛ばした場合である。自動車の制動痕の印象開始地点から自転車乗員の転倒位置までの距離を$D$(m) とする。衝突速度は，スリップ痕の長さから，$V_0$という速度であり，衝突地点を原点Oから西方向に$S_y$とすると，衝突地点Aは，原点Oから西に次式の距離となる。ただし，原点より西であるから，$S_y$はマイナスの値となる。

$$S_y = D - X$$

$$= D - V_0^2/10 \dots 式(11)$$

### イ　スリップ痕を印象させながら自転車と衝突した場合

　原点Oから真実衝突地点Bまでの距離を$S_x$とする。**図3**に示したように，衝突地点Bから自転車乗員の転倒停止地点までの距離を$X$とする。制動開始時の速度を$V_0$とし，衝突地点における速度を$V$（衝突速度）とする。制動痕の印象始めの時間を$t_0$とし，任意の時間を$t$とする。

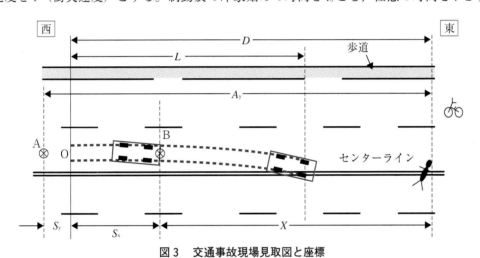

**図3　交通事故現場見取図と座標**

　ここで，原点Oから衝突地点までの距離を$S_x$とすると，衝突時のスリップ痕地点は，$S_x - 1$となる。ただし，$-1$mを加えたのは，前輪タイヤ痕の先1mの位置にボンネットの先端があるとしたことによる。

　被害者の転倒停止地点までの距離は$D$(m)であるから，次式が成り立つ。

$$D = S_x + X \dots 式(12)$$

　次に，自動車と人体が衝突した場合の転倒距離$X$と衝突速度$V$の関係は，近似的に式(9)で与えられている。また，制動初速度$V_0$から速度$V$に低下したときの距離$S$との一般的な関係は，次式で与えられる。

$$V_0^2 - V^2 = 2\mu gS \dots 式(13)$$

式(9)及び式(13)から次式を得る。

$$V^2 = 10X = V_0^2 - 2\mu g(S_x - 1) \dots 式(14)$$

式(12)を式(14)に代入すると次式を得る。

$$V_0{}^2 = 2\mu g(S_x - 1) + 10(D - S_x) \quad \cdots\cdots\cdots\cdots\cdots\cdots\cdots \text{式(15)}$$

よって，衝突地点は

$$S_x = \frac{V_0{}^2 + 2\mu g - 10D}{2\mu g - 10} \quad \cdots\cdots\cdots\cdots\cdots\cdots\cdots \text{式(16)}$$

となる。

　この式は，近似的に求められた式ではあるが，自転車事故現場で，供述が信用できるものか判断するのには，極めて有用である。

## 2　数値例

　**図3**を参照して，実際の自転車事故で計算してみよう。寸法は，以下に示す。ただし，距離の原点は，スリップ痕の印象始めである。

　　$D = 36\text{m}$　（自転車乗員の転倒停止までの距離）

　　$L = 26\text{m}$　（自動車のスリップ痕の長さ）

　前述したように，計算としては，2つの衝突地点が考えられる。

　自動車の走行速度は，自動車のタイヤと路面間のすべり摩擦係数を0.75とすると，式(10)から，

$$V_0 = \sqrt{2\mu g L}\,(\text{m/s})$$
$$= \sqrt{2 \times 0.75 \times 9.8 \times 26}$$
$$= 19.5\text{m/s}\,(70.2\text{km/h})$$

(1)　スリップ痕の印象前に自転車乗員と衝突した場合

　式(11)から，

$$S_y = D - X$$
$$= D - 0.1V_0{}^2$$
$$= 36 - 0.1 \times 19.5^2$$
$$= -2.0\text{m}$$

と得られ，衝突地点はスリップ痕の印象前の-2.0mの地点である。衝突速度は，19.5m/s（70.2km/h）で，衝突による飛び出し転倒距離は，38.0mである。

(2)　スリップ痕を印象させながら自転車と衝突した場合

　式(16)から，

$$S_x = \frac{V_0{}^2 + 2\mu g - 10D}{2\mu g - 10}$$

$$= \frac{19.5^2 + 2 \times 0.75 \times 9.8 - 10 \times 36}{2 \times 0.75 \times 9.8 - 10}$$

$$= 7.4\text{m}$$

と得られ，衝突地点はスリップ痕の印象始めから7.4mの地点である。

　このときの衝突速度は，式(14)から，

$$V^2 = V_0{}^2 - 2\mu g S$$
$$= V_0{}^2 - 2\mu g(S_\mathrm{x} - 1)$$
$$= 19.5^2 - 2 \times 0.75 \times 9.8 \times (7.4 - 1)$$
$$V = 16.9\mathrm{m/s}\,(60.8\mathrm{km/h})$$

となる。衝突による飛び出し転倒距離は，約28.6mである。

　以上のように，2つの衝突地点が得られるが，自転車乗員への衝突速度は60.8～70.2km/hであり，計算上では，差異がある。ここで，重要な点は，衝突地点との差異である。どちらが真実の衝突地点であるかが問題である。

## 3　衝突地点の検討

　2か所の衝突地点は，目撃者や事故現場近所の住人の衝突音の聞き込みが重要である。歩行者事故と同様に，制動時のタイヤのブレーキ音を聞いた後，ドーンと衝突音が聞こえたのか，ドーンという衝突音の後，タイヤのブレーキ音が聞こえたのか聞き込みを行うことである。この証言によって，衝突地点を決定することができる。実際の事故では，キーというブレーキ音の後に，ドーンという衝突音を多くの住人が聞いていたことによって，衝突は，制動中であったことが明確になった。

　以上で，衝突地点及び衝突速度を，明確にすることができた。

## 4　自転車が飛び出したか否か

　自転車が飛び出したか否かを検討する必要がある。手法は，**図4**を参照して，衝突地点から両者を時間とともに衝突以前に戻すことである。いま，自動車の衝突速度及び走行速度が明確になった。自転車の速度は，一時停止してから発進して衝突したか，一時停止しないで衝突したかを考える必要がある。自転車の走行速度は，一般にゆっくりな速度の場合は13km/h（3.6m/s），通常速度では17km/h（4.7m/s）といわれている。

　衝突した場所が第2通行帯であることから，自転車は，歩道から直線で5.5mは進んできて衝突したことになる。一時停止して5.5m進む時間 $t_0$ は，加速度を0.1Gとして次式で表される。

$$S = \frac{1}{2} a t^2 \qquad t_0 = \sqrt{\frac{2S}{a}} = \sqrt{\frac{2 \times 5.5}{0.1 \times 9.8}} = 3.35\mathrm{s}$$

である。このときの自転車の速度は，3.3m/s（11.9km/h）である。

　次に，自動車の衝突地点から3.35秒手前の位置を考える。

　スリップ痕が印象されて衝突するまでの時間 $t_1$ は，次式である。

$$t_1 = \frac{V_0 - V}{\mu g} = \frac{19.5 - 16.9}{0.75 \times 9.8} = 0.35\mathrm{s}$$

　したがって，3.35 - 0.35 = 3秒がスリップ痕の印象前の時間であり，その距離は，3 ×

19.5＝58.5mであるから，衝突までの全距離は，58.5＋7.4＝65.9mと求められる。

　横断を開始した自転車の衝突地点まで進んだ距離は5.5mであり，自動車の進んだ距離は，65.9mである。危険を感じて制動開始して制動が効く空走時間は，一般的に0.8秒といわれているが，このケースでは，横断して3秒後に制動が効き始めている。明らかに発見遅れである。

　つまり，0.8s×19.5m/s＋7.4m＝23mであるから，衝突地点の23m手前で自転車に気付いて事故回避したことになる。

　自転車が横断を始めて3秒－0.8秒＝2.2秒後に，自動車運転者は危険を感じて制動し，その後0.8秒後にスリップ痕が印象され，その0.35秒後に衝突したことになる。自動車の運転者がブレーキ操作を開始したとき，自転車は横断を開始して2.2秒で進んでいるから，2.4mの位置まで進んでおり，第1通行帯の中央以上進んだ位置である。

　自転車が横断してすぐに減速すれば衝突することはない。

　また，一時停止しないで，自転車がそのまま横断したとすると，通過する時間は1.15秒で進んだ距離は5.5mである。その速度は，

$$\frac{5.5}{1.15}=4.8\mathrm{m/s}(17.3\mathrm{km/h})$$

となる。交差点上で衝突したとすると起こり得る速度であるが，本ケースは，歩道から横断しているので，この速度で飛び出すことはできない。

　なお，斜めに横断した場合は，さらに自動車運転者が自転車の横断に対して発見が遅れたことになるが，その証明のためにも，自転車と自動車の突き合わせを行って衝突角度を求めることが重要である。

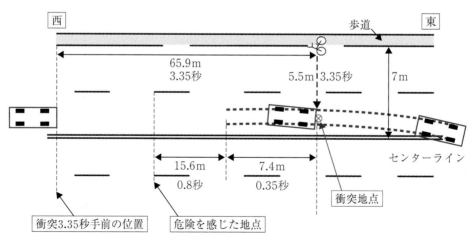

**図4　自転車の飛び出しの有無の検討**

　一般的な事故の過失判断として，（自動車の空走時間0.8秒と衝突までの時間）が（自転車が道路端から衝突地点まで出る一般的な時間）より短ければ，自動車運転者の側が，横断する自転車の発見が遅れたと考えられる。

## 5　まとめ

自転車の飛び出し事故の捜査のポイントは，以下のような事柄を見分することである。

① 路上痕跡（擦過痕，タイヤ痕）
② 車両同士及び自転車乗員の衝突位置の突き合わせ
③ 衝突地点
④ 人体損傷
⑤ 転倒位置
⑥ 停止位置
⑦ 聞き込み（事故の目撃者，衝突音，ブレーキ音などの音の状況）
⑧ 道路状況（地形と見通し状況）
⑨ 危険認知地点
⑩ 制動開始地点
⑪ 衝突前後の状況把握（痕跡から衝突事故の全体を組み立てる）

衝突速度及び衝突地点が明確になれば，事件の考察が可能であり，自動車運転者の供述だけの捜査とは大きく異なる。また，運転者や遺族に対しても事故について納得のいく説明ができるものである。

**参考文献**

1）対自転車乗員安全対策研究委員会「自動車の安全性向上に関する研究補助事業報告書（その2）」「対自転車乗員安全車の研究」日本自動車研究所，273頁，1972。
2）山崎俊一「歩行者及び自転車事故における衝突地点の推定」月刊交通4月号，64-73頁，2004。

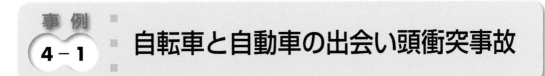

事例 4-1　**自転車と自動車の出会い頭衝突事故**

自転車事故の捜査では，衝突地点が特定できないという問題，自転車を運転していた被害者の衝突時の速度が特定できないことや飛び出しの有無が不明などの問題がある。

本事例では，自転車事故の衝突形態と捜査のポイントについて述べる。

## 1　筆者が関わった自転車と自動車の主な衝突形態

以下のような衝突形態について，事故の速度などの解析を行った。

⑴ 自転車と自動車の出会い頭衝突

⑵　自転車の後方から衝突

⑶　横断中の自転車の斜め正面衝突

⑷　自動車による自転車の左折巻き込み

本事例では，これらの衝突形態の⑴について事例を示し，捜査のポイントについて述べる。

**事件の概要**

　事故の概要は，午後１時頃，直進する当該運転車両の小型乗用自動車（当該車両）が，横断歩道を左方向から横断しようとした被害者運転の自転車（被害車両）と衝突し，自転車の被害者が死亡した交通事故である。

　この事故の捜査上の問題点は，「衝突地点や衝突状況を明らかにすること，及び当該車両の速度，被害車両の速度，さらに被害車両に飛び出しがあるか否か」であった。

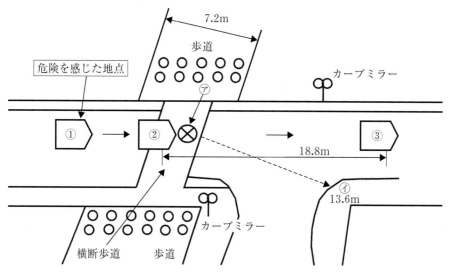

被害者の進路　㋐→⊗→㋑（停止位置）
当該車両の進路　①（危険を感じた地点）→②（衝突地点⊗）→③（停止位置）
**図１　交通事故現場見取図（当該車両運転者の供述によるもの）**

　図１は，交通事故現場見取図を示している。被疑者は，左から被害車両が飛び出したので，危険を感じてブレーキを踏んだと供述した。しかしながら，道路には，タイヤのブレーキ痕は認められなかった。被害者は，横断歩道上で衝突し，衝突地点から13.6m離れた地点に飛翔停止したものである。当該車両運転者の供述によれば，危険を感じて衝突するまでの距離は6.7mであり，危険を感じて停止するまでの距離は，25.5mとなっている。衝突地点から停止距離までは，18.8mである。

　図１の道路状況から，両車両は，カーブミラーが設置されていることから，注意してカーブミラーを見ていたなら衝突することはなかったと考えられた。本件は，被害車両が当該車両の直前に飛び出して衝突したか否かが問題となったものである。

## 2　捜査のポイント

一般に，自転車事故の捜査のポイントは，以下のとおりである。

① 　衝突地点の特定

② 　自転車の衝突部位の突き合わせ

③ 　自転車乗員の衝突部位の突き合わせ

④ 　タイヤ痕の捜査

⑤ 　両車両及び被害者の停止位置

⑥ 　当該車両のガラスの損傷状況

　**写真1**及び**写真2**は，当該車両のフロントガラス及びルーフの凹損状況を示す。これらの写真から，被害者は，当該車両の中央から，右側方向に斜めに衝突したことが認められ，被害者の移動方向は，当該車両から見て左から右方向であることが認められた。当該車両のフロントガラスの凹損から，くもの巣状に凹損し，ルーフの凹損も大きいように見えるが，陥没していない。自転車事故の場合，被害者の上体が直接フロントガラスに衝突し，ルーフも軟らかいので大きく凹損するが，速い速度で衝突したものではない。自動車が立位の人と衝突した場合，フロントガラスがくもの巣状になり，凹損が深い場合は，衝突速度は60km/h以上であると推定されるが，自転車と衝突した場合には，40km/h程度でもフロントガラスの凹損は大きくなることがポイントである。

写真1　当該車両のフロントガラス

写真2　当該車両のルーフ

　また，**図2**は，当該車両と被害車両の衝突部位を突き合わせた結果を示している。この図のサドルの位置などから，被害車両は，当該車両の左側で衝突したと認められた。サドルの位置から被害車両が当該車両に衝突した後，被害者自身は，サドルが衝突した自動車の左前面の位置よりも右方向のフロントガラスに直接衝突し，その後もルーフの右方向に衝突している。したがって，当該車両と衝突した時点の被害車両の速度は速いものであったと推定できる。

　これらのことから，当該車両は，速い速度で横断する被害車両を認め，制動操作を講じたが衝突したと推定される。

　次に，被害車両が高速で飛び出したか，あるいは，当該車両が高速度で走行したために衝突したものかを考察する。前述したように，フロントガラスがくもの巣状ではあるが陥没し

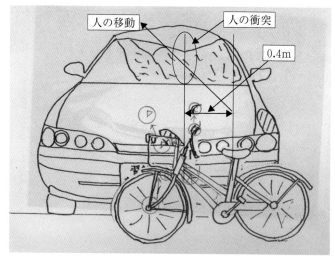

図2　当該車両と被害車両の衝突位置突き合わせ状況

ていないので，当該車両が高速で衝突したとは考えられない。また，当該車両のブレーキの
タイヤ痕が認められないから，強い制動操作を講じたとも認められない。

## 3　衝突速度の算出

　当該車両は，危険を感じてスリップ痕が印象されない程度のブレーキを操作して被害車両
と衝突したと認められる。被害車両の乗員は，衝突地点から飛翔して図1の⑦に停止した。
　自転車や歩行者の事故における車両の衝突速度$v$は，衝突地点から飛翔停止した地点まで
の距離$x$から求めることができる。
　制動する車両の衝突速度$v$と飛翔距離$x$の関係は，近似的に次式で表される。

$v=\sqrt{10x}$(m/s) ･･････････････････････････････････････････････････････ 式(1)

被害者の飛翔距離$x$は，13.6mと計測されている。式(1)から，衝突速度$v$は，

$v=\sqrt{10\times13.6}=11.7$m/s(42.1km/h) ･･････････････････････････････ 式(2)

と求められる。
　当該車両の速度が$v$とすると，制動して停止するまでの距離$L$との関係は，次式で表される。
ただし，減速度$a$は，$a=\mu g$である。

$$L=\frac{v^2}{2a}$$ ･･････････････････････････････････････････････････ 式(3)

　ここで，$\mu$は摩擦係数，$g$は重力加速度（9.8m/s²）である。衝突して停止するまでの距離
が18.8mであるから，当該車両が制動操作によって作用させた減速度$a$（$=\mu g$）は，次式と
なる。

$$a=\mu g=\frac{v^2}{2L}=\frac{11.7^2}{2\times18.8}=3.64$$m/s² ････････････････････ 式(4)

　ただし，急制動の場合の減速度は，$a=0.7\times9.8=6.86$m/s²である。
　次に，危険を感じて衝突するまでの距離を考える。走行速度が$v$，空走時間$t$を0.75秒とす

ると，空走距離 $d$ は，

$$d = vt = 11.7 \times 0.75 = 8.8\text{m} \cdots\cdots\cdots\cdots\cdots\cdots\cdots\cdots\cdots\cdots\cdots\cdots 式(5)$$

となる。よって，当該車両は，衝突前の8.8mの地点で危険を感じ，制動して被害車両と衝突したと考えることができる。**図3**に，推定される衝突の状況を図示する。当該車両は①で危険を感じて制動操作し，空走時間0.75秒走行して被害車両と衝突した。当該車両の減速度は3.64m/s²で，衝突して停止した距離は，18.8mである。被害者は衝突した後，衝突地点から13.6m飛翔して⑦に停止した。

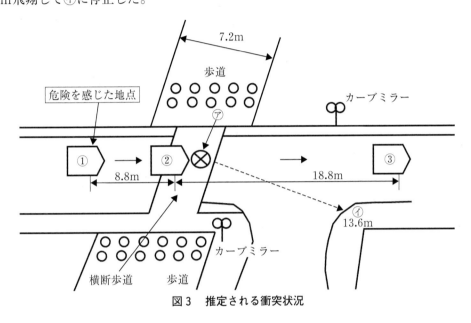

**図3　推定される衝突状況**

## 4　被害車両の速度

　当該車両は，危険を感じた地点から衝突するまでの距離は，8.8mであり，0.75秒を要していると考えられる。被害者が横断歩道の端にいたとして，衝突するまでの距離は，$s = 2.8\text{m}$ である。

　被害者が停止して発進したとすると，発進時の加速度 $a$ は次式で表される。

$$a = \frac{v_1 - v_0}{t_1 - t_0} = \frac{v_1}{t_1} \cdots\cdots\cdots\cdots\cdots\cdots\cdots\cdots\cdots\cdots\cdots 式(6)$$

ただし，停止していたと考えると，$v_0 = t_0 = 0$ である。また，$v_1$ は $t_1$ 秒後の速度である。

　移動距離 $s$，加速度 $a$，時間 $t_1$ の関係は，次式となる。$s_0$ は停止していたと考えると，$s_0 = 0$ である。

$$s = s_0 + v_0 t_1 + \frac{1}{2} a t_1^2$$

停止状態から $t_1$ 秒後の距離 $s$ は，

$$s = \frac{1}{2} a t_1^2 \cdots\cdots\cdots\cdots\cdots\cdots\cdots\cdots\cdots\cdots\cdots\cdots\cdots\cdots\cdots 式(7)$$

となる。

式(6)及び式(7)から，衝突時の速度$v_1$が求められる。

$$s = \frac{1}{2}v_1t_1 \quad \rightarrow \quad v_1 = \frac{2s}{t_1} = \frac{2 \times 2.8}{0.75} = 7.5\text{m/s}$$

加速度$a$は，式(6)から，$a=10\text{m/s}^2$となる。タイヤの摩擦係数からこれほどの加速度では走行できないから，被害者運転の自転車が一時停止をしてから発進し，衝突したとは考えられない。

次に，**写真3**は，被害者の自転車を示す。このタイプの自転車は，大きく前かがみに乗車するものではなく，サドルの位置からハンドルの位置に手を伸ばした状態でほとんど前方に身体を傾けないで乗車するものである。

写真3　被害者運転の自転車

前掲の**図3**から，被害者のサドル部（腰部）がフロントバンパーと衝突してから被害者の上体がフロントガラスに衝突するまでの距離は，約0.4mである。また，**図4**に示すように，当該車両のフロントバンパーの先端からガラスの位置まで約1.74mである。

よって，当該車両が1.74m進む時間$T$は，$T=1.74/11.7=0.15$秒となる。被害者はこの時間に0.4m進んだのであるから，被害者運転の自転車の衝突速度$v_1$は，

$$v_1 = 0.4/0.15 = 2.7\text{m/s}(9.7\text{km/h})$$

と求められる。

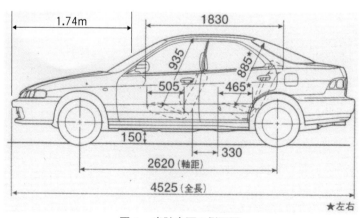

図4　当該車両の側面図

## 5　被害者に飛び出しがあるか否か

　ここで，被害者が⑦地点で停止して，横断できると判断して進行した場合について考察する。自転車が一時停止して発進した場合は，すぐに速い速度に到達できない。⑦地点から衝突するまでの距離は，2.8mである。停止して発進する加速度を0.1G（0.98m/s²）とすると，衝突地点に到達する時間$T_0$は，次式で表される。

$$T_0 = \sqrt{\frac{2 \times 2.8}{0.98}} = 2.4\text{s}$$

　当該車両の走行速度は11.7m/sであるから，衝突地点より2.4s×11.7m/s≒28m後方に進行中である。空走時間を$t = 0.75$として当該車両が，この時点で急制動し，停止できる距離$z$は，次式となる。ただし，急制動であるから，$\mu = 0.7$と考える。

$$z = vt + \frac{v^2}{2\mu g} = 11.7 \times 0.75 + \frac{11.7^2}{2 \times 0.7 \times 9.8} = 18.8\text{m}$$

　よって，被害者が停止して通常の発進加速状態で横断したとしたら，当該車両は衝突せずに直前で停止できたと考えられる。

　たとえ前述のように，3.64m/s²の減速度で制動操作し，空走時間を0.75秒としても，27.6mで停止できる。つまり，衝突地点から0.4m手前が，当該車両の停止位置となる。

　当該車両と自転車の距離がおおよそ28mしか離れていない状況で，一時停止した自転車が，横断歩道を渡ろうとするとは考えられない。

　このことから，被害車両は，横断歩道の直前で停止することなくそのまま進行したものと推定され，飛び出したと考えた方が矛盾がない。

　このように，被害者運転自転車及び乗員の当該車両との衝突部位の突き合わせによって，被害者運転自転車が飛び出したか否かが判断できる。

## 6　まとめ

　自転車事故の解析は，難しいことが多い。被害者運転の自転車と自動車の衝突部位の突き合わせ，被害者と自動車の衝突部位の突き合わせが重要なポイントとなる。また，現場警察官は，ここで示した速度と飛翔距離の関係式$v = \sqrt{10x}$（m/s）を現場で有効活用してほしい。

# 事例 4−2　事故当初自動車運転の過失を認めていた被疑者が否認に転じた自転車事故

　本事例では，自動車を運転していた被疑者が右折して，横断歩道を横切るとき，横断してきた自転車と接触した事故について述べる。本件は，事故当初，被疑者は自分の過失を認めていたが，裁判において否認した交通事故事件である。本件事故は，当初物損事故として扱われ，その後人身事故として再捜査されたものである。

### 事件の概要

　事故は，雨が降る秋の夕暮れに起きた。被疑車両が青信号で右折して，横断歩道に差し掛かったところ，青信号で右から直進走行してきた自転車に気付きブレーキをかけたが間に合わず，被疑車両のフロントバンパーが自転車の後輪ハブに衝突し，被害者である自転車乗員が転倒しけがを負ったものである。

　図1は，交通事故現場見取図を示している。

　衝突は，被疑車両が右折し，横断歩道の直前で被害車両を認めて急制動したが間に合わず，衝突したものである。

　図2は，被疑車両と被害車両の衝突の状況を示している。この図に示すように，被疑車両は，被害車両の後部と衝突し，被害者は，前方に尻餅をつくように臀部から路面に落下して傷害を負った。自転車は，被害者の前方に転倒停止した。被疑車両は，右折状態であり，低速であったため，衝突後すぐに停止していた。

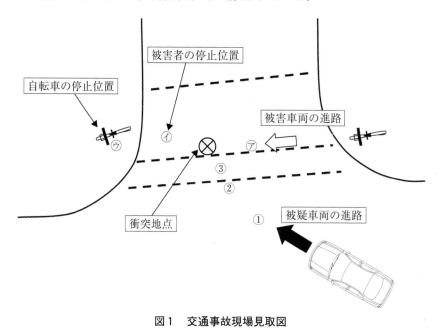

図1　交通事故現場見取図

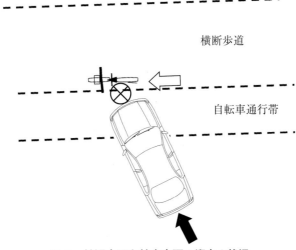

**図2 被疑車両と被害車両の衝突の状況**

　前述のように，事故当日は雨が降っており，被疑車両のタイヤ痕及び自転車の路面擦過痕などは認められなかった。

　被疑車両の損傷状況は，前部ナンバープレートが曲損，前部バンパーが擦過していた。被害車両の損傷状況は，後輪の左側ハブに白色塗料が付着し，自転車が若干ゆがんでいた。

## 1　被疑者の供述

　被疑者は，帰宅途中，交差点を右折する時，対向する車両が途切れたため，右折を開始し，横断歩道の直前で道路を横断する自転車を発見し急制動したが，間に合わず衝突したと警察署において供述した。その後，被疑者は検察の取調べにおいても同様の供述をし，事故の原因は，右折する際，横断歩道上やその周辺を自転車が走行してきているかどうかの安全確保が足りなかったためと述べている。

## 2　裁　判

　検察は，被疑者について，右折するに当たり，横断歩道を走行する自転車等の有無及びその安全を確認して右折進行すべき業務上の安全確認が不十分のまま，漫然と15km/hのまま進行した過失によって事故が起きたとして起訴した。

　しかし被告人は，警察，検察で供述したにもかかわらず，裁判の第1回公判の冒頭陳述において，起訴事実を否認した。

　被告人は，「前方左右を注視し，同横断歩道等を走行する自転車等の有無及びその安全を確認して右折進行すべき業務上の注意義務があるのにこれを怠り」との内容については，前方左右は見たし，自転車などの有無も十分確認したとして否認した。また，「安全確認不十分のまま漫然と15km/hで右折進行した過失により」との内容については過失はないと述べ，被告人はすぐに止まれる速度で，15km/hも出ていないとして否認した。さらに，「自転車に気付

き，急制動の措置を講じたが間に合わず」との内容については，被告人は自転車には気付いて，急制動した後停止していたところ，被害者はバンパー及びナンバープレートに衝突し転倒したものであると主張した。

　弁護人は民間の会社に鑑定を依頼し裁判で争うこととなった。

## 3　弁護人の提出した鑑定書

　民間会社の鑑定書によれば，

①　被害者の側面が被告人車両の前面と衝突したとすると，被害者は被告人車両のボンネットに乗り上げ，それから前方に飛び出すものである。被害者は，ボンネットに乗って前方に飛び出していないから，被告人車両が被害者をはねたというより，自転車が停止した被告人車両に衝突してきたものである。

②　図3に示すように，自転車の後輪左ハブによって印象された被告人車両の前部バンパーの擦過損傷から，被告人車両が急制動した場合，ノーズダイブし，振動が生じる。印象された擦過痕は，ほぼ真っすぐであるから，被告人車両は停止していた。

③　自転車の停止位置及び被害者の転倒停止位置から，自転車は20km/hもの速い速度で走行していたとされ，被告人車両は停止して1.5秒経過していた。

と主張するものであった。

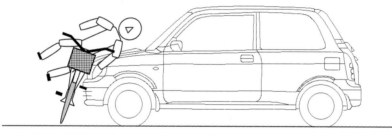

図3　民間鑑定人が記載した自転車の側面に衝突した場合の被害者の挙動

## 4　検察の対応

　民間の会社による鑑定書が弁護側から提出されたことにより，検察としても鑑定書を提出することが必要になった。検察官は，科捜研に意見を求めたものであるが，明確な鑑定書が得られなかったため，筆者に意見を求めた。

　図4は，被告人車両のバンパー部の擦過痕を示している。前述の②の民間鑑定人が主張したハブによって印象されたバンパーの擦過痕は，直線というよりは，曲線であった。これは，被告人車両が急制動してノーズダウンし，上下に運動したことを示している。民間鑑定人が主張するように，自転車の速度が速ければ，直線状に擦過するが，図に示したように明らかに曲線であるから，被告人車両が急制動したが間に合わず衝突したと認められた。

　本件事故の被告人が「停止していた」という主張に対して，急制動が間に合わずに衝突したといえる決定的な証拠は，図4の擦過痕である。停止していた車両に自転車が衝突した場

合，**図4**に示すような自転車の後輪ハブによる擦過痕のみが印象されることはあり得ないのである。すなわち，自転車には，後輪ハブ以外に前輪ハブ，ペダルなど突起物があり，前進する自転車の後輪ハブが衝突する前に接触するであろう突起物があるということである。

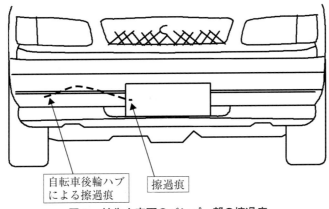

**図4　被告人車両のバンパー部の擦過痕**

　**図5**は，自転車の側面が自動車のバンパー部に接触する状況を図示したものである。自動車のバンパーは先端が丸みを帯びている。したがって，停止した自動車のバンパー部に自転車の後輪ハブだけを衝突させることは決してできないのである。後輪ハブが擦過できるのは，通過しようとしている自転車の側面から自動車が衝突する場合だけである。

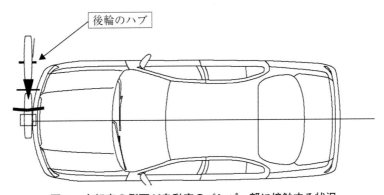

**図5　自転車の側面が自動車のバンパー部に接触する状況**

　自動車がごく低速で自転車に衝突した場合は，自転車乗員はボンネットに乗り上げることなく，自転車が走行していた速度で前方に飛び出す。つまり，自動車の横からの衝突速度より，自転車の進む速度が速いとき，自転車乗員は，前に飛んでいくのである。

　さらに，自転車の後輪ハブが被告人車両のナンバープレートに引っかかるように擦過したため自転車の速度が急激に遅くなり，被害者だけが慣性の法則により前に飛び出す。このとき，自転車の後輪ハブがナンバープレートに引っかかったため，自転車の前輪が持ち上がり，被害者は臀部付近から路面に落下したと推定できた。

　以上が筆者の鑑定意見の主たるものであった。

## 5　裁判所の判断

　民間の会社の鑑定人に対する検察及び裁判所からの尋問は長く，鑑定内容について信頼性が疑われたものであった。筆者も当然，鑑定人として裁判所に証人として出廷した。弁護人からの尋問も予想された範囲のもので，比較的短い時間で終了した。

　裁判所の判決は，筆者が証人出廷した約1年後に言い渡され，有罪となった。

## 6　まとめ

　被告人は，警察・検察の供述調書において明確に，過失を認めている。それにもかかわらず，裁判では過失について否認した。裁判上，心証がいいことはない。もちろん事故当初は気が動転していて誤った判断をしていたので，訂正したいとの理由で，証言を翻すこともあると思われるが，それには十分な根拠が必要である。

　事故の当事者は，事故について真実を述べて，二度とそのような事故が起こらないように真実を明確にしてほしいものである。

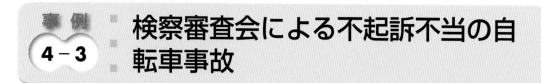

### 事例 4-3　検察審査会による不起訴不当の自転車事故

　本事例では，検察審査会によって3回も「不起訴不当」と議決された自転車事故について述べる。

　歩行者事故及び自転車事故において，衝突地点を特定することが難しい場合がある。

　本件事故は，衝突地点，衝突状況が判明しがたい事故だったことから，検察が不起訴とした事例であるが，結果として検察審査会において3度の「不起訴不当」の議決がなされることとなった。

### 事件の概要

　本件事故は，60〜70km/hで走行する被疑車両が，道路左端を自転車で走行する被害者の後方から衝突し，被害者を死亡させたといわれる交通事故である。事故は，酒気帯びの未成年の学生が被疑車両を運転し，自転車で道路を横断しようとした女子学生を後方からはねたとされたものであった。

　図1に，事故現場の見取図を示す。

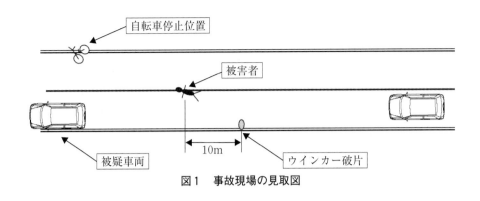

図1　事故現場の見取図

## 1　警察の捜査

　事故の全容を解明するために，警察の捜査が重要であることはいうまでもない。しかし，本件事故において現場の捜査で衝突地点を明確にすることは困難であった。被疑者は，酒気帯び運転で，どこで，どのように衝突したかは全く覚えていない状態であった。したがって，被疑者からの供述はほとんど得られていない。助手席乗員も同様の状況であった。そこで，被害者の転倒10m手前に被疑車両のウインカーの破片が落下していたことから，そこを衝突地点と特定した。

　また，被疑者は，走行速度が60〜70km/hであったことを認めていた。**写真**は，被疑車両と類似の車両が65km/hで自転車に乗車したダミーと衝突したときのフロントガラスの損傷状況を示している。

**写真　時速65kmで自転車に乗車したダミーと衝突したときのフロントガラスの損傷状況**

　フロントガラスは，大きく凹損することが分かる。実際の被疑車両のフロントガラスも同様の凹損が認められた。本件事故の捜査の重要なポイントは，フロントガラスが大きく凹損していること，被疑者の供述により速度が約65km/hで衝突したこと，被害者の身体がフロントガラスの横からはみ出さずに衝突していることなどから，以下に示すように衝突地点を推定することである。

　人が自動車にはねられたときの自動車の速度$V$と飛翔距離$X$は，次式で表される。

$$V=\sqrt{10X}$$

飛翔距離 $X$ で表すと次式となる。

$$X = 0.1V^2$$

よって，上式から，速度が65km/h（18.1m/s）のとき，飛翔距離は，$X = 32.6$m となる。

したがって，被害者の転倒停止位置から，少なくとも32.6m後方が衝突地点であると考えなければならない。被疑者は，衝突するまで，被害者を見ていないから，衝突後に制動したと考えられる。空走時間を0.75秒とすると，その間，被害者をフロントガラスに乗せて運んでいるから，0.75秒×18.1m/s = 13.6m を加えると，被害者の転倒停止位置から，少なくとも46.2メートル後方で衝突したと認められる。

次に被害者の転倒停止位置がセンターライン上であることから，被害者は，センターライン上ではねられたと推定できる。図2は，ダミーの身体がボンネットから半分はみ出した状態ではねられた状況を示し，図3は，ダミーの停止状況を示している。

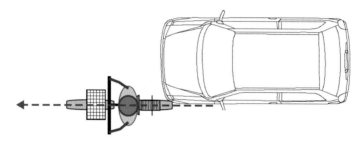

**図2　ダミーの身体が自動車の正面から半分はみ出した状態ではねられた状況**

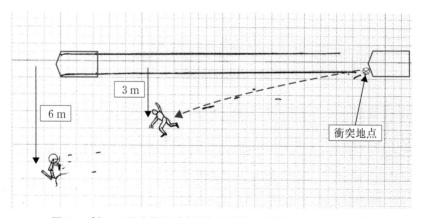

**図3　ダミーの停止状況（自動車の正面から半分はみ出して衝突）**

このように，身体が自動車の正面から半分はみ出してはねられた場合は，はみ出した方向に斜めに飛び出す。そして，ダミーの飛翔距離は短くなる。

図4に示すように，身体が自動車の正面からはみ出さずにはねられた場合は，図5に示すように，自動車の進行方向に真っすぐ飛翔し，飛翔距離も長い。

以上の結果から，図6に示すように，被疑車両が被害者自転車と衝突した地点は，被害者転倒停止位置から後方に，46.2m以上後方である。被害者自転車は，帰宅するため家の方向に道路を横断する途中のセンターライン上ではねられたと認められる。ここで，被害者の転倒停止地点から後方46mには，信号機と横断歩道があり，被害者は信号機に従って横断して

いるところをはねられた可能性があった。

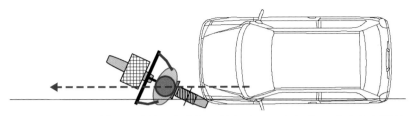

**図 4　ダミーの身体が自動車の正面からはみ出さずにはねられた状況**

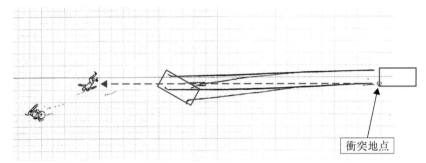

**図 5　ダミーの停止状況（自動車の正面からはみ出さずに衝突）**

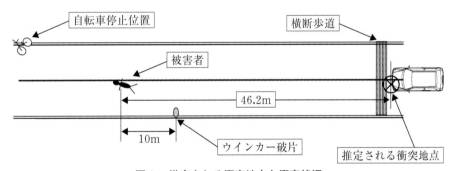

**図 6　推定される衝突地点と衝突状況**

## 2　検察の対応

　警察の捜査によって自転車の衝突角度は，**図 7** に示すように，被疑車両の進行方向に対して約25°であると見分されている。この角度で，道路左端で衝突したと捜査されていたため，自転車乗員の被害者が急激に右に横断を開始したことが否定できなかったため，被疑者が酒気帯びでなかったとしても事故は避けられなかった可能性があるという判断で，酒気帯びについては道路交通法違反で略式起訴とし，業務上過失致死容疑については，不起訴としたも

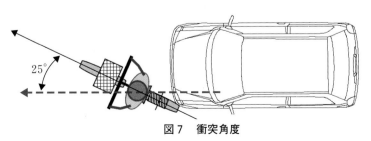

**図 7　衝突角度**

のであった。

　いずれにしても，検察は，起訴するだけの証拠がないとして，業務上過失致死容疑について不起訴とし，刑事事件としての時効を迎えた。

## 3　まとめ

　同じ事件で3度の不起訴不当の議決は極めて珍しいものであったため，耳目を集めた。この議決に対して，検察は検討するとしたが，公訴時効まで，日にちがなかった。

　検察審査会の3度の不起訴不当の判断に対して，様々な意見が新聞に掲載された。そのうち，ある専門家は「3度の不起訴不当の議決は珍しい。検察審査会は国民の代表であり，裁判員制度など，国民の意見を常識として尊重する流れが強くなるなか，当然起訴し，裁判所に判断を委ねるべきだ」と意見を述べていた。

　しかしながら，警察・検察は，明確に犯罪を証明して送検・起訴すべきであって，不確かな捜査で送検・起訴し，裁判所に判断を委ねるわけにはいかない。交通事故を解明するために，被害者及び加害者から，科学的な捜査及び解明が望まれており，いかに現場捜査のレベルを高めるかが課題である。

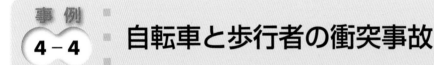

事例 4-4　自転車と歩行者の衝突事故

　最近，交通事故において，自転車対自動車の事故が圧倒的に多いものの，自転車が関係する交通事故が増加し，自転車対歩行者及び自転車同士の事故が増加している。

　本事例では，自転車と歩行者の衝突事故について述べる。

## 1　自転車と歩行者の衝突事故の捜査のポイント

　以下の点について捜査を行うことが重要である。

① 衝突地点の特定
② 衝突部位の突き合わせ
③ 路面擦過痕の特定
④ 着衣擦過痕の特定
⑤ 自転車の擦過痕の特定
⑥ 歩行者及び自転車転倒の機序
⑦ 自転車の衝突速度
⑧ 被害者の傷害部位

## 2　自転車の歩行者への衝撃

　一般的に，自転車がゆっくり走行するときの速度は約11km/h（3.1m/s），普通に走る速度は17km/h（4.7m/s）である。一方，歩行者のゆっくり歩く速さ（老人や子供）は3.5km/h（1m/s），普通に歩く速さは4.3km/h（1.2m/s）である。

　自転車がバリア（剛体壁）に衝突したときの衝撃度が，一般財団法人日本自動車研究所によって実験されている。実験は，16インチ自転車（シティタイプ：自転車重量：18kgf）に成人男性相当のダミー（身長178cm，78kgf）を搭載し，衝突速度は20km/hを目標に行ったものである。

※　**参考資料**

　大崎耕司，植木純一，小倉雅徳，久保田正美「自転車の衝突実験」「自動車研究」第30巻，第2号（2008年2月），25-28頁。

　**写真1**は，衝突中の自転車及びダミーの挙動を示している。

　　　0ms：自転車の前輪が接触開始地点

　　24ms：前輪が後退しフレームに接触，この時点で3130N（319kgf）の荷重が発生した

　　50ms：自転車の前方への移動が終了（変形が終了），ダミーは慣性により前方に移動

　182ms：ダミーの膝がバリアに衝突

　228ms：ダミーの上半身がバリアに衝突，この時点で5880N（600kgf）の最大荷重が発生

　300ms：ダミーがバリアから反発

**写真1　衝突中の自転車とダミーの挙動**

　**図1**は，バリア荷重―時間線図を示す。実験によると，衝突初期と200ms以降の2か所で大きな荷重が発生した。衝突初期は自転車の衝突により発生した荷重であり，200ms以降の荷重は乗員であるダミーが衝突したことによる荷重である。

　この実験で示されたように，自転車が歩行者に衝突した場合，大きな衝撃力が加わること

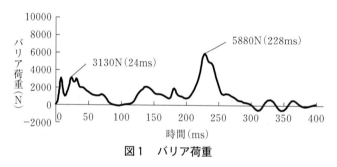

図1　バリア荷重

に注意が必要である。

## 3　事故の事例

事件の名称は，被疑者に対する重過失致死事件である。

**事件の概要**

本件は，被疑者がロードレーサー用自転車を運転し，信号機により交通整理の行われていない三叉路交差点を約20km/hで左折進行したとき，歩行又は佇立中の被害者に自車前部等を衝突させて被害者を路上に転倒させ，頭部打撲による脳挫傷により死亡させたものである。

写真2は，本件事故の自転車の外観である。

写真2　本件事故の自転車の外観

捜査の状況

写真3は，衝突状況を突き合わせて再現したものである。

警察の捜査によって，衝突したもの同士の痕跡の突き合わせが行われ，その結果，自転車（被疑車両）は，正面から歩行者と衝突，被疑者着用のヘルメットが歩行者の顔面と衝突したものであることが明らかになった。

写真4に示すように，自転車の前輪リムの右側面部

写真3　衝突状況を突き合わせて再現した状況

及びデザインテープ部に擦過痕が認められた。この擦過痕は，細かい布目様の擦過痕で，被害者の股の位置の着衣が擦過したものであると認められた。

ほかに，自転車の前ブレーキキャリパー左ボルトヘッド前面部に細かい布目様払拭痕が認められた。また，自転車のハンドル左前面に位置する左ブレーキレバー接合部が折損し，ワイヤーチューブ前面部に擦過痕が認められた。被害者と強く衝突したことによって折損した

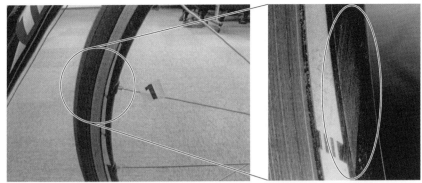

**写真 4　細かい布目様擦過条痕が認められた自転車の前輪右側部**

と認められた。

　**写真 5** は，被疑者が着用していたヘルメットを上から撮影したものである。

　帽体左前部に表皮の付着が初期の見分時に確認された。また，同部のインナークッション
は，押し潰れ及び亀裂が生じていた。よって，この部分が強く被害者と衝突したと認められ
た（**写真 6** 参照）。

**写真 5　被疑者が着用していたヘルメッ
ト（上から撮影）**

**写真 6　被疑者着用ヘルメットの押し潰れ及び亀裂**

　被疑者着用の衣服等には，真新しい痕跡は認められなかった。

　被害者着用のジャンパー及びズボンには，多数の擦過痕が認められた。また，被害者着用
ジャンパーには，前面右側下部の光沢を伴う 3 条の擦過痕及び背面上部に粗面体による擦過
痕も認められた。前面の光沢を伴う擦過痕は，自転車との衝突によって印象されたものであ
り，背面上部の粗面体による擦過痕は，転倒したとき
に路面によって生成されたものと認められた。

　被害者着用ズボンは，前面右膝付近に擦過痕及び左
膝付近に擦過痕が認められた。これらの痕跡は，自転
車との接触により生成されたものと認められた。

　**写真 7** は，自転車前輪右側と被害者左膝部の接触状
況を突き合わせた状況である。

　これらの擦過痕は，前述の自転車に印象された目の

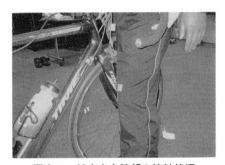

**写真 7　被害者左膝部の接触状況**

細かい布目痕と一致した。

　写真8は，自転車に装着されていた前照灯と被害者のジャンパーの接触状況を示している。被害者着用ジャンパーには，写真9に示す前照灯の外周の凹凸が被害者着用のジャンパー左下に印象されていた。

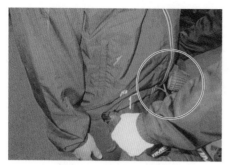 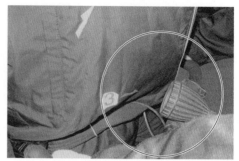

**写真8　自転車に装着されていた前照灯と被害者のジャンパーの接触状況**

　被害者の負傷状況についての鑑定書では，立位の被害者が，左眉部上部から左上眼瞼部を右斜め下から斜め上方向に打撲擦過し，その際，頸椎が過伸展を発起し，椎間内出血を発起した。その外力で後頭部を路面にて強打し，致命傷である脳挫傷等をひき起こしたと推定された。被害者は左目蓋に傷害を負っており，被疑者着用ヘルメットと被害者の左目蓋が衝突したと認められた。

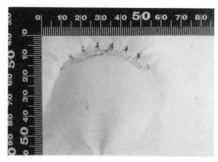

**写真9　自転車の前照灯の外周の凹凸（白紙に転写）**

　上記のように，自転車は，被害者と強く衝突したと認められ，被害者のズボンの左部に強い擦過痕があり，自転車の前輪リム右側面及びデザインテープ部に被害者ズボンの布目擦過痕が印象され，デザインテープの布目擦過痕は，自転車の前輪タイヤが回転していたことを意味するものである。

　被害者着用ズボン前面の左右膝部に，自転車との接触により生成されたと認められる擦過痕が確認されていることから，写真10の突き合わせのように，被害者は，佇立あるいは歩行した状態で被疑車両をまたぐように衝突したと認められる。

　被害者は，外力によって頸椎が過伸展し，椎間内出血しており，その外力で後頭部から転倒し，後頭部を路面にて強打し脳挫傷等をひき起こしたと認められた。

　被疑者着用のヘルメットの押し潰れ及び亀裂の痕跡，ブレーキレバー接合部の折損から，強く被害者と衝突したと認められる。さらに，被害者の左目蓋の損傷，ジャンパーの光沢のある擦過痕なども強く衝突したことを意味するものである。

　被疑者は，自分が停止していたところ，歩行しながら被害者がぶつかってきたと主張したが，停止した被疑車両に被害者が歩いて衝突した場合，速度が低いことから，これほど強い擦過痕跡は印象されない。また，被害者が歩いていて，停止する自転車と衝突した場合は，後頭部から落下し，路面に強打することも考えられない。

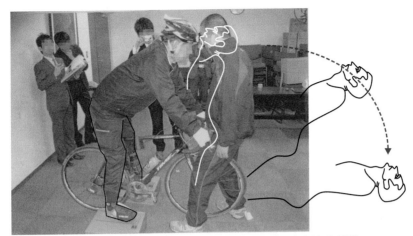

写真10　被害者の左目蓋にヘルメットが衝突し転倒した状況

　転倒した際の被害者の頭部に受ける衝撃であるが，自転車がある程度速度があった状態で被害者と衝突し，自転車が制動したことによって被害者が飛び出したと認められ，被害者がのけぞるように頭部から転落したため，被害者の頭部には強い衝撃が加わったと認められた。

## 4　本件の事故と類似した衝突における衝撃度

　前述の参考資料において，本件事故と類似した衝突時実験が実施され，報告されている。

　実験は，佇立したダミーにスタントマンの乗車した自転車が速度20km/hで衝突するものである。ダミーの頭部と胸部に加速度計を取り付けて計測している。

　**写真11**は，実験における衝突中のダミーの挙動を示している。

写真11　実験における衝突中のダミーの挙動

　**表**は，歩行者ダミーの傷害値を示す。

　実験は3回行われ，その計測値が記載されている。その結果，ダミーに対する衝撃の大きさは，対自転車との衝突より，むしろ，対路面の方が厳しいことが示された。つまり，転倒した被害者が頭部を路面に打ち付け，大きな傷害を受けるものである。ここで，胸部加速度3ms−Gは，累積時間が3msとなった時点での加速度であり，$HIC$は，頭部の加速度から求めるもので，次式で定義されている。ただし，$a$は頭部重心の合成加速度，$t_1$と$t_2$は$HIC$が最

大となる時間である。

表　歩行者ダミーの傷害値

| | 対自転車 | | 対路面 | |
|---|---|---|---|---|
| | HIC | 胸部3ms−G | HIC | 胸部3ms−G |
| 1回目 | 35 | 123 | 10,297 | 399 |
| 2回目 | 29 | 71 | 9,411 | 314 |
| 3回目 | 8 | 67 | 329 | 332 |

注　胸部3ms−Gの単位はm/s²

$$HIC = \left\{ \left[ \frac{1}{t_1 - t_2} \int_{t_1}^{t_2} a\,dt \right]^{2.5} (t_2 - t_1) \right\}$$

$HIC$は，自動車の衝突安全の分野の傷害値と呼ばれるもので，$HIC$の基準値は1000以下，胸部加速度の3ms−Gが588m/s²（60G）以下となっている。

**表**から，自転車事故における歩行者の対路面から受ける衝撃は，重大な傷害を負う可能性が高いことが示された。

## 5　まとめ

本事例では，自転車事故について述べたが，自動車事故と同様に，歩行者が自転車との衝突により重大な傷害を負うことになる可能性が高いので，事故の捜査に当たっては十分な注意が必要である。

日本では，自転車通行帯が十分認識されていないが，ドイツなどでは，歩行者と自転車の通行帯は明確に区分され，安全な自転車交通のためのルールが周知されている。日本においても，安全に交通できる仕組みを定め，周知させていくことが重要である。

# 第5章

# ひき逃げ事件

## ひき逃げ事故解析の基礎知識

■轢過すると車体は大きく飛び跳ね，大きな音がするので，轢過車両の乗員が轢過したことを気が付かないことはない。（➡p.171写真2）

■車底部に印象された痕跡と被害者及び着衣を突き合わせ，轢過状況を明確にする。（➡p.172写真8〜12，p.173写真13〜15）

■轢過された人体には，1台では2本のタイヤ痕が印象される。

■タイヤサイドウォールの文字が，被害者の着衣や身体に印象されることがある。（➡p.173図1，p.177図2）

## 予備知識 1　車両による人体乗り上げと轢過の認識性

　酒に酔って道路に寝込んだ人を自動車で轢過する事件が毎日のように発生している。轢過後に，停止して通報することをせずに行ってしまうひき逃げ事件も多数発生している。ひき逃げの被疑者の中には，酒酔いや酒気帯びがない者もいる。路上に何か落ちていることは認識するが，それが横臥している人だと認識するのが遅れて轢過し，そのまま逃亡するケースもみられる。後日，被疑者が特定されても，「人とは思わなかった」「(車底部などの痕跡があっても) 踏んだ認識は全くなかった」などと，轢過を認めないことも多い。

　そこで，以下では車両が人体に乗り上げたときの轢過の認識性について述べる。

## 1　乗用車の轢過

　ひき逃げ事件において，人を轢いた認識について否認するケースが多数ある。被疑者は，ごみ袋や石だと思ったとか，丸太をひいたと思ったなどと決まり文句で否認する。自動車を運転していて，タイヤで何かを踏んだとき，それが軟らかいものか硬いものかは判断できるし，小さな小石が車底部に接触しても感じるものである。

　夜，路上に何かあると認め，何だろうと思いながら近づいて，人だったということもあるだろうが，多くの場合近づいていくに連れ，前照灯で何であるかは認識できるはずである。

　路上に横臥している人を轢過した場合，乗員はどのように感じ，車体はどのような状態になるかを検証する。轢過実験には，ダミーを用いた。ダミーは，身長175cm，体重75kgのものである。**写真1**は，ダミーと筆者の体型を比較したもので，この写真から胸の厚さ（約25cm）のほか，ダミーは人体とほぼ類似したものであることが分かる。

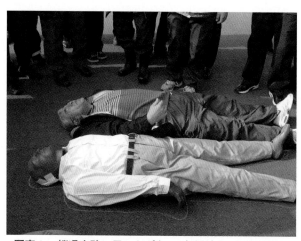

写真1　轢過実験に用いたダミー（手前）と人体の比較

　**写真2**は，轢過前のダミーの突き合わせ状況を示している。ダミーの胸幅は高いので，バ

ンパー前部とすれすれの高さであり，タイヤの半径と比べて高いことが分かる。

　**写真 3** は，40km/hでダミーを轢過している状況である。前輪が大きく持ち上がり，前輪が着地する間もなく後輪が轢過してダミーに乗り上げていることが分かる。乗員は，車室内の天井に頭部を打ち付けるほどの衝撃を受けた。この写真で認められるように，人を40km/hほどの速度で轢過したならば，乗員は尋常ではない衝撃を受けるということである。

写真 2　　轢過前のダミーの突き合わせ状況

　**写真 4** は，40km/hで前輪がダミーを轢過した瞬間である。前輪がダミーの胸部に乗り上げて，変形していることが分かる。**写真 5** は，前輪がダミーを通過した時の状況である。

　ダミーを轢過した前輪は，大きく空中に浮き上がっていることが分かる。ダミーは，サイドシルに接触し，右手や下肢などが車底部と接触することが認められる。車両の乗員は，

写真 3　　40km/hでダミーを轢過している状況

ダミーが車底部に接触するとき大きな衝撃音を耳で聞き，体感する。

写真 4　　40km/hで前輪がダミーを轢過した瞬間

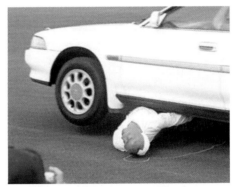

写真 5　　前輪がダミーを通過した状況

　**写真 6** は，ダミーが回転してうつ伏せ状態になり，後輪タイヤに轢過された状態を示している。

　前輪はやはり空中に浮いた状態であり，乗員は，頭部を車室内の天井に打ち付けるほどの衝撃を受けた。

　**写真 7** は，後輪タイヤがダミーを轢過し終わった直後の状況を示している。

　この写真からも，車体後部が大きく空中に持ち上がっていることが認められる。これらの実験により，人が轢過された場合，車体が大きく持ち上がり，乗員は，天井に頭部を打ち付

168

けるほどの衝撃を受けることが明らかとなった。ここに示したように，人を轢過した場合，単にごみ袋，小石及び丸太などをひいただけだという認識にならないことは明白である。

写真6　ダミーが回転してうつ伏せ状態になり後輪タイヤに轢過された状態

写真7　後輪タイヤがダミーを轢過し終わった直後の状況

## 2　大型トラックの轢過

　大型トラックといえども，人を轢過した場合は，トラック乗員は，大きな衝撃を受ける。図1は，通常の状態のトレーラーである。

図1　通常の状態のトレーラー

　図2は，トレーラーのトラクタ部前輪が，人を轢過したときの状況を示している。前輪が人に乗り上げたときは，乗用車と同様にキャビンが上下に大きく運動し，乗員の頭部は，天井に突き上げるような衝撃を受ける。

図2　トレーラーのトラクタ部前輪が，人を轢過したときの状況

　また，図3は，トラクタ部後輪が轢過した状況を示す。トラクタの後輪が人に乗り上げたときは，後輪が上方に持ち上がり，タイヤカバーに接触し，タイヤカバー部にタイヤの痕跡を印象させる。

図3　トラクタ部後輪が轢過した状況

　大型トラックであっても，人を轢過した場合，乗員はタイヤから強い衝撃を受け，異常が生じた事を容易に認識できる。人ではなく，何らかのものを踏んでタイヤや車底部に衝撃を感じた場合でも，ミラーで後方を確認するか，停止して車底部などに異常がないか確認するものである。

　前述のように，人の胸などの厚さは，25cmもあり，腰部などでも20cm程度もある。歩道の縁石の高さは，15cm程度であるが，40km/hもの速度で自動車が勢いよく乗り上げることはない。もし，乗り上げたなら，ものすごい衝撃であることは容易に想像できる。人の場合は，20cm以上の厚さがあるのであるから，その衝撃の大きさは，想像に難くない。捜査員は，毅然と被疑者と対峙してもらいたいものである。

## 3　まとめ

　ひき逃げ事件は，飲酒と因果関係があることが多い。人と認識していながら，飲酒のため逃走するのである。あるいは，携帯電話を用いての運転中の通話や不注意など，何らかの過失があった場合も逃走につながりがちである。しかしながら，人を轢過したときの衝撃の大きさから，そのほとんどが人をひいたと認識できると考えられる。また，ドライバーは，轢過の直前で人と認識できるはずであるから，被害者の横臥していた状況を鑑識し解明できれば，被疑者へのポリグラフ検査なども併用することでひき逃げを証明できると確信する。

---

**予備知識2　轢過の形態と印象状況**

---

　平成13年，危険運転致死傷罪が法制化されたが，その後も悪質な酒酔い運転の末にひき逃げする事件が起きている。轢過事件は，ひかれる者が酔って路上に寝ていて事件に遭遇することが多い。轢過した車両の逃亡者のなかには，車底部を洗車するなど，証拠を隠滅する者もいる。酒酔い運転での事故となると，重罰が科せられるため逃亡し，飲酒の量が分からないように，別の場所でさらに飲酒し，証拠隠滅することもある。さらには，車両に残された証拠から，ひき逃げについて警察官に問いただされても，人とは思わなかった，などと弁解する者もいる。

　ひき逃げ事件の態様も様々あり，手足の轢過，胴体の轢過，頭部の轢過，頭部の轢突（頭部を前輪などではね飛ばす形態）などが挙げられる。轢過事件では，多重轢過である場合もあるので，その捜査は慎重に行われなければならない。

　タイヤ痕など有力な証拠を，被害者の着衣などから採取することが重要であるが，その証拠が裁判所で採用されない場合もある。そこで，以下では，タイヤ痕，生地布目痕などの印象状況と証拠採用について述べたい。

## 1　ダミーによる轢過の形態

　筆者は，これまで，ダミーによる多数の形態による轢過実験を行っている。ここでは，何らかの理由によって横たわっていた被害者を轢過した場合の形態について検証する。

### (1) 腰部を横から轢過

　**写真1〜7**は，ダミーの腰に近い胴体を轢過した状況を連続写真で示したものである。本実験は，速度40km/hで轢過したものである。前輪タイヤがダミーを通過するときに，反対側の腰部が持ち上がり，サイドシルと呼ばれる左横下の車底部に接触して回転を始めることが分かる。人のへそより下が轢過された場合は，その下半身が車両の方向に引きずられ，そ

の後，斜めになった足の部分を後輪が轢過することが分かる。また，人体はかなり移動することが分かる。轢過されたときの人体の移動を知ることによって，車底部の見分が容易になり，被疑車両の特定や多重轢過の有無などが容易に捜査できる。

　**写真**8及び9は，車底部のパイプ及び燃料タンクに印象された生地布目痕を示す。これらの痕跡は，被害者の着衣が車底部の汚れを払拭することによって印象されるものである。**写真10**は，タイヤの側壁に印象された生地布目痕を示す。タイヤの表面に生地が瞬間的に接着して擦ることによって印象されるものである。これらの痕跡と被害者の着衣の布目を突き合わせることで，被疑車両を特定することができる。また，**写真2**で見られるように，轢過した場合，前輪が浮いており，強い衝撃があることが分かる。本実験から，人の胴体付近を轢過した場合，強い突き上げがくること，また，大きな音が発生するので，乗員は大きなものと衝突したことが容易に認識できることが分かった。

写真 1

写真 2

写真 3

写真 4

写真 5

写真 6

写真7

写真8　パイプの生地痕

写真9　燃料タンクの生地痕

写真10　タイヤサイドウォールの生地痕

⑵　胸部を横から轢過

　写真11〜14は，速度40km/hで胸部を横から轢過された状況を示す。へそより上を轢過されているから，ダミーの頭部方向が車両進行方向に移動する。前輪が通過した後，斜めになったダミーの上半身を後輪が斜めに轢過する。写真15は，前輪の通過部位と後輪の通過部位を示している。

　図1に胸のワイシャツに印象されたタイヤ痕を示す。この図に示されるように，速度11.11m/s（40km/h）で走行するタイヤのサイドウォールに文字が印で押したように印象されることが分かる。胸部が厚いときは，サイドシルに接触しても回転しないこともあり，また，速度や車底部の高さなども，人の回転現象と関係すると思われる。この場合も，前輪タイヤが浮いて，音の発生とともに強い衝撃を感じたことが分かった。

写真11

写真12

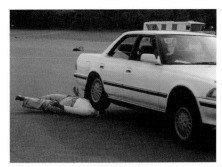

写真13　　　　　　　　　　　　　　　　　写真14

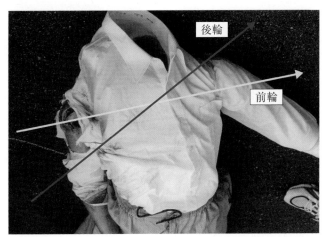

写真15

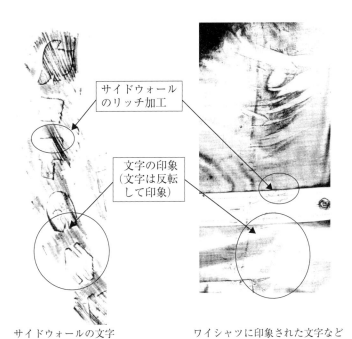

サイドウォールの文字　　　　　　　　ワイシャツに印象された文字など

**図1　タイヤサイドウォールの文字とワイシャツに印象された文字**

174

(3) 足から胴体を轢過

写真16～20は，速度40km/hで足から上半身が轢過された状況を示す。この場合，ダミーがほとんど移動しないことが分かる。この場合も，大きな音が発生し，乗員は強い衝撃を感じることが分かった。

写真16

写真17

写真18

写真19

写真20

(4) 頭部を轢過

写真21及び22は，ダミーの頭部を速度60km/hで轢過した状況を示す。頭部だけを轢過した場合は，へそより上であるから，頭部が車両の進行方向に移動する。頭部は，強い衝撃を受け，路面に頭髪や皮膚片などが強く擦られる。このようなダミー実験によって，前輪の衝撃が乗員に強く伝わることが分かった。

写真21　頭部轢過　　　　　　　　　　写真22　頭部轢過

## (5)　頭部を轢突

　　**写真23**は，速度60km/hで頭部を轢突した状況を示す。轢突とは，タイヤで頭部を突き飛ばしたような衝突をいう。この場合，ダミーが車体に近づきながら，上半身が轢過車両の進行方向に移動していることが分かる。この場合も，乗員は大きな音の発生と強い衝撃を感じることが分かった。

写真23　頭部轢突状況

⑹　車底部を抜けた轢過

　写真24及び25は，速度30km/hで道路の進行方向に寝ていた人が真っすぐ車底部を潜り抜けた場合の状況を示す。ダミーの大きさにも関係するが，顎が車両のスタビライザーに衝突し10m以上引きずられた。**写真26**は，車底部と接触した顎部分及びその他の払拭痕を示す。**写真27**及び**28**に轢過前と轢過後のダミーの状況を示す。ダミーに大きな損傷が生じていることが分かる。この場合も，車底部から大きな衝撃音が発生し，車底部で異常が生じたことが感じられた。

写真24　車底部通過

写真25　車底部通過

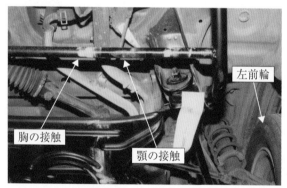
写真26　車底部の状況

写真27　轢過前のダミー

写真28　轢過後のダミー

　以上の状況から，轢過した場合，乗員は大きな音と突き上げる衝撃を感じて，人を轢過したことを認識できることが分かった。

## 2 轢過の証拠

ひき逃げ事件では，車底部を洗うなど証拠を隠滅するケースがある。また，乗用車でもタイヤだけが轢過する場合があるが，大型車などの場合，タイヤだけが轢過して，車底部などに生地痕が残らない場合がある。被害者の着衣には，タイヤのトレッド模様や，タイヤのサイドウォールの文字（メーカー名やサイズ記号，銘柄名など）が印象されることがある。**図2**にタイヤメーカー名の例を示す。

**図2 タイヤメーカー名の例**

これらの痕跡は，赤外線フィルムで撮影することによって明確に見いだせることがある。ただし，轢過してもタイヤトレッドが被害者着衣に印象されないことがある。それは，コンクリート部分を走行してすぐのタイヤや黄線や白線部分を走行してすぐのタイヤなどは，着衣にタイヤ痕を印象させないことがあるためである。現実に，これまでの轢過事件において，高速で走行する車両のサイドウォールの文字が被害者の着衣にくっきりと印象されている。タイヤサイドウォールの文字は，同じメーカーでもサイズによって大きさが異なり，また，新車用とリプレース（市販品）とで微妙に異なっている。したがって，被疑車両のタイヤの文字と被害者着衣に印象された文字を突き合わせることは有効である。

## 3 タイヤ痕の重要性

筆者は，これまでに数ミリのタイヤ文字の一致からひき逃げ容疑者を見いだし，ほとんどの容疑者が自供した。タイヤの文字は，偶然に一致するものではなく，汚れとタイヤ文字とには明らかに差異があるのである。つまり，タイヤ文字の痕跡の突き合わせは，筆跡鑑定や指紋の鑑定と，何ら違いはないのである。

ある裁判所の判断として，そのタイヤ痕跡を否定し，その理由として，「高速で回転しているタイヤが被害者の背部を擦過するような状況において，その側面の文字が印を押したように判読可能な形で存在すること自体通常考えにくいというべきであり，納得できない」というものがあった。しかしながら，幾つもの轢過事件において，文字が印で押したように印象された例があるのであって，ダミーの実験においても文字が印象されることが実証されているのである。車両同士の衝突現象においても，衝突して車体の変形が終了するまで，互いに密着しているのであって，約0.1秒程度は密着していることが高速度ビデオカメラで確認されている。互いに移動する車両が直角に衝突し，別々に飛び出しても，接触部位（例えば，ナンバープレートの文字やエンブレムなど）が，くっきり印で押したように形が崩れずに，相手車両に印象されるのである。このような判断がなされても，今後の轢過事件の捜査においてタイヤ痕を見落としてはならない。

## 4　まとめ

　卑劣なひき逃げ犯人を追うことは，捜査員にとって大変な仕事である。塗膜片やガラス片などの小さな証拠であっても，見落としてはならない。当然，タイヤ痕も同様である。落下している部品の該当車両が，事故発生時間（夜間）に，現場付近を通過する車両として多数走行しているとは考えられないのである。これらの自動車部品は，何万台も売られていようとも，犯人に結び付くものであり，小さな証拠の積み重ねによって，ひき逃げ犯にたどり着くものである。

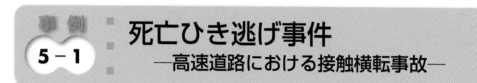

# 死亡ひき逃げ事件
## ―高速道路における接触横転事故―

事例 5-1

　夜中の高速道路で発生したひき逃げ事件について，物的証拠の提示がポイントとなった事例について述べる。

### 事件の概要

　本事件は，被疑車両（普通乗用自動車）が午前1時頃，高速道路上で5名が乗車したワンボックスカーと接触し，ワンボックスカーを横転させ，同車の後部座席に同乗していた女性1名を脳挫傷等で死亡させたほか，他の3名に打撲等の傷害を与えたものである。被疑車両は，第1車線を走行し，被害車両は第2車線を走行していたところを接触したものであるが，被疑車両と被害車両の接触は，強いものではなかった。被疑車両は，被害車両のワンボックス車が横転したのをミラーで確認したにもかかわらず，救護等の措置を講ずることなく，その場から逃走したものであった。

　図1は，事故現場の状況を示す。

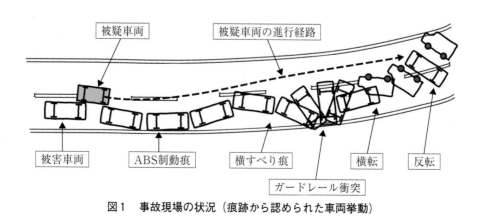

図1　事故現場の状況（痕跡から認められた車両挙動）

## 1　警察の捜査

　高速道路の料金所などから，被疑車両を割り出すことはそう難しいことではない。しかし，接触したかどうかの認定，あるいは被疑者に接触したという認識があったかどうかを認定することは難しい。当然のことながら，2台の車体損傷を見分し，接触の痕跡を捜査するわけであるが，被害車両が転覆横転し，接触したと推定される部位が路面と擦過しガードレールと衝突したため，その痕跡を見極めることは困難であった。科学捜査研究所では，被害車両に残された左バンパー側面部のタイヤ痕様のものを採取し，被疑車両のタイヤ成分と比較するなど，様々な鑑定を実施したが，有力な物的証拠を見いだすことはできなかった。

　被疑者は，任意の尋問に対して接触はなかったと主張し，警察は物的証拠を示すことができなかったため，被疑者を逮捕することができない状態であった。

## 2　検察の対応

　検察は，警察のこのような状況における捜査の進捗では，起訴しても裁判を維持できないため，確たる証拠がない限り捜査を差し止めざるを得ない状況であった。

## 3　鑑定の依頼

　このように，行き詰まった状況から，警察は筆者に鑑定を依頼した。

　鑑定事項は，

> 「両当事車両の損傷状況，事故現場のタイヤ痕等からどのようなことが想定されるか（接触の有無及び部位，接触時の状況，接触地点の推定，接触時の推定速度，事故前後の挙動の推定等）」

であった。

　筆者は，実際の事故現場を検証し，双方の車両等の見分を行い，重要な証拠を見いだした。

## 4　事故の解明

### (1)　接触の有無及び部位

　**写真1**は，被害車両のフロントバンパー左側面部を示す。この部位には，丸で示したように，黒いタイヤ痕様のものが印象されているのが認められた。写真に示した記号B及びCの部分は，タイヤの前の部分の回転によって印象された痕跡で，記号Aの部分は，タイヤの後ろの部分の回転によって印象されたものであると推定された。

　タイヤ痕B及びCは，回転時にタイヤが擦れたことによってタイヤの模様が流れている。タイヤ痕Aについては，タイヤサイドウォールの文字部に見られる細かい線条の模様と認められた。

　このバンパーに印象されたタイヤ痕を被疑車両のタイヤと比較し，一致した場合は，被疑車両が被害車両に接触したという物的証拠になる。

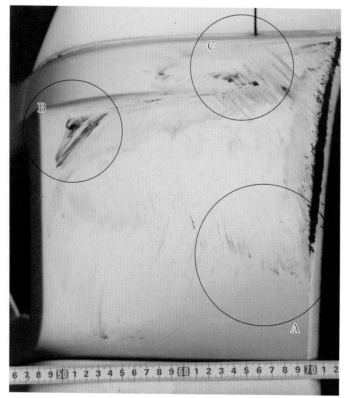

写真1　被害車両のフロントバンパー左側面に印象されたタイヤ痕

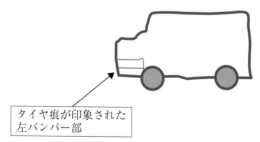

タイヤ痕が印象された
左バンパー部

図2　タイヤ痕が印象された被害車両の左バンパー

　その検証方法は，次のとおりである。

(i)　**写真1**を原寸大にプリントする。

(ii)　被疑車両のタイヤのサイドウォールの文字を塩ビシートに転写し，コピーする。このとき，OHP用紙にコピーする。

(iii)　原寸大の写真とタイヤの模様をコピーしたOHP用紙を重ねて一致する箇所を全周にわたって探す。

　図3は，被疑車両に装着されたタイヤサイドウォールの表面を塩ビシートに転写採取したものをコピーしたものである。タイヤサイドウォールには，線条の模様が，2種類あることが分かる。線条ピッチは，文字内部と文字外部で異なり，文字外部の線条ピッチの間隔は1mmで，文字内部の線条ピッチは1.3mmと間隔が広いことが判明した。

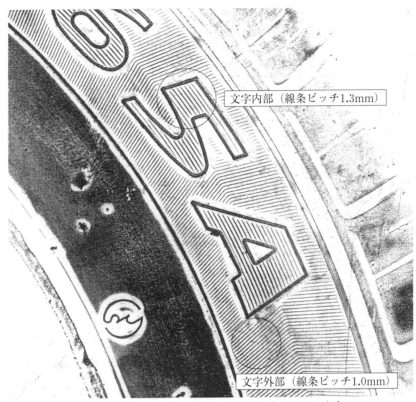

図3　被疑車両の右後輪タイヤサイドウォールの文字

　写真2は，被害車両のフロントバンパー左側面に印象されたタイヤ線条痕を示している。このタイヤ痕の線条ピッチは，1.3mmであり，被疑車両に装着されたタイヤサイドウォールの文字内部の線条ピッチに一致した。

　被害車両のフロントバンパー左側面に印象されたタイヤ線条痕と被疑車両の右後輪タイヤサイドウォールの文字の線条痕を重ね合わせて突き合わせた結果，ぴったり一致する部分が

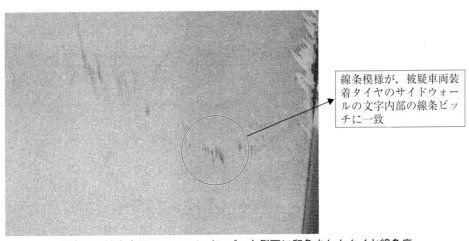

写真2　被害車両のフロントバンパー左側面に印象されたタイヤ線条痕

あることが確認できた。さらに，サイドウォールの成型時にゴムの空気抜けのためのゴムのひげができるが，そのひげが回転して印象した円状の線条痕も一致することが認められた。これらの接触痕は，**図4**に示すように，後輪タイヤの後ろ部分が回転して印象させたものと認められた。

　一般的に，フロントバンパーの左側面にタイヤ痕が印象されることは，衝突のような事故以外に起こり得ない。よって，両当事車両の接触があった物的証拠であると認められた。

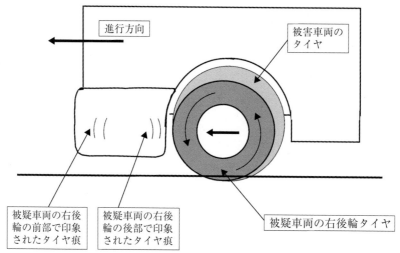

**図4　被疑車両右後輪のタイヤ痕の被害車両への印象状況**

## (2)　接触時の状況

　両当事車両は，小さな角度で接触している。速度は，被疑車両の方が被害車両より速いことは明らかである。それは，前述のタイヤ痕が被疑車両の右後輪の前の部分と後ろの部分に印象されているからである。

　被疑車両の速度が被害車両より遅いときは，被疑車両右後輪のタイヤの前部が接触しても，後部は印象され得ない。被疑車両の速度が被害車両より速度が速いことが明らかであるから，接触形態は，**図5**(a)に示すように，被害車両が被疑車両の右後輪前部方向に接触させたものではない。それは被害車両の速度が遅く，被疑車両の速度が速いことから，接触の方向からすると，被疑車両の右後部フェンダー部が大きくへこむことになるが，ほとんど擦った程度のものである。よって，被疑車両が被害車両のフロントバンパー左前に高速で進行し，接触したものである。**図5**(b)に示すように，被疑車両が被害車両の前に出て接触したことが明白になる。

## (3)　接触地点の推定

　被疑車両が被害車両の前方を速い速度で進行して接触したものと認められ，**図5**(b)で示した状態で接触したと推定され，被害車両は，接触後車体が右に振られ，中央分離帯方向に進行した。被害車両が接触によって強く危険を感じた場合は，さらにハンドルを右に転把するため，車体は中央分離帯に向かうことになる。

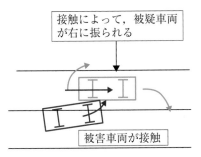

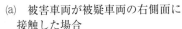

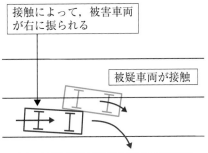

(a) 被害車両が被疑車両の右側面に
接触した場合

(b) 被疑車両が被害車両の左前部に
接触した場合

**図5 接触形態の違いによる車両挙動の差異**

　図6は，被害車両の中央分離帯付近に印象されたタイヤ痕を示している。現場では，タイヤ痕が円弧状に印象されていて，被害車両は，中央分離帯に向かいながらハンドルを左に回転させていることが確認できた。

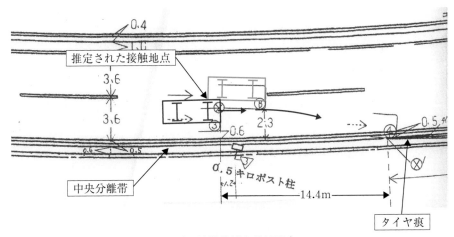

**図6 接触状態と接触地点**

　被害車両は，接触してから右に振られて中央分離帯に向かうが，ハンドル操作を行って，ぎりぎり中央分離帯との衝突を回避したことが，中央分離帯付近に印象されたタイヤ痕から認められた。被疑車両との接触後，被害車両は危険を感じてハンドル操作と制動操作を行ったものである。走行速度がおおよそ100～120km/h（27.8～33.3m/s）で走行していたと計算されたことから，反応時間を0.5秒として衝突地点は0.5s×（27.8～33.3m/s）＝13.9～16.7mとなり，中央分離帯に印象された制動痕始まりから後方に戻ること13.9～16.7m付近と推定された。このようにして，制動痕から衝突地点を推定していくことが重要である。

　したがって，接触後の運動は，**図6**に示されるように，自動車工学上，二つの円運動を行って，中央分離帯付近に制動しながらスラローム走行したものと推定された。接触地点は，制動痕の始まり後方13.9～16.7mの位置付近が接触地点と考えることができ，**図6**に示された地点を接触地点付近と考えて，矛盾がないのである。

(4) 事故直後の挙動推定

　事故直後の挙動は，路面に印象されたタイヤ痕及び擦過痕から推定できた。**図1**に示した

ように，被疑車両と接触した後，被害車両は中央分離帯に沿って制動しながら進行したが，ハンドルを左に転把した後，今度はハンドルを右に急転把したため，車両がスピンし，中央分離帯のガードレールに車体先端が衝突し，転覆横転した。その後路面を滑走しながら左ガードレールに衝突して停止したものであることが痕跡から読み取ることができた。

図7は，被害車両の接触直後のタイヤ制動痕から推定される車両挙動である。

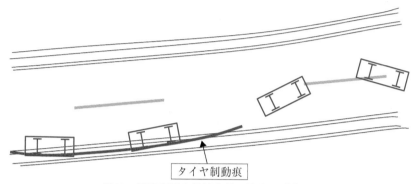

図7　被害車両の接触直後の衝突回避挙動

写真3及び写真4は，被害車両が中央分離帯付近に印象させたタイヤ痕を示している。写真の白矢印方向が，被害車両の進行方向である。このようなタイヤ痕はABS装着車の急制動の痕跡である。自由転動で乗り上げても，このようなトレッドの模様が強く印象されることはない。

タイヤの痕跡から，被害車両は，図7に示したように制動痕を印象させて中央分離帯への衝突をハンドルで回避しながら走行し，自車線に戻っている。

写真3　被害車両のタイヤ痕の印象始め

写真4　橋のジョイント部の鉄板に印象されたABS装着車の制動タイヤ痕

　図8は，被害車両が右に大きくハンドル操作した後，後輪が横すべりし始め，スピンを開始した状況を示す。被害車両は，横すべりしたため車両のコントロールを失い，中央分離帯のガードレールに前面を衝突させ，時計回りに回転した。

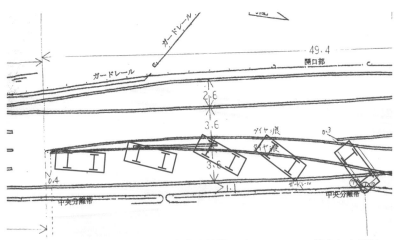

図8　被害車両が横すべりし，中央分離帯のガードレールに衝突した状況

　図9は，被害車両が時計回りに回転しながら横すべりし，その前面がガードレールに衝突した後，左側面を下にして，転倒擦過した状況を示す。

　このように，路面上の痕跡と車両の痕跡から事故車両の挙動を明確にすることができるのである。

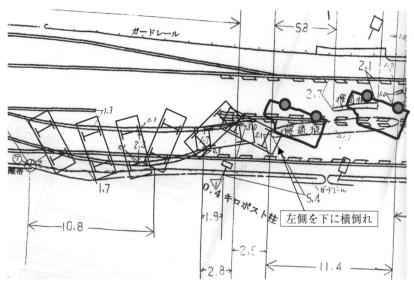

**図9　ガードレールに前面を衝突させ，左側面を下に転倒した状況**

## 5　捜査上のポイント

　車両挙動が明確になれば，走行速度及び衝突速度が物理法則を用いて計算できるのである。したがって，物的証拠を収集する実況見分が最も重要である。小さな痕跡も見逃さず，根気よく物的証拠を探すことである。

　この鑑定書において，物的証拠である様々な痕跡から事故の全容が明確にされたため，やっと，被疑者が逮捕された。これだけ全容が解明されると警察も自信をもって被疑者に尋問できることになる。それまで，強く否認していた被疑者は，警察の追及に対して，自供を始めた。

## 6　裁判所の判決

　痕跡の事実と被疑者の自供に矛盾がなかったことによって，犯罪が明確になった。被告人には，業務上過失致死傷及び道路交通法違反の罪で懲役3年の実刑判決が言い渡された。

## リヤカーをひき逃げした捜査事例
### ―タイヤ痕の見分と捜査―

事例
**5－2**

タイヤ痕の見分から被疑車両を割り出した事例について述べる。

**事件の概要**

　事件は，夕闇に包まれた県道で起きたものである。**写真1**に示すように，直線で見通しのよい道路であった。被害者は，リヤカーを引いていたところ，後方から進行してきた被疑車両に衝突されたものである。被疑車両は被害者に気付いて急ブレーキをかけたが，リヤカーの右後部に衝突し，リヤカーは左方に飛ばされ，被害者が道路左側のブロック塀に頭部を強打し死亡したものである。

　被疑車両は，ブレーキのタイヤ痕を路面に印象させてそのまま逃走したものである。リヤカーの右後部と衝突したとき，被疑車両の左前輪のタイヤサイドウォールがリヤカーのパイプに衝突し，バーストしたと認められた。

写真1　事件現場の状況

### 1　警察の初動捜査

　警察は，**写真2**及び**写真3**に示すように，路面にタイヤのブレーキ痕が印象されていたことによって，タイヤ痕から被疑車両を捜査することとした。**写真2**は，センターラインの黄線に印象された被疑車両のブレーキ痕であり，**写真3**はアスファルト路上に印象された被疑車両のブレーキ痕である。タイヤ痕は，比較的鮮明なものであり，被疑車両が発見されれば，このタイヤ痕と被疑車両の装着タイヤ模様と突き合わせればよい。また，警察は，路面に小さな丸いゴム片が落下しているのを発見し採取した。

　目撃者の捜査として，事故現場先のガソリンスタンドの店員がその時刻に，パンクした乗用車Sが店の前を通ったと証言した。

　これらの情報をまとめると，

① 　被疑車両は，乗用車Sと推定される。

② 　被疑車両は，リヤカーとの衝突の際に左前輪がバーストした可能性がある。

③ 　被疑車両装着タイヤのトレッド模様は，5本溝である。

④ 　被疑車両装着タイヤのサイドウォール部と思われる小さなゴム片を採取した。

というものであった。

写真2　センターラインの黄線に印象されたタイヤ痕

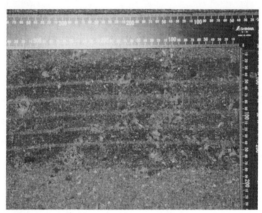

写真3　アスファルト路上に印象されたタイヤ痕

　これらの情報から被疑車両の捜査を行うこととし，タイヤの模様や幅から，タイヤメーカー，サイズなどを調査することになるが，見いだせなかったことから筆者がそれらの調査を依頼された。

## 2　タイヤ痕からの被疑車両の捜査のポイント

　**写真4**は，路上から採取した被疑車両のサイドウォールのゴム片を示す。このような模様を持つゴム片はサイドウォール部のトレッドに近い，ショルダーと呼ばれる部分のものであると認められた。このような模様は，リッチ加工と呼ばれるもので，タイヤ会社ごとに異なるものである。

　このようなリッチ加工のタイヤショルダー模様は，Y社製のタイヤによく見られるものであった。そこで，Y社のタイヤカタログを調べることとした。

　**写真5**は，路上に印象された被疑車両のタイヤのブレーキ痕であるが，写真から分かるように，均等な幅の溝を5本持つタイヤである。A及びCは，明確であるが，Bの中央の溝は不明確な印象であることが分かる。つまり，**図**に示すように，このように不明確な溝が印象されていれば，ジグザグの模様である。

写真 4　路上から採取されたタイヤのサイドウォールのゴム片

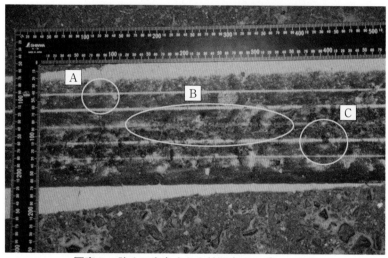

写真 5　路上に印象された被疑車両のブレーキ痕

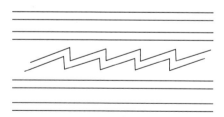

図　予想された被疑車両のトレッド模様

　この模様から，10年間のタイヤのカタログを調査することになる。しかし，一般にタイヤショップで売られているタイヤには，このような模様のタイヤは，見いだせなかった。もちろん，他のタイヤ会社や外国のタイヤ会社のカタログを参照することも重要であるが，路上から採取したゴム片から，Y社製であることが予想されたので，市販されていないタイヤを調査することとした。それは，新車専用のタイヤである。タイヤには，自動車会社の新車専用に開発したタイヤがあり，そのカタログからタイヤの模様を調べた。

　その結果，**写真 6**に示すように，5 本溝で，中央の溝がジグザグの模様のタイヤが発見できた。

190

写真6　発見されたタイヤトレッド

　ここで示されるように，サイズは，1サイズの205/65R15 94Sしかないのである。つまり，このサイズを履く新車は，排気量が2000ccクラスの車両であり，調査した結果，H社の乗用車Kが装着していたことが分かった。しかし，目撃情報では，乗用車Sである。このことは，乗用車Kであれば，多数販売された車両であり，捜査しても被疑者を特定することは難しくなることを示す。しかし，目撃情報どおり，新車として装着していないこのタイヤを乗用車Sが装着していたとすれば，被疑車両としてほぼ特定できる。

　さらに，タイヤがバーストしたかどうかも重要である。**写真7**は，現場に印象された被疑車両の左前輪のブレーキ痕とバースト痕を示している。被疑車両のタイヤは，明らかにバーストしており，バーストしたタイヤを持つ車両を捜査することがポイントとなった。

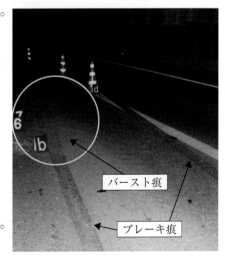

　筆者は，タイヤ痕からひき逃げ車両を捜査するポイントを警察に連絡し，捜査が開始された。筆者は，タイヤが発見できれば，ひき逃げ犯として特定できると確信し，捜査上タイヤの発見がポイントであることを告げた。

　被疑車両として乗用車Sの発見を重点に捜査された。また，タイヤがバーストしていることなどから，近くに住む乗用車Sを所有している者を容疑者として絞り込んだ。

バースト痕

ブレーキ痕

写真7　ブレーキ痕とバーストの痕跡

## 3　捜査の結果

　この付近一帯を警察が捜査した結果，乗用車Sを所有した被疑者が捜査線上に浮上した。

　警察が，被疑者宅に捜査に行ったところ，被疑者はひき逃げを否認し，乗っていた車両は既に廃車していた。したがって，車両はおろか装着していたタイヤも発見できないものと考えられた。しかし，捜査員が庭に土を掘った跡を見つけ，捜索令状を取って，この土を掘り返したところ，**写真 8** に示すように，予想されたタイヤが現れた。また，**写真 9** に示すように，タイヤには，バーストして走行した痕跡も認められ，ひき逃げの被疑車両と認めることができた。

写真 8　掘り出されたタイヤ　　　　　写真 9　バーストして走行したタイヤの状況

　被疑者は，バーストしたタイヤを取り替え，慌てて廃車したため，残されたタイヤの処分に困って庭に埋めたものと認められた。

## 4　まとめ

　ブレーキのタイヤ痕から，トレッド模様を推定できるかどうかがポイントであり，路上に残されたタイヤ痕をどう読めるかである。タイヤの痕跡を多く見て研鑽することが重要である。タイヤ痕は被疑車両にたどり着く道標といえる。

## 事例 5-3 ：被告人が強く否認したひき逃げ事件の裁判

　本事例は，被告人が地裁の一審判決（懲役1年の実刑）を不服とし，高裁に控訴した事案である。被告人は，高裁に控訴するに当たり，交通事故鑑定の専門家が作成した鑑定書を提出した。鑑定の内容は，被告人の供述による論旨が中心であり，警察及び検察の捜査に対する批判や裁判所の一審の判断を批判したものであった。鑑定書が提出されたことによって，高等検察庁は，専門家の意見を裁判所に提出する必要に迫られた。

　本事例では，事件の概要と高裁における判断に至るまでの経過について詳しく述べたい。

### 事件の概要

　本事件は，被告人が飲酒の上自動車を運転し，酔っ払って路上に横臥していた被害者を，直前に認めたものの，急制動の措置を講ずる間もなく被害者を轢過し，ひき逃げした交通事故事件であった。

　被告人は，仕事を終え，同僚と車で飲みに行き，夜更けの2時過ぎに代行運転を依頼し，帰宅したものであったが，被告人は，代行運転で家の近くのコンビニエンスストアまで行き，そこで，代行運転業者を帰した。買い物をした後，被告人自ら運転して帰宅する途中で事故を起こし，そのまま逃走したものであった。

　被害者の負傷状況は，骨盤骨折，全身挫創の傷害を負ったものであった。

### 1　交通事故現場の状況

　交通現場は，住宅街の閑散とした場所で，**図1**に示すように，中央線のない道路に対して，「止まれ」と路面に書かれた一時停止線のある交差点手前であった。

　「止まれ」の止の字には，頭髪などが付着し，交差点中央には，めがねレンズ，ボールペンなどが散乱していた。

### 2　被告人車両の状況

　被告人車両の車底部には，明らかに人を轢過した時に発現する払拭痕や生地痕が存在していた。これらの車底部の払拭痕は，草などを擦って生じるものではなかった。警察の捜査によって，強く拭われた払拭痕が認められ，車底部に人を巻き込んで轢過した痕跡であることが明らかにされた。

　また，病院に搬送するために被害者を乗せたストレッチャー上から塗膜片が見つかり，被告人車両のサイドシルから採取した塗膜片と被告人車両から採取した塗膜片とが同種と鑑定されたこと，さらに，被害者のシャツに被告人車両のサイドシルと接触したと推定される同

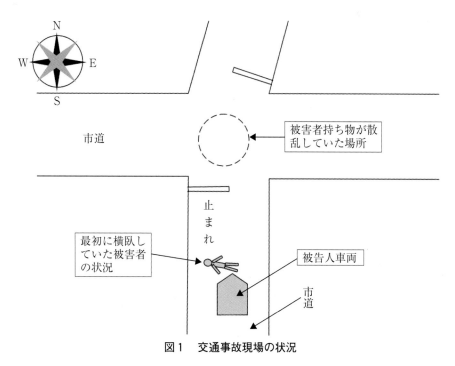

**図 1　交通事故現場の状況**

色の赤色塗料が付着していたなどから，被告人車両が被害者を轢過したものと認められた。ここで，サイドシルとは，タイヤ交換のときにパンタグラフジャッキでジャッキアップする場所で，左右車底部の硬い場所のことである。

## 3　被害者の状況

　被害者は，骨盤骨折という重傷であったが，衣服には少量の出血しかなかった。被害者の受傷は，主に，骨盤骨折，全身挫創で，顔や手にも軽微な挫創が認められた。また，腰と腹にかけて受傷して，骨盤骨折していた。

　へそ上から肩までの上半身には特に顕著な受傷は認められなかったが，背広の前部や右上腕袖部分に横方向の擦過痕が認められた。

　臀部は，パンツがギザギザ状態となって受傷し，この受傷状況は，鋭利な部分に強く擦られたことによるものと認められ，この受傷部位は，ズボンの破れた損傷状況から，路面ではなく車底部と認められた。路面に擦られたズボンなどの生地は，切れの端が綿のようにふかふかするような，綿が出たぼろ布団のような損傷となり，色も白っぽくなるものである。

　さらに，被害者のステテコの臀部には，タイヤ痕様の黒い接触痕が認められる。脚部分は，右膝頭上部分を受傷し，左膝頭上から下部分に受傷が認められた。

## 4　警察の捜査

　警察は，被告人車両のサイドシルの塗膜片とストレッチャーから採取したものを鑑定し，同種であることを確認した。また，**写真1**に示すように，被害者のシャツ（右腰部分）に付着した塗料がサイドシルの塗膜片と同色であることを確認した。しかしながら，シャツの痕

194

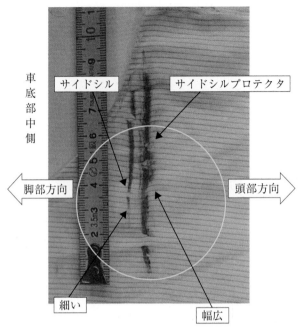

写真1　被害者の着衣に印象された塗料（サイドシルの塗料）

跡と被告人車両のサイドシル部の突き合わせを行わなかった。

　被告人車両車底部の痕跡と被害者の衣服や被害者身体の接触部との痕跡とは，必ず突き合わせて確認すべきである。

## 5　検察の対応

　検察は，交通事故の専門家が鑑定書を提出したため，裁判上の対応を考慮して，鑑定書に対する意見を筆者に求めた。

## 6　弁護人が提出した鑑定書

　鑑定書では，被告人が無罪であることが述べられ，被告人は，ひき逃げした後，普段どおりに通勤したものであり，被告人がひき逃げ犯であったら，証拠隠滅などをするはずのところがしていないことから，犯人ではないと主張するものであった。車底部の証拠を隠滅しなかったからといって，轢過犯ではないという鑑定書の結論は，短絡的であった。

　鑑定書の主たる主張は，被害者の上部シャツには，タイヤ痕と思われるような黒色の痕跡が印象されていたので，他車両が轢過した後，被告人車両が単にまたいで通過したものであるというものであった。また，被告人車両のタイヤから，血痕の反応は認められなかったので，轢過していないと主張したものであるが，前述のように，被害者はほとんど出血していないので，当然のことと考えられた。

## 7　筆者の意見

### (1)　被害者の受傷はどのような事故態様によるものか

　これまで述べた被害者の受傷部位を考慮し，サイドシルの赤色塗料の痕跡から，被害者は，被告人車両の進行方向に対して，左側（西方）に頭部，右側（東方）に足を向けてうつ伏せに近い格好で横臥した状態であったと推定された。被告人車両は，被害者の左側腰部を車体左側から接触，そのまま車底部に入れて進行し，左前輪で被害者臀部を轢過した。左前輪が臀部を乗り上げて着地するとき，被害者の体の左側が持ち上がるため，被告人車両が進行するに当たり左前輪すぐ後ろの左サイドシルが被害者の左腰部に接触し，被害者をローリングさせた。ローリングするとき，左腰部のポケット上部及びシャツの左後ろ下部がサイドシルに接触して赤色塗料を印象させた。

　その間，引きずられているため路面の「止まれ」に頭髪を付着させている。また，被害者の体は，へそより下部がタイヤによって轢過され，サイドシルに接触しているから，足の方が車体と一緒に先行する。最後に，足が頭部より少し前になって，若干斜めになった状態で，被告人車両の左後輪が，被害者右膝上部及び右膝を轢過し，その後，左膝上を轢過通過した後，回転して再びうつ伏せになった。最終的に，被害者の転倒状況は，頭部を南西に向け，脚部を北東に向けてうつ伏せ状態であったと推定される。

　以上に述べた被告人車両の轢過状況及び被害者の移動状況を**図2**に示す。①〜⑤は被告人車両の進行状況を示し，Ⓐ〜Ⓔは被害者移動状況を示している。

　**図2**に従って推定される轢過状況を順に示す。

・　被告人車両①のとき，被害者Ⓐはほぼうつ伏せ状態。臀部を左前輪で轢過され，ズボン，ステテコ，パンツなどが損傷。

・　被告人車両②において，被害者Ⓑの臀部から左後輪が降りたとき，被害者は回転（ローリング）し，このとき左臀部付近などが被告人車両の助手席下部のサイドシルと接触し，赤色塗料がワイシャツ等に印象され，塗膜片を落下させた。

・　被告人車両③のとき，被害者Ⓒは仰向けになる。被害者は車底部で引きずられたことにより，若干斜めになる。

・　被告人車両④のとき，被害者Ⓓは斜めの状態で被告人車両の左後輪によって，右膝上部から左膝部にかけて轢過された。このとき，被害者はやはり回転（ローリング）を始めたと推定される。

・　被告人車両⑤は被害者と離れた状況で，被害者Ⓔは再びうつ伏せ状態であったと推定される。

### (2)　多重轢過の可能性の有無

　多重轢過されたとするには，被害者には多くの受傷は認められなかった。例えば，上半身や下半身には多くの損傷が認められないし，多重轢過された場合，幾つもの引きずり痕が路面に残されるが，残された轢過の痕跡（頭髪）は路面に一筋しか認められなかったことから

196

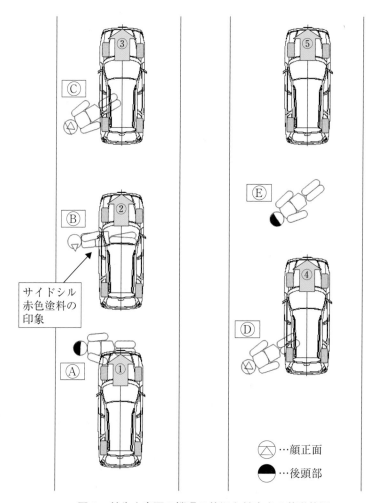

サイドシル
赤色塗料の
印象

△…顔正面

●…後頭部

図2　被告人車両の轢過の状況と被害者の移動状況

も多重轢過はなかったと認められた。

　また，現場に遺留された塗膜片が赤色のものしか認められなかったことなどや，被害者の所持品が被告人車両進行方向上にだけ散乱していたことなどからも，多重轢過された可能性は認められなかった。

## 8　弁護人の対応

　弁護側は，自分が依頼した鑑定人に，筆者が示した意見に対する意見を求め，その反論の意見書を裁判所に提出した。

## 9　裁　判

　裁判所において，被告人鑑定人に対する証人尋問が行われた。その証言内容には多くの疑問があったようである。後述する裁判所の判決文にも，証人の証言の信用性が疑わしいことが記載されている。

## 10　高裁の判決

「主文

　本件控訴を棄却する。

判決理由のまとめを以下に示す。

　当審は，原判決を支持する。被告人は，鑑定書を提出し，その中で原判決の誤りを指摘している。被告人車が，被害者を車底部でまたいで通過しただけであると主張しているが，車底部の最低地上高は14cmであること，被告人車車底部の左半分には多数の払拭痕や布目痕が存在し，同車の左前輪と左後輪のほぼ中間部分のサイドシル部の塗膜の一部が剥離していたこと，ストレッチャーから採取された塗膜片と被告人車の塗膜片が同種のものと鑑定されたこと，ワイシャツに印象された塗料色が被告人車の塗膜片の色と同種であること，などから，被告人車に轢過されたと認められる。

　弁護人主張では，被害者は，骨盤付近のほか，左膝蓋部付近を轢過されており，１台の車がこれらの部位を同時に轢過することは不可能であるし，被害者のステテコ背面の臀部付近のほか，ワイシャツの背面腰部付近にも幅約15cmの横断する擦過痕があるから，被害者は複数の車両によって，轢過されたと考える余地があるという。しかし，当審で提出された山崎作成の鑑定書及び同人の当審証言によれば，本件事故の機序は，被告人が被告人車を運転して南から北に向かって進行中，頭を西に向けてうつ伏せに横臥中の被害者の左側腰部を車体左側に接触させ，同人をそのまま車底部に入れて進行し，左前輪で同人の臀部を轢過し，その後，同人の左側腰部を同車の左前輪すぐ後ろのサイドシル部に接触させて引きずったため，被害者は，頭部が残り，足が車体に付いて行くような格好で回転を始め，足が頭部より少し前になって若干斜めになったところを被告人車の左後輪で膝蓋部を轢過されたというものである。

　同鑑定は，本件事故現場付近や被告人車車底部の払拭痕及び塗膜剥離の部位，状況，被害者の傷害部位，程度，同人の着衣の損傷箇所，程度，塗料の付着状況等とよく整合し，信用性が高いから，被害者は骨盤付近と膝蓋部を同時に轢過されたものではなく，原判決もこのような認定をしていない。そして前述のとおり，被害者の上半身は車両に轢過されて生じたと認められる損傷が存しないのであって，同人のワイシャツ背面腰部付近の擦過痕は，同人が被告人車に接触して体を回転させた際，路面との擦過により生じたもので，車両に轢過されて生じたものではないと認められる（山崎鑑定）から，この擦過痕の存在を理由に，被害者が複数の車両によって轢過されたと考えることはできない。

（中略）

　なお，弁護側鑑定人の信用性について一言すると，同鑑定は，被告人車が頭を北向きにしてうつ伏せに横臥している被害者の上を左側車底部で擦って通過したに過ぎないと判断しているが，被告人車の前部バンパーの地上高が約22cmで，フロント左側アンダーカバーの地上高が約15cmしかない同車が被害者の頭部の上を通ったとしながら，同人の頭部に同車の車

底部と接触した痕跡がないこと等を物理的に説明しておらず，さらに，鑑定の結論を出すに当たり，被告人の供述や捜査上の問題点を取り上げるなど，鑑定としての客観性に乏しいことを考えると，山崎鑑定と対比し，信用できない。

以上のとおり，原判決に事実の誤認はなく，論旨は理由がない。

よって，刑訴法396条により本件控訴を棄却し，（中略）主文のとおり判決する。」

## 11 まとめ

本件は，一審を不服とした被告人が交通事故鑑定の専門家による鑑定書を提出したことにより，その内容について警察から相談を受けて，意見を述べたものであった。筆者が提出した意見書に対して，相手鑑定人から意見書が出され，意見書の反論は，筆者に対する批判に終始し，事実に基づいた科学的な論旨にはなっていなかった。

痕跡を丁寧に突き合わせることが極めて重要であることを改めて痛感した事件であった。

# 第6章

# タイヤバースト事故

## タイヤバースト事故解析の基礎知識

- タイヤのサイドウォールに記載されているセリアル番号を記録する。
- セリアル番号から，タイヤの製造年月が判明する。
- タイヤがバーストした原因を，解体するなどして解明する。(➡p.213の3，p.230(1))
- 路面の痕跡を事故現場から相当後方まで捜査する。

## 事例 6−1 東名高速トレーラ横転事故

　交通事故死者数は，最近の自動車安全対策や道路の安全対策，医療体制の充実などによって減少している。しかしながら，交通事故発生件数及び交通事故死傷者数は増加の一途である。交通事故死傷者数が減少しないということは，警察官の捜査件数が増加し，仕事量が増え負担が増加するということである。交通事故事件捜査に対して，被害者やその遺族から警察や検察の捜査に対する不満が増加し，マスコミは，警察の交通事故事件に対する捜査が不十分であると毎日のように取り上げている。

　本事例では，著者が取り扱った交通事故事件について捜査，起訴，公判，判決に至るまでの経緯と事件捜査のポイントについて紹介したい。

### 事件の概要

　平成8年8月26日夕方，静岡県由比町の東名高速道路下り線（富士IC〜清水IC間）において大型トレーラが中央分離帯を越え，対向車線に飛び出し，反対車線を走行してきた保冷車，ワゴン車及び乗用車の3台に衝突し，大型トレーラ，保冷車及び乗用車が炎上した。この事故によって，保冷車を運転していた運転手が焼死し，ワゴン車の乗員4名が死亡した。また，乗用車の乗員2名が軽傷を負った。さらに，東名高速道路の2m下方を同高速道路と平行して走る国道1号バイパス下り線上に大型トレーラの積荷（一つの重さ約4〜7トン）が落下し，信号待ちしていた乗用車に衝突し運転者が死亡するという悲惨な大事故が発生した。この事故によって，東名高速道路及び国道1号バイパスの上下線が一昼夜にわたって通行止めとなり，中央高速に迂回せざるを得ない状況になった。日本の大動脈が一昼夜にわたって止められたことで，社会的にも大きな問題になった重大事故であった。

## 1　捜査の経緯

### (1)　被疑者車両の事故前の走行状態

　被疑者が勤務していた運送会社は，会社の業績を優先し，道路運送車両の保安基準（国土交通省令）を無視して，低速仕様車両として車両総重量制限の緩和を受けた本件事故車両において，最高速度を抑えるNR装置（原動機最高回転制御装置）を外して営業走行を続けさせていた。また，車両総重量制限の緩和の条件（積載物品が分割不可能な単体物品であること）を遵守せずに，道路法及び車両制限令で本件事故車両が東名高速道路を走行できない車両を走行させていた。

　被疑者は，運送会社に入社し，愛知県と神奈川県の間で，ステンレス鋼材の往復輸送業務

に従事し，大型貨物自動車の職業運転手として，保安基準や道路法及び車両制限令の制約を知りながら，運送会社の方針に従って運送業務に従事していた。被疑者は，重量物品を運送するに当たり，100km/h 以上の速度で高速道路を走行し，このような危険な走行を日常的に繰り返していた。

(2)　事故現場の状況

　**写真 1** は，事故当時に衝突炎上する大型トレーラと保冷車を示す。右側正面に横たわっているのが大型トレーラである。**写真 2** は，大型トレーラから落下した重さ約 4 ～ 7 トンの積荷のロール鋼板を示す。**写真 3** は，大型トレーラの走行車線を示している。写真は，富士ＩＣから清水ＩＣ方面に向かって撮影されたもので，印象されたタイヤのスリップ痕から，大型トレーラは第一走行車線を走行し，次第に中央分離帯に向かって走行したことが分かる。

写真 1　衝突炎上する大型トレーラと保冷車

　警察の捜査において，大型トレーラの運転手は，大型トレーラの右前輪がバーストしたためにハンドルが取られ中央分離帯を越えたと供述したことによって，事故原因がハンドル操作の誤り，速度超過，わき見などの一般的な事故原因でない可能性が出たため，捜査も慎重にせざるを得なくなった。

写真 2　大型トレーラから落下したロール鋼板

　6 名死亡という重大事故事件であったことから，筆者が現場検証調査を要請され，事故後現場実況見分調査に加わった。**写真 3** に示されたように，右側車輪のタイヤが左側車輪と異なり，よじれたタイヤ痕が印象されており，このタイヤ痕がバーストによるものか否かから捜査が始まった。

(3)　捜査のポイント

　捜査に当たっては，幾つかの捜査上のポイントを明確にする必要がある。まず，捜査すると

写真 3　大型トレーラのタイヤ痕から判明する走行車線

きには，事故前後の走行状態，走行速度，事故の原因究明と立証，裁判で問題になる仮想争点などを考慮して捜査する必要がある。

　ア　路面痕跡の調査

　　被疑者がタイヤのバーストによってハンドル操作ができずに中央分離帯を越えて対向

車線に出たと供述したことから，被疑者供述の確認のために，大型トレーラの右前輪タイヤのバーストの存在の有無及びタイヤバーストが認められた場合にその原因について調査すべく事故現場に向かった。

これまでの事例として，タイヤがバーストした場合，回避できない不可抗力として加害運転手の過失が認定されず，不起訴になることもあるため慎重な見分が必要になった。同時に，タイヤに製造不良あるいは，管理・使用上の問題などについて調査し，何らかの過失がないか調査することとなった。

**写真3**に示したように，数本のタイヤの痕跡が路面に印象され，これらを全て調査見分すべく図面化し，大型トレーラのタイヤ位置とタイヤ痕を対応させた。タイヤ痕から大型トレーラの車両挙動を解析した結果，大型トレーラの左前輪走行軌跡とバーストしたとされる大型トレーラの右前輪の痕跡が一致した。バーストしたタイヤのタイヤ痕は，写真で見られるように，タイヤに圧力がないためバーストしたタイヤ特有のよじれたタイヤ痕が印象されている。したがって，走行中にタイヤがバーストしたことが確認された。

イ　大型トレーラの事故当時の走行速度

走行していたときの走行速度は，横すべりする車両の限界旋回運動から次式で求められる。

$$V_{CR} = 3.6 \times \sqrt{\mu g R} \ (\text{km/h})$$

ただし，$R$：旋回半径（m）

　　　　$\mu$：タイヤと路面間の摩擦係数

　　　　$g$：重力加速度（9.8m/s$^2$）

である。

旋回半径は，**写真3**に示された大型トレーラの現場タイヤ痕の旋回半径から求められ，約100km/hで走行していたことが判明した。

ウ　大型トレーラの車両挙動

大きく横すべりするタイヤは，路面に横すべり痕を印象させる。本事故現場に印象された大型トレーラのタイヤ痕は，横すべり痕であり，この痕跡を調べることによって車両挙動を解析することができる。**写真4**に示すように，横すべりするタイヤ痕は，タイヤトレッド面の周方向に直角に横すべりした擦過痕が印象される。したがって，路面に印象されたタイヤ痕の横すべり方向にタイヤトレッドを置けばタイヤの回転方向が分かる。横すべり痕のうち後輪タイヤはハンドルを切らないので，タイヤの回転方向が，車両の進行方向になる。

**図1**は，タイヤ痕と車両挙動を示す。

**図2**に示すように，前輪タイヤと後輪タイヤの横すべり痕から判明するタイヤ回転方向の角度の差は，ハンドルによって前輪タイヤが切られた前輪のタイヤの角度である。

後輪と前輪の相対的なタイヤ角度が分かれば，ハンドルがどのくらい切られたかが判

明する。一般的にハンドルを約20°回転させると，タイヤには約1°の角度が付く（ハンドルの角度とタイヤ角度は，約20：1）。ここで，タイヤの横すべり痕から前輪と後輪の相対的な角度差が判明すれば，その角度を20倍することによって切ったハンドル角度が判明する。

**写真4　横すべりさせたタイヤトレッドの擦過痕**

　**写真5**に事故現場において白線部に印象されたタイヤ痕を示す。この部分には，大型トレーラの左前輪及び駆動輪である後輪の横すべり痕が印象されている。前輪タイヤは，最も内側を通過し，次いで後輪タイヤがその外側を順次通過する。大型トレーラのトラクタの前輪はリブタイヤを装着し，後輪駆動軸にはリブラグのミックスタイヤを装着していたことによって，明確に各タイヤを分離することができた。前輪と後輪の相対角度は，7.5°と測定され，これを20倍することによってハンドルの切れ角が150°であることが判明した。

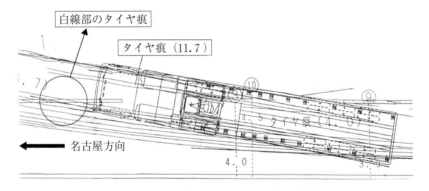

**図1　タイヤ痕と大型トレーラの車両挙動**

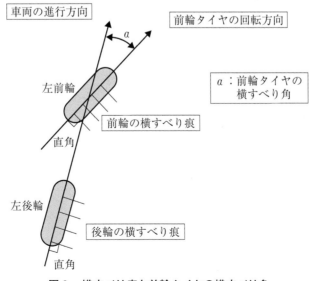

**図2　横すべり痕と前輪タイヤの横すべり角**

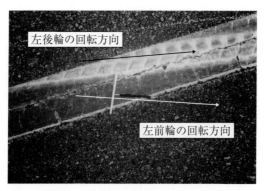

左後輪の回転方向

左前輪の回転方向

**写真5　白線上の横すべりタイヤ痕**

### エ　バースト時の運転者の行動

前述の解析によって，被疑者は，第一通行帯から第二通行帯を横切った際に150°もハンドルが切れた状態で，中央分離帯に向かって走行したということである。ハンドル角で150°は，左右の手が交差するほどの回転であり，高速走行中にハンドルが回転しそうになれば，職業運転手として反射的に走行状態を真っすぐに維持すると考えられる。しかしながら，そのまま中央分離帯を越え，対向車線に飛び出した。

第一通行帯から第二通行帯を通過するときにハンドル角が150°も切れていたという事実によって，被疑者が，タイヤがバーストし，車両が流れ出したときに，事故を回避する行動を全く取らずに中央分離帯を越え，対向車線に飛び出したことが明確になった。タイヤ痕から得られた解析結果は，後に裁判で大変重要な意義を持つものとなった。

### オ　前輪バースト時のハンドルの操作性と車両運動性能

タイヤがバーストしたときのハンドルの操作性についても調査された。大型トラックなどでは，ハンドルが重くなり操作できないことも考えられたからである。実際の大型トラックの右前輪タイヤの空気を抜いて，走行実験を行い，ハンドルの操作性を調査した。その結果，右前輪タイヤがバーストしたとしても，パワーステアリングであることから容易にハンドルを切り回せることが確認された。

次に，右前輪タイヤがバーストした場合の車両の運動性能について調査した。タイヤがバーストした場合，ハンドルが取られて事故になるということがまことしやかに言われている。しかしながら，前輪タイヤがバーストしたとき，ハンドルを保持していない場合は，バーストしたタイヤ側に車両が流れていくが，ハンドルを普通に両手で保持していれば，車体を真っすぐ向けて走ることは可能である。前輪のタイヤがバーストした場合は，強いアンダーステアになるが，車両運動性能として不安定になることはない。つまり，通常にハンドルを保持していれば，ハンドルが取られて事故になることはない。後輪がバーストした場合は，オーバーステアになるので，車両運動性能が不安定になることもある。

バーストした場合の車線乗り移り試験も自動車会社で行われたが，車両の運動性能が著しく損なわれるということはなかった。

### カ　タイヤバーストの原因

　次に，問題になるのがバーストの原因である。**写真 6**に示すように，大型トレーラの
トラクタ部の右前輪タイヤは，衝突時の車両火災によって，その大半が焼損し，バース
トの原因を究明することができなかった。
しかしながら，バーストの要因として，
重量物を積載し高速度で走行していたこ
とから，タイヤに過度な負荷があったと
認定した。また，タイヤに製造上の不具
合があれば，ほかにもタイヤのクレーム
が出ると思われるが，このタイヤに関連
する不具合の事例はなかった。したがっ
て，製造上の不具合よりは，使用上の問
題でタイヤがバーストしたものと推定さ
れた。

写真 6　焼損したバーストタイヤ

## 2　公判での争点

　公判で争われた項目は，大きく以下の 3 点である。

・　大型トレーラタイヤのバーストの原因
・　バーストしたときの車両運動性能
・　ハンドルを150°も切ったままにしていた原因

　バーストの原因については，タイヤが焼損したことによって検察としても明確に示すこと
ができなかったが，過度に負荷がかかった走行状態から最も大きな可能性があることを示し
た。
　タイヤがバーストした場合の運転手のハンドルの操作性と車両運動性能については，パ
ワーステアリングであることや前輪タイヤがバーストした場合は，車両運動性能として安定
であることを明確にすることができた。
　裁判で最も重要なポイントは，大型トレーラのタイヤ痕から明確にされた車両挙動と運転
手のハンドル操作状況である。第一車線を走行中にバーストし，ハンドルを保持していれば，
対向車線に向かい越えることがなかったことが明らかにできた。このタイヤ痕の解析が，運
転手の過失を証明するために，重要な証拠となり得たということである。
　この事例のみならず，あらゆる交通事故の解明においてタイヤ痕の解析が重要なポイント
となる。

## 3　まとめ

　禁錮4年，罰金30万円の判決が下された。被告人は，全面的に過失を認め，刑が確定した。

　タイヤがバーストした事実のために，運転手に事故に至る過失を問えるかが課題となり，事故から3年も経過して起訴に至った。この間，担当検事が2人交代し，3人目にしてやっと起訴された。

　現場の痕跡を重視した物的証拠とそれを基に工学的に鑑定され，その結果に対して，被告人が同意したことで，裁判の長期化もなく，遺族，警察なども納得のいく結果となった。

　衝突後，タイヤがバーストするケースが多くあるが，事故後のバーストであるにもかかわらず，事故の原因はタイヤのバーストであるとして，その責任を逃れるケースが多々ある。この事例に示したように，タイヤ痕の見分が交通事故捜査では最も重要であるといっても過言ではない。今後の捜査員の活躍を期待したい。

---

## 事例 6-2　バーストによって被告人車両がスピンしたか否か　― 一審無罪事件 ―

　交通事故事件において，一審で無罪の判決が出されることがよくある。事故当初に被疑者が過失を認めていても裁判で一転否認するような場合には，警察の捜査において証拠が十分にそろっていないこともある。

　本事例は，高速道路での走行中に起きた事故で，その事故が右後輪タイヤのバーストに起因する事故か，ハンドル操作の誤りが起因の事故かが争われたものである。

### 事件の概要

　本事件は，被告人が，平成A年B月C日午後10時15分頃，普通乗用車を運転して高速自動車道を約120km/hで進行するに当たり，左側の走行車線を走行している車両が自車に接近して高速度で追い抜こうとしたことから，自車が左側に寄り過ぎているものと軽信し，前方左右を注視せず，不用意にハンドルを右転把したことから，自車が中央分離帯に寄り過ぎ，これに気付いて再びハンドルを左に急転把した過失により，自車を左前方に暴走させて左側路外の側壁等に激突させた上転覆させ，同乗者を死傷させたとして起訴された事故事件である。

　検察は，被告人運転車両の右後輪のバーストはなく，高速で走行した被告人のハンドル操作の誤りにより事故が起きたと主張したが，弁護側は2人の鑑定人による鑑定により，右後輪タイヤのバーストが起因の事故であると主張し，一審は無罪となった。

## 1　一審の裁判所の判断

　検察は，科学捜査研究所のコンピューターシミュレーションを基にした鑑定書をもって，最高速度80km/hに指定されている高速道路において，被告人が120km/hという高速度で走行し，左から自車を追い越すために接近する車両に気付き，不用意に右にハンドルを急転把したため事故が起きたとして起訴したものである。弁護側は，2人の鑑定人に事故の鑑定を依頼し，路面に印象されたタイヤ痕などから，タイヤの急激なバーストによって事故が起きたと主張した。

　一審では，路面の痕跡，被告人のタイヤ及びホイールの擦過痕の写真などから，被告人運転車両がバーストしたことは否定できないこと，急ハンドルを切ったとは言い切れないことなどから，被告人を無罪とした。

　ただし，裁判官は，弁護側鑑定人の鑑定を全面的に採用したものではなかった。

## 2　検察の対応

　検察は，筆者に以下の鑑定を嘱託し，高裁に控訴した。

⑴　自動車タイヤの空気が急激に抜けるのはどのような場合で，被告人運転車両右後輪に空気が急激に抜けた痕跡があるか否か

⑵　Xキロポスト付近に印象された左横すべり痕から，被告人運転車両右後輪に何らかの異常があったといえるか

⑶　被告人運転車両右後輪リム接地痕から，同車が左横すべりする以前に，その右後輪の空気が急激に抜けたといえるか

⑷　その他参考事項

## 3　鑑定経過について

⑴　自動車タイヤの空気が急激に抜けるのはどのような場合で，被告人運転車両右後輪に空気が急激に抜けた痕跡があるか否か

　自動車タイヤの空気が急激に抜けるのは，

①　タイヤのサイドウォール（タイヤの側壁で軟らかく膨らんだ部分）が何らかの鋭利なものと接触して裂けた場合

②　空気圧低下などによりタイヤの内部で発熱があったため内部コードが切断，スチールコードが錆びて切断，あるいはゴムとコードが剥離して破裂した場合

③　急激にハンドルを転把するなどしてタイヤが横すべりして，タイヤとリムのはめ合い限界を超えて横力が作用した場合

④　タイヤが縁石に衝突，あるいは車両などと衝突した場合

などである。

被告人運転車両の右後輪は，**写真1～2**に示すように，破裂した痕跡は，認められなかった。

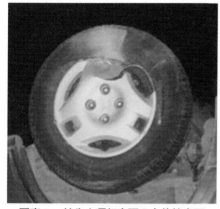

写真1　被告人運転車両の右後輪表面

写真2　被告人運転車両の右後輪裏面

**写真3**は，試験室で破裂させたタイヤの状況を示す。このように空気が異常に少なくて高速で走行して破裂したタイヤは，コードがバラバラになったり，リムと路面の間にタイヤが挟まれるため，タイヤの側壁が切断されたりする。しかしながら，被告人運転車両の右後輪には，タイヤの空気が急激に抜けた痕跡及び引きずった痕跡は，認められなかった。

写真3　バーストしたタイヤの走行後の側壁の状況

(2)　Xキロポスト付近に印象された左横すべり痕から，被告人運転車両右後輪に何らかの異常があったといえるか

　**図1**は，交通事故現場見取図を示す。

　**図1**のXキロポスト付近には，タイヤ痕が印象されていたと記載されている。これは，横すべり痕と呼ばれるものである。

　**写真4**及び**写真5**にXキロポスト付近に印象された左横すべり痕を示す。

　Xキロポスト付近の横すべり痕は，2本印象され，右前輪と右後輪のものと認められた。被告人運転車両の進行方向右側，中央分離帯付近のタイヤ痕は，右後輪タイヤの横すべり痕と認められ，**写真4**に示されるように，タイヤ痕には，左下から右上に斜めにすべった筋模様が認められた。この筋模様は横すべり痕の特徴で，筋模様に対して直角方向にタイヤが向いていたことを示す。

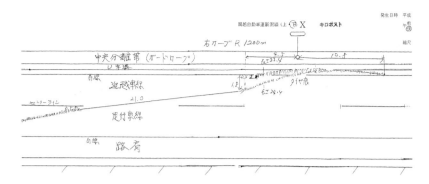

図1　交通事故現場見取図

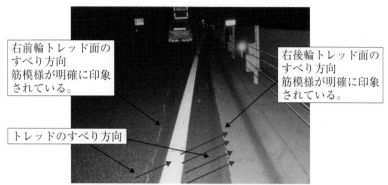

写真4　Xキロポスト付近の横すべり痕

写真5　Xキロポストを越えた付近の横すべり痕

　**写真4**及び**写真5**から，右後輪タイヤの横すべり痕の幅は，白線の幅より狭いことが認められた。一般的に，白線の幅は，15cm程度である。後輪タイヤのトレッド幅は，タイヤサイズが，「205/70 R15」であるから，タイヤの総幅は205mmである。空気が相当減少していたとすると，右後輪タイヤの横すべり痕の幅は広くなる。そして，タイヤの側壁も路面と擦れた痕跡が全周にわたって残る。しかしながら，被告人運転車両の後輪タイヤによる横すべり痕は，幅広いものが路面に印象されていなかったし，正常な空気圧のものと何ら変わりがなかった。また，タイヤ側壁全周にも路面と擦った痕跡は認められなかった。したがって，被告人運転車両右後輪に何らかの異常があったとはいえないと結論付けた。

210

(3) 被告人運転車両右後輪リム接地痕から，同車が左横すべりする以前に，その右後輪の空気が急激に抜けたといえるか

　前述したが，Ｘキロポスト付近における横すべり痕は，空気が正常に入った状態で印象されたといえるから，それ以前には，右後輪の空気が急激に抜けたことは考えられなかった。図2は，タイヤの空気圧が正常の場合と低下した場合の変形状況を図化したものである。空気が完全に抜けた場合は，4筋のタイヤ痕が印象される。「リムのみみ」と呼ばれる部分2本とタイヤの側壁の2本の合計4本のタイヤ痕が路面に印象される。

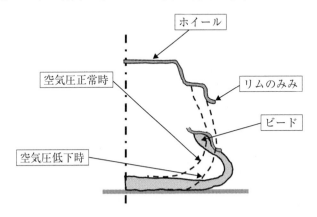

図2　空気圧が正常の場合と低下した場合の変形状況

　写真6は，バーストしたタイヤ痕の一例である。4本の筋の痕跡が路面に印象されている。

　Ｘキロポスト付近の横すべり痕印象前に，4本のタイヤ痕が印象されていないから，それ以前にタイヤの空気が急激に抜けたことは考えられなかった。

写真6　バーストしたタイヤ痕の一例

　次に，自動車がほぼ横方向に向いて横すべりするとき，リムのみみの部分が路面と接地することがある。このとき，タイヤのビードがリムのみみの部分から外れて，タイヤの空気が一気に抜ける。その状況を図3に示す。リムが路面と接地した場合は，金属が路面をえぐった痕跡（ガウジ痕）が路面に残る。本件では，スピンして，大きく左に回転したときにその状態が起こり，路面にガウジ痕が残ったものと認められた。そのとき，タイヤの空気圧が一気に抜ける。右前輪は，ハンドルが切れることや，タイヤが車体に対して後輪のように固定

されていないためタイヤの向きが変化できるから，リムはずれが生じなかったと考えられた。

　よって，リム接地以前には，ガウジ痕が認められないから，リム接地痕以前に空気が急激に抜けたことは考えられないと結論付けた。

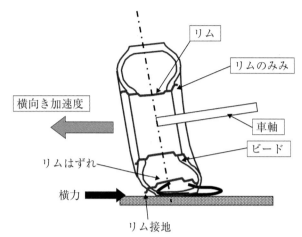

**図3　リム接地したときにタイヤのビードがリムのみみから外れる状況**

## ⑷　その他参考事項

　本件では，鑑定人によって鑑定書が作成され，シミュレーションされているが，**図1**の実況見分調書の交通事故現場見取図の縮尺が誤記されたまま，車両挙動が図化されている。誤記された実況見分調書の交通事故現場見取図上で，痕跡と一致していないため，裁判官から科学捜査研究所鑑定が否定されたものであった。ほかの鑑定人が示した，「タイヤがパンクなどの異常状態がないと，このような旋回は起こらない」としている鑑定も誤りで，空気が急激に抜けなくとも，スピンに至ることは容易に考えられる。

　Ｘキロポスト付近のタイヤの横すべり痕の印象状態から，被告人運転車両の右後輪のタイヤの空気は，急激に抜けてはいないし，通常より抜けてもいないと結論付けられた。

　さらに，直進走行中に，急激に右後輪タイヤの空気が抜けたとしても，急にハンドルが取られることはないのである。

## 4　高裁の判断

　高裁では，前記のタイヤ痕の説明によって，被告人の右後輪のタイヤのバーストは認められないとし，被告人の過失を認め，禁錮2年，執行猶予5年の判決を言い渡した。

## 5　まとめ

　タイヤの痕跡を読むこと，判断することは大変重要である。バーストの有無，制動の有無，ＡＢＳの作動の有無，衝突地点，ハンドル角，車体角，進行方向，飛び出し方向など様々なことを示す重要な証拠となるものである。路面のタイヤ痕だけでなく，印象させたタイヤの写真を撮影することは，重要な作業である。

**事例 6-3　超大型タイヤのバースト事故**

　タイヤは自動車の安全に直結する重要な部品であり，適正に使用しなければ大事故につながる可能性がある。本事例は大型特殊車両のタイヤがバーストしたもので，様々な点について問題がある事故であった。

### 事件の概要

　本事件は，平成18年◎月◎日午後8時頃，交差点において信号待ちで停止した大型特殊自動車（車両総重量37,600kgのホイールクレーン車）の左前輪装着のタイヤがバースト（破裂）し，その爆風によって左横に停止中であった普通乗用自動車の同乗者に重傷を負わせたものである。

　本件タイヤは，新品タイヤではなく，摩耗した後，再びトレッドゴムを貼り，溝を付け，再生されたものであった。

## 1　破裂タイヤの鑑定の必要性

　車両総重量37,600kgのホイールクレーン車のタイヤは，直径が1.5mもある大きなもので，25トン車の大型トラックタイヤの直径1mと比べても非常に大きなタイヤである。事故車のタイヤのトレッド溝は，摩耗してつるつるの状態であった。

　国土交通省の道路運送車両の保安基準では，タイヤトレッドの溝深さは，1.6mm以上となっているが，大型特殊車両のタイヤはこの基準から除外されている。その理由は，大型特殊タイヤの走行可能速度が低く，湿潤路面においてタイヤが浮いてしまうハイドロプレーニング現象が起きないことから，このような基準が設けられているものと考えられる。しかしながら，タイヤの溝がつるつるになるまで摩耗した場合，タイヤの中のコードや接着部の強度が低下していることが考えられるため，ほかのタイヤと同様に一律，タイヤのトレッド溝深さが1.6mmとなった時点で使用禁止とすべきである。

　本件事故タイヤは，タイヤのトレッド溝がつるつるの状態であり，タイヤの横の側壁がバーストしたことから，バーストの原因がいかなることによるものかを鑑定する必要があった。

## 2　鑑定項目

　装着されていたタイヤにつき，次の鑑定を行った。

⑴　当該タイヤがバーストした原因
⑵　当該タイヤのバースト以前の外観及び内部の損傷の有無並びに損傷があれば，その程度
⑶　当該タイヤのバーストに至る条件
⑷　当該タイヤがバーストすることを予見できたか否か
⑸　その他参考事項

## 3　鑑定経過

　図 1 は，タイヤの断面構造と各部の名称を示している。タイヤは，トレッド部，サイドウォール部，ビード部に大別される。

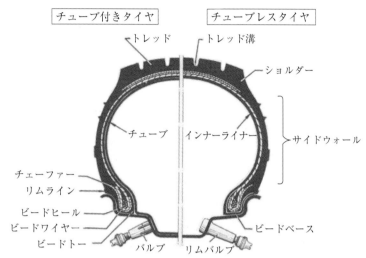

図1　**タイヤの断面構造と各部の名称**

　検査は，当該タイヤ及びそれ以外にも参考として幾つかの同サイズのタイヤを調べた。当該タイヤは，トレッド部を再生したタイヤであったので，これから再生しようとしている摩耗タイヤや，もう少しで再生タイヤにする若干摩耗したタイヤなどについて外観及び内部検査を行った。

### (1)　外観検査

　当該バーストタイヤの外観は，トレッド溝がほとんど摩耗した状態で，トレッド表面及びサイドウォール表面などにひび割れ，カットなどの細かい損傷が認められた。

　サイドウォールの外側表面の破裂した部位は，サイドウォール中央のショルダー部側付近で，**写真 1** に示すように，そのゴム部分は，熱劣化による変色及びゴムの硬化によるひび割れが認められた。

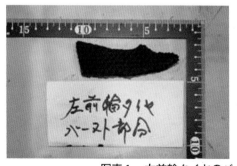

写真1　**左前輪タイヤのバースト部分のサイドウォールゴム**

　破裂した部分以外の外観において，トレッドの摩耗状態，サイドウォールのひび割れ状態などから，当該タイヤは使用限度を超えている状態であると認められた。

本件でバーストしたタイヤは，左前輪タイヤであったが，約1か月前には右前輪タイヤが
バーストしてタイヤ交換した経緯があり，他の装着タイヤについても，同じ時期に製造され
たタイヤを装着したのであるから，次々とバーストするであろうことが予想された。ただし，
右前輪のバーストは，車体の内側のタイヤ側面がバーストしたので，大きな事故に至らな
かったものである。

⑵ 内部検査

写真2に示すように，当該タイヤの内部を検査するために，カーカスコードが見えるよう
に，タイヤの内側からゴム層を薄くスライスした。

写真2 タイヤ内部のゴム層をスライスしてコードを出した状態

この種の大型特殊タイヤには，全てスチールコードを用いてタイヤが作られている。

写真3は，赤く錆びたタイヤのカーカスのスチールコードを示している。当該タイヤの
カーカスのスチールコードは，サイドウォール全体にわたって，ほとんどが赤く錆びていた。

写真3 赤く錆びたカーカスのスチールコード

写真4は，ビード付近のカーカスコードを示している。この写真から，ビード付近のカー
カスコードは，コードが錆びて部分的に撚り線が切断されていることが分かる。

写真5は，ビード部のカーカスコードの溶融と錆の状況を示している。

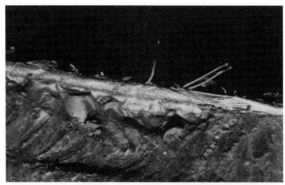

写真 4　ビード付近のカーカスコードの錆と撚り線の切断

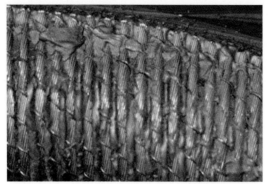

写真 5　ビード部のカーカスコードの溶融と錆の状況

**写真 6** は，ビード部のカーカスコードの錆の状況を示している。コードは，錆びて細くなり，容易に切れる状況であった。

写真 6　ビード部のカーカスコードの錆の状況

　以上から，当該タイヤにおいて，最も損傷が大きかった部位は，ビードワイヤーを巻いているカーカスコードで，ビード部の高熱によりカーカスコードのゴム層が溶融していた。ビードゴムが溶融したため空隙を生じたものと認められた。空隙が生じたことによって，負圧を生じ，水分を含んだ空気が出入りして，コードの錆を発生させたものと認められた。ビード部のカーカスコードに生じた錆は，サイドウォール全体に徐々に進行し切断に至る。

　空気圧を適正に維持せずに使用したと思われる参考タイヤの内部を**写真 7** に示す。タイヤ内部が熱で溶融し，スチールコードが赤く錆びていることが分かる。

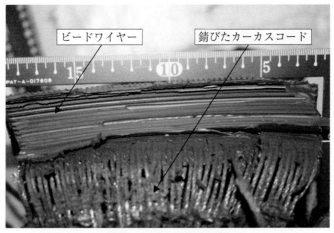

写真7　ビード部の状況

　よって，参考タイヤとして内部検査したタイヤも同様の錆が認められ，これらのタイヤを再生して使用することは極めて危険な状態であることが分かった。

　普通の大型タイヤは，JIS規格では，外観検査などがクリアできれば原則1回の再生を許可している。しかしながら，タイヤメーカーは，大型特殊タイヤを再生して使用することを推奨していない。したがって，タイヤメーカーは，系列のタイヤの再生会社を持っているが，大型特殊タイヤについては，再生して使用していないのである。しかしながら，大型特殊タイヤは，高価であるため，再生して使用している会社があることも事実として判明した。大型特殊車両に対して最も重要なポイントは，タイヤの適正空気圧の維持である。いずれにしても，大型タイヤに限らず，空気入りタイヤの全てにおいて，空気圧管理が走行時のタイヤの安全性に対して最も重要であるといえる。

## 4　鑑定結果

(1)　当該タイヤがバーストした原因

　当該タイヤの内部検査から，ビード部が熱により溶融してカーカスコードに錆が発生した。その部分が起点となって，カーカスコード全体が錆び，錆によるコード強度低下によりバーストに至ったと認められる。

(2)　当該タイヤのバースト以前の外観及び内部の損傷の有無並びに損傷があれば，その程度

　当該タイヤの外観検査から，トレッドは完全に摩耗した状態で，タイヤコードに至るまで深いものではなかったが，タイヤ全体にカットなどの傷が認められた。

　当該タイヤの内部のコード検査では，ビード部に発熱による溶融が認められ，ビード部のカーカスコードが錆びた状態であった。また，ビード部のカーカスコードの錆は，サイドウォール全体に進行していた。これは，タイヤがバーストする以前から発生していたものと認められる。

⑶　当該タイヤのバーストに至る条件

　当該タイヤがバーストする条件は，空気圧低下状態で走行し，ビード部が発熱してゴムが溶融して，その部分のカーカスコードが錆びて強度を低下させてバーストすると考えられる。

⑷　当該タイヤがバーストすることを予見できたか否か

　当該タイヤがバーストする1か月前に右前輪タイヤがバーストしていることから，当該タイヤがバーストすることは容易に予見できたと認められる。当該タイヤ及び1か月前にバーストしたタイヤの破裂部分のゴムは，熱による劣化（変色と硬化）が認められ，この付近は膨らんでいたものと推定される。したがって，バーストすることは容易に予見できたと認められる。

　さらに，外見上，タイヤトレッドの摩耗状況及びタイヤ表面のカット状況から，使用限度を超えたタイヤであると認められることを考慮すると，バーストすることは予見できたと認められる。

## 5　タイヤの装着についての問題点

　タイヤの空気圧と荷重の関係について述べる。重量を支えて走ることが重要な役割であるタイヤは，空気圧の維持が最も重要である。当該タイヤサイズは，505/95 R25 ROAD186Eである。186Eとは，70km/hで走行するとき，900kPaの空気圧を維持した場合に最大荷重9,500kgまで使用できることを意味する。これは，欧州の基準に定められたものであり，**表1**に空気圧―負荷能力対応表（ETRTO）の当該部分を示す。

表1　ETRTOの当該タイヤの空気圧荷重対応表

**EARTHMOVER TYRES IN HIGHWAY SERVICE**

**18.'95'and'80'SERIES-RADIAL**

| TYRE SIZE DESIGNATION | Load Index 70 km/h Speed Symbol E | MEASURING RIM WIDTH CODE (1) | Flonge Height Code | TYRE DIMENSIONS (mm) (2) DESIGN Section Width | DESIGN Overall Diameter | MAXIMUM IN SERVICE Overall Width | MAXIMUM IN SERVICE Overall Diameter | LOAD CAPACITY (kg)(2) TRANSPORT Load 70 km/h Speed Symbol E (kg) | TRANSPORT INFLATION PRESSURE (3) (kPa) |
|---|---|---|---|---|---|---|---|---|---|
| **'95'Series** | | | | | | | | | |
| 425/95 R 20 | 170 | 11.25 | 2.5 | 420 | 1316 | 466 | 1381 | 6000 | 900 |
| 385/95 R 24, 25 | 170 | 10.00 | 1.5 | 379 | 1369 | 409 | 1415 | 6000 | 900 |
| 445/95 R 25 | 177 | 11.25 | 2.0 | 435 | 1481 | 483 | 1549 | 7300 | 900 |
| 505/95 R 25 | 186 | 13.00 | 2.5 | 496 | 1595 | 551 | 1672 | 9500 | 900 |
| 575/95 R 25 | 193 | 15.00 | 3.0 | 566 | 1727 | 628 | 1814 | 11500 | 900 |
| **'80'Series** | | | | | | | | | |
| 395/80 R 25 | 165 | 12.00 | 1.3 | 391 | 1267 | 434 | 1317 | 5150 | 700 |
| 445/80 R 25 | 170 | 14.00 | 1.5 | 445 | 1347 | 494 | 1404 | 6000 | 700 |
| 525/80 R 25 | 179 | 17.00 | 2.0 | 530 | 1475 | 588 | 1542 | 7750 | 700 |
| 605/80 R 25 | 188 | 19.50 | 2.5 | 610 | 1603 | 677 | 1680 | 10000 | 700 |
| 685/80 R 25 | 195 | 22.00 | 3.0 | 689 | 1731 | 765 | 1819 | 12150 | 700 |

(1)　See below for Approved Rim Contours.
(2)　Diameter Code 24 Tyres have the same dimensions and load capacities as diameter Code 25 Tyres of the same section.
(3)　**REFERENCE PRESSURES**-See note 3, page E.4

SERVICE CONDITION CHARACTERISTICS MUST INCLUDE THE WORD 'ROAD'

See notes 1 to 8, pages E.2 to E.8. (where applicable)

　当該車両の前軸の1輪荷重は9,390kgとなっており，900kPaを維持して走行するべき車両重量である。走行速度を50km/h以下に限定して走行する場合は，**表2**の走行速度と荷重の適用表に示すように，荷重を18％増して走行することが可能である。タイヤの空気は抜けるものであり，これほど重い車両では，タイヤの空気圧管理に対しては，常に注意を払うべきである。

表2　走行速度と荷重の適用表

| 5.4　　HIGHWAY APPLICATIONS ➤ | |
|---|---|
| OPERATING SPEED (km/h) | VARIATION IN LOAD CAPACITY (%) |
| 30 | +30 |
| 40 | +24 |
| 50 | +18 |
| 60 | +12 |
| 70 Reference Speed | 0 |
| 80 | -18 |
| 90 | -30 |
| 100 | -40 |

(ETRTO)

　次に，当該車両では，右前輪がバーストした後，右前輪には，505/95 R25 ROAD183Eを使用している。ROAD183Eは，186Eより低い荷重で使用するもので，183Eは，**表3**の空気圧―負荷能力対応表に示すように，70km/hで走行する場合，このタイヤの最大空気圧800kPaを維持していたとしても，使用できる最大荷重は，8,750kgなのである。タイヤにとっては，過荷重であり，この状態を継続して走行した場合，ビード部に発熱を生じ，当該タイヤのようにいずれバーストを起こす可能性がある。ただし，**表4**の走行速度と荷重の適用表に示すように，走行速度を50km/h以下で走行したとすると，18％の荷重1,575kgを加えて，10,325kgで走行することができる。60km/hで走行するには，12％の荷重1,050kgを加えて，9,800kgで走行することができる。

表3　空気圧―負荷能力対応表（速度70km/h）

（単位：kg）

| 空気圧　　kPa タイヤの呼び | 600 | 625 | 650 | 675 | 700 | 725 | 750 | 775 | 800 | 825 | 850 | 875 | 900 |
|---|---|---|---|---|---|---|---|---|---|---|---|---|---|
| kgf/cm² | 6.00 | 6.25 | 6.50 | 6.75 | 7.00 | 7.25 | 7.50 | 7.75 | 8.00 | 8.25 | 8.50 | 8.75 | 9.00 |
| 325/95 R 24　161 E ROAD | 3 650 | 3 735 | 3 825 | 3 910 | 3 995 | 4 075 | 4 155 | 4 240 | 4 315 | 4 395 | 4 475 | 4 550 | 4 625 |
| 385/95 R 25　170 E ROAD | 4 735 | 4 845 | 4 960 | 5 070 | 5 180 | 5 285 | 5 395 | 5 495 | 5 600 | 5 700 | 5 805 | 5 900 | 6 000 |
| 445/95 R 25　177 E ROAD | 5 760 | 5 900 | 6 035 | 6 170 | 6 300 | 6 435 | 6 560 | 6 690 | 6 815 | 6 940 | 7 060 | 7 180 | 7 300 |
| 505/95 R 25　183 E ROAD | 7 395 | 7 575 | 7 750 | 7 920 | 8 095 | 8 260 | 8 425 | 8 590 | 8 750 | — | — | — | — |

(JATMA YEARBOOK)

　当該車両の空気圧と荷重の状況を**図2**に示す。当該車両の空気圧と荷重の状況から，右前輪の空気圧は低く，後輪タイヤは，規定の空気圧より多く入れていた。よって，それぞれ負荷能力が異なるタイヤサイズを装着し，空気圧も正しく管理されている状況ではない。つまり，大型車両，大型特殊車両を扱う者が，どれくらいこのような知識をもって使用している

表4　走行速度と荷重の適用表

| タイヤの種類 | 最高速度(km/h) | 係　数 | タイヤの種類 | 最高速度(km/h) | 係　数 |
|---|---|---|---|---|---|
| 1　種 | 15以下 | 1.12 | ホイールクレーン用 | 0 | 2.50 |
| | 50以下 | 1.00 | | クリープ | 2.03 |
| 2　種 | 30以下 | 1.07 | | 5以下 | 1.80 |
| | 35以下 | 1.04 | | 10以下 | 1.56 |
| | 40以下 | 1.00 | | 40以下 | 1.05 |
| | 45以下 | 0.96 | | 45以下 | 1.00 |
| | 50以下 | 0.92 | | 50以下 | 0.92[2] |
| 3　種 | 10以下 | 1.00 | モビールクレーン用 | 0 | 3.03 |
| | 15以下 | 0.87 | | クリープ | 2.46 |
| | 25以下 | 0.80 | | 5以下 | 2.18 |
| | 35以下 | 0.74 | | 10以下 | 1.89 |
| | 40以下 | 0.70 | | 30以下 | 1.30 |
| 4　種 | 10以下 | 1.00 | | 40以下 | 1.24 |
| | 15以下 | 0.87 | | 45以下 | 1.21 |
| | 25以下 | 0.77 | | 50以下 | 1.18 |
| | 35以下 | 0.71 | | 60以下 | 1.12 |
| | | | | 70以下 | 1.00 |
| | | | | 80以下 | 0.82 |
| | | | | 90以下 | 0.70 |
| | | | | 100以下 | 0.60 |

注[2]　ラジアルプライタイヤの場合は0.95
（JATMA YEARBOOK）

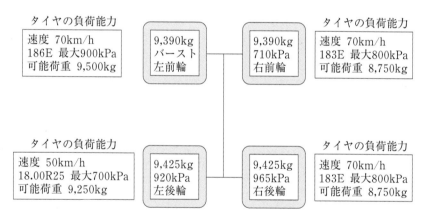

タイヤの負荷能力
速度 70km/h
186E 最大900kPa
可能荷重 9,500kg

9,390kg
バースト
左前輪

9,390kg
710kPa
右前輪

タイヤの負荷能力
速度 70km/h
183E 最大800kPa
可能荷重 8,750kg

タイヤの負荷能力
速度 50km/h
18.00R25 最大700kPa
可能荷重 9,250kg

9,425kg
920kPa
左後輪

9,425kg
965kPa
右後輪

タイヤの負荷能力
速度 70km/h
183E 最大800kPa
可能荷重 8,750kg

図2　当該車両の空気圧と荷重の状況

のであろうか。

　タイヤディーラーなども含めて，周知徹底する必要があり，即刻，全ての大型車両及び大型特殊車両のタイヤ空気圧検査，使用状態が適正であるかを調査されたい。

## 6　まとめ

　被疑者は，捜査ではバーストを予見できないとして罪について否認していたが，裁判では一転して過失を認めた。

　タイヤは，自動車の安全性を担う重要な部品である。本事故を通して，自動車に装着されているタイヤの使用に関する知識は，現状，十分な状態ではないことが明らかになった。実

際に，タイヤがバーストしたことにより事故が起きたとされる交通事故が多数報告されている。

　大型車両及び大型特殊車両では，支える荷重が大きく，タイヤの空気圧も高いことから，バーストすると重大な事故につながる。空気圧が高いということは，抜けるのも早いということに注意を払う必要がある。法律で全車両に空気圧センサーを装着することが定められているが，現状，タイヤの空気圧をこまめにチェックすることが重要である。

## 事例 6-4 ： タイヤのパンクが事故の原因か否か裁判で争われた事例

　衝突事故が起きた場合，タイヤがバーストしていることがよくみられる。タイヤが相手車体に衝突した場合，縁石などと衝突した場合，あるいはスピンした場合などもタイヤがホイールから脱落してバーストしたようになることがある。事故後の車両見分では，タイヤの見分は重要である。裁判などでタイヤのパンクやバーストによってハンドルがきかず，事故になったと主張するケースがあるからである。

　本事例では，衝突事故後しばらくして，タイヤのパンクが発見されたため，いつネジが刺さり空気が抜けたかが裁判で争われた事例について述べる。

### 事件の概要

　被告人は，平成15年12月午前7時30分頃，最高速度が50km/hに指定されているA番地1先道路をB町方面からC町方面に向かい普通乗用自動車で進行し，センターラインをはみ出して対向車と正面衝突し，対向車の運転手を死亡させたものである。事故は，左カーブで下り勾配の道路を，制限速度を超えて進行し，急カーブを曲がりきれずに対向車線にはみ出し，対向車両の前部と衝突したものである。被告人は，業務上過失致死に問われたが，事故後，レッカーで整備工場に運ばれ，その駐車場に置かれていた被告人車両のタイヤにネジが刺さっていたことが判明し，そのタイヤの空気が抜けていた。そこで，いつネジが刺さり，空気が抜けたかが裁判で争われた。

### 1　裁判所が求めた鑑定項目

　裁判所が求めた鑑定項目は，次のとおりである。

⑴　本件事故の衝突状況及び被告人車両と被害者車両の速度

⑵　被告人車両の右後輪に刺さっていた金属様のボルトは，いつ刺さったものか。殊に，本件事故より前に刺さった可能性があるか。

## 2　鑑定の経過

(1)　**本件事故の衝突状況及び被告人車両と被害者車両の速度**

ア　衝突形態

　　車体変形及び車両の衝突後の移動状態，停止状況から，衝突の状況を明らかにすることが重要である。

　　**図1**は，警察の実況見分による交通事故現場見取図の衝突状況及び地点を示す。

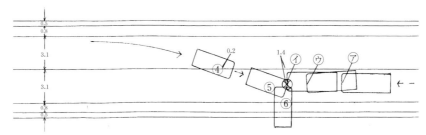

**図1　交通事故現場見取図の衝突状況**

　　被告人車両及び被害者車両の前面は大きく損傷していた。**写真1**に示すように，衝突時の停止状況が写真撮影されていた。撮影された被告人車両及び被害者車両の停止状況は，被告人車両の進行方向から撮影されたもので，写真には，被告人車両のものと認められるタイヤ痕が認められた。

**写真1　路面に印象されていたタイヤ痕**

　　タイヤ痕の中には，肉眼では見えなかったが，写真では写っている場合がある。このほかに撮影された現場写真にも，衝突地点まで印象されたこのタイヤ痕しか写っていなかった。したがって，このタイヤ痕は，被告人車両のものであると認められた。

　　このタイヤ痕が被告人車両のものであると特定したのは，被告人車両及び被害者車両の前面の損傷状況の検討によるものである。**図1**の交通事故現場見取図では，被告人車両の助手席側が運転席と衝突したと特定されているが，被告人車両の運転席の方が助手席より若干凹損が大きく，被告人の両足が衝突により挟まれ，衝突後，被告人を助け出

すことが難しかった。また，被害者車両は，前面全体が凹損していた。これらの損傷の突き合わせから，図2に示すような衝突形態であったと推定された。

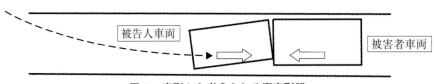

図2　変形から考えられる衝突形態

図3に示すように，被告人車両は，右後輪が横すべりして，対向車線にはみ出して衝突したと考えられる。両車両の前面部が大きくほぼ同様に平らに凹損していること，被害者車両は後方に真っすぐ押し戻されていることから，両車両の前面が衝突したものと認められた。

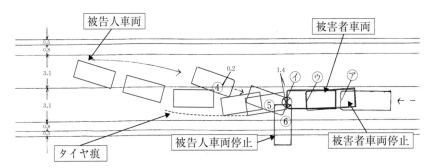

図3　被告人車両の車両挙動と衝突状況

さらに，写真に写されていたタイヤ痕が，被告人車両の右後輪で印象されたものと認められることから，被告人車両は，最初のカーブを過ぎた後，ハンドルを切り過ぎて左に寄り過ぎたためハンドルを右に急転把し，センターラインを越えたため再び左にハンドルを急転把し，右後輪が横すべりしながら被害者車両と衝突したものと認められた。

以上から，被告人車両は，6％の下り勾配の道路を走行し，事故現場手前の半径約120mの左カーブにおいて，ハンドルを左に切り過ぎたため車両のバランスを崩し，左方向に寄り過ぎたことにより，右にハンドルを急転把した。被告人車両は，ハンドルを右に急転把したことにより，センターラインを越え，対向車線にはみ出したため，今度は，ハンドルを左に急転把したが，対向車線を走行してきた被害者車両と衝突したと認められた。

被告人車両がバランスを崩した後も，制動によるタイヤ痕が認められないことから，制動操作を行っていないものと認められた。

イ　カーブの限界旋回速度

半径$r＝120$mのカーブの旋回限界速度$V_{CR}$は，摩擦係数を$\mu$（0.75），重力加速度を$g$（9.8m/s²）とし，道路の横断勾配を$\tan\theta＝0.05$（5％）とすると，次式で与えられる

（**図**4を参照）。

$$V_{CR} = \sqrt{gr\frac{\mu+\tan\theta}{1-\mu\tan\theta}} = \sqrt{9.8\times120\frac{0.75+0.05}{1-0.75\times0.05}} = 31.3\,\text{m/s}(112.7\,\text{km/h})\ \cdots 式(1)$$

ここで，道路の横断勾配は，一般的な5％としたが，0％としても，

$$V_{CR} = \sqrt{\mu gr} = \sqrt{0.75\times9.8\times120} = 29.7\,\text{m/s}(106.9\,\text{km/h})\ \cdots\cdots\cdots\cdots\cdots 式(2)$$

となる。

よって，この道路の限界旋回速度は，約110km/hであると推定される。

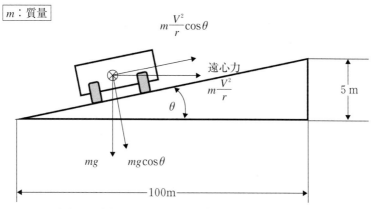

**図4　速度Vで走行する車両がカーブを旋回するときに作用する力**

ウ　衝突速度の解析

衝突速度の解析は，エネルギー保存則及び運動量保存則を用いて求めるものである。

エネルギー保存則は，次式であり，

$$\frac{1}{2}m_1V_1^2 + \frac{1}{2}m_2V_2^2 = \frac{1}{2}m_1v_1^2 + \frac{1}{2}m_2v_2^2 + \frac{1}{2}m_1u_1^2 + \frac{1}{2}m_2u_2^2$$

運動量保存則の余弦成分の式は，次式となる。

$$m_1V_1\cos\beta_1 + m_2V_2\cos\beta_2 = m_1u_1\cos\alpha_1 + m_2u_2\cos\alpha_2$$

ここで，

$v_1$，$v_2$：被告人車両及び被害者車両のバリア換算速度（m/s）

$m_1$，$m_2$：被告人車両及び被害者車両の質量（kg）

$u_1$，$u_2$：被告人車両及び被害者車両の衝突後の飛び出し速度（m/s）

$V_1$，$V_2$：被告人車両及び被害者車両の衝突直前の速度（m/s）

$\beta_1$，$\beta_2$：被告人車両及び被害者車両の衝突角度（°）

$\alpha_1$，$\alpha_2$：被告人車両及び被害者車両の衝突直後の飛び出し角度（°）

である。

**○有効衝突速度（バリア換算速度）とは**

車体の塑性変形に要したエネルギーから有効衝突速度を求めるには，コンクリート壁への衝突実験により，各衝突速度における変形に要したエネルギーを測定し，この値から車体のエネルギー吸収図として図面化した車体吸収エネルギー分布図を用いる。

　実際に事故車両の塑性変形に要したエネルギーは，車両の変形した部分を分布図の中に描き，その部分の数値の合計を求め，車幅などを乗じて求められる。

　**写真2**は被告人車両の損傷状況を示している。被告人車両の車体の変形は，バンパー先端からの凹損量を測定して**図5**に示す車体損傷図に記載する。

**写真2　被告人車両の車体損傷状況**

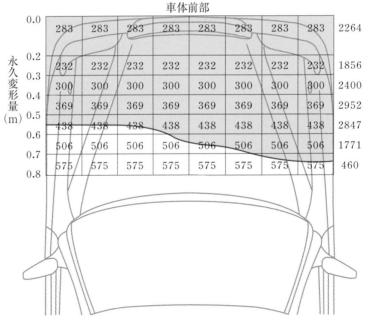

車体前部

| 永久変形量(m) | | | | | | | | |
|---|---|---|---|---|---|---|---|---|
| 0.0 | 283 | 283 | 283 | 283 | 283 | 283 | 283 | 283 | 2264 |
| 0.2 | 232 | 232 | 232 | 232 | 232 | 232 | 232 | 232 | 1856 |
| 0.3 | 300 | 300 | 300 | 300 | 300 | 300 | 300 | 300 | 2400 |
| 0.4 | 369 | 369 | 369 | 369 | 369 | 369 | 369 | 369 | 2952 |
| 0.5 | 438 | 438 | 438 | 438 | 438 | 438 | 438 | 438 | 2847 |
| 0.6 | 506 | 506 | 506 | 506 | 506 | 506 | 506 | 506 | 1771 |
| 0.7 / 0.8 | 575 | 575 | 575 | 575 | 575 | 575 | 575 | 575 | 460 |

▨は車両の変形した部分，太線は変形したバンパーの先端を示す。

**図5　バリア換算表と車体変形（FF車）**

(久保田正美, 國分善晴, 前面形状別の車体エネルギー吸収特性, 自動車研究, 第17巻, 第1号（1995年1月））

　被告人車両は現存したが，被害者車両は処分され，車体変形を正確に求めることはできなかった。そこで，被害者車両については，実況見分調書における被害者車両の車体損傷写真などから車体変形を推定するほかなかった。

　被害者車両は，被告人車両1,030kgに対して1,300kgであった。一般的に正面衝突の場合は，質量の大きい方が車両の凹損は小さい。被告人車両及び被害者車両は，ほぼ前

面が大きく凹損していた。そこで，凹損のエネルギー吸収量を質量配分で考えることとした。

　次に，衝突角度について述べる。被害者車両の衝突角度を0°とすると，車両の向きは斜めに傾いているが，被害者車両が進行方向に対してほぼ逆方向に押し戻されていたから，被告人車両の衝突角度は，約180°と考えることができる。

　また，被害者車両の飛び出し角度は，進行方向とは逆方向に押し戻されているから，180°である。また，被告人車両の飛び出し角度は，**図6**を参照すると，235.5°である。

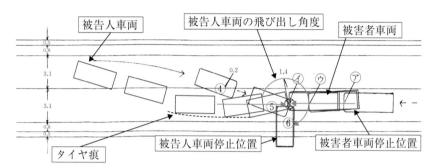

**図6　衝突角度及び飛び出し角度**

　以上の検討から，被告人車両の衝突直前の速度 $V_1$ 及び被害者車両の衝突直前の速度 $V_2$ が次のように求められた。

　　被告人車両の衝突直前の速度　　$V_1 = 23.6\text{m/s} = 85.0\text{km/h}$

　　被害者車両の衝突直前の速度　　$V_2 = 16.2\text{m/s} = 58.3\text{km/h}$

(2)　**被告人車両の右後輪に刺さっていた金属様のボルトは，いつ刺さったものか。殊に，本件事故より前に刺さった可能性があるか**

　被告人車両の右後輪に刺さっていた金属様のボルトは，ネジの頭がプラスの皿タッピングネジ（長さ25mm）と呼ばれるものである。ネジは比較的軟らかい材質で作られている。我々も，ネジの頭のプラス部分を回したとき，プラスの部分がつぶれてネジを回すことができなくなる経験をよくするので，ネジの軟らかさが理解できる。

　本件における被告人車両のタイヤに刺さっていたネジも通常の軟らかい材質のものであった。被告人車両のタイヤに刺さっていたネジの頭のプラス部分が残っていて，ネジをドライバーで回すことができ，ネジ頭の摩耗は小さかったので，走行して間もないものと認められた。

　そこで，同様な皿タッピングネジ（長さ25mm）を実際にタイヤに刺して走行実験を行い，走行距離とネジの頭部分における摩耗を調べた。**写真3**にタイヤに刺した状況を示す。第一の実験は，約7km走行ごとにネジの頭の摩耗状況を観察した。約7km走行後は，ネジの頭のプラス部分が若干残っていたが，ネジをドライバーで回すことができない状況であった。また，約14km走行後には，皿部分は残っているが薄くなった状況で，約21km走行後には，ネジの皿部分が摩耗して全くなくなった。ただし，ネジはトレッドに貫通していたが，走行中，空気が抜けることはなかった。

写真3　ネジをタイヤに刺した状況

　第二の実験は，新しいA型皿タッピングネジを用いて同様に走行させ，1km走行ごとに観察することとした。**写真4**は，1km走行後のネジの状況と本件ネジの状況を比較したものである。

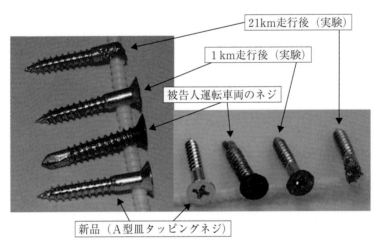

写真4　走行後のネジの状況

　本実験では，1km走行しただけで，被告人運転車両のネジと同じ程度のネジの頭の摩耗が再現できた。長くても2～3km走行すれば，被告人運転車両に刺さっていたネジと同程度の摩耗になることが容易に認められた。

　さらに，本事故現場から，レッカーサービスの駐車場までの走行距離は，約18～20kmであり，以前から刺さっていたとしたなら，ネジの頭が摩耗してなくなるほどの距離である。したがって，被告人運転車両に刺さっていたネジは，事故後，レッカー移動中に刺さったものと認められた。

　衝突直前の速度が85.0km/hと認められたが，カーブの直前における速度は，相当高い速度であったと容易に推定できる。このカーブの限界速度は，約110km/hであり，カーブに入ったとき被告人運転車両の速度が限界旋回速度に近い速度であったためハンドルを左に切り過ぎ，バランスを崩し，事故に至ったものと考えられた。

## 3　警察の見分

　本来，事故車両の写真は，八方から撮られるべきであるが，警察の見分写真は，数枚の写真しかなく，肝心の右後輪タイヤの写真は撮られていなかった。被告人車両は外見上，何ら異常がなく，撮る必要がなかったと判断されたと考えられる。しかしながら，これが大きな問題になってしまったのである。

## 4　法廷での争い

　法廷では，衝突後の被告人車両をレッカー移動した者が証人として呼ばれ，弁護人から何度も繰り返し尋問が行われた。証人は，レッカーのプロであり，レッカーしようとしている車両のタイヤがパンクしていたり，空気が異常に漏れていたら，一見して分かるものであり，レッカー前に，被告人車両の右後輪のタイヤの空気圧が低かったことはないと証言した。

　このような状況の中，筆者が裁判所に提出した内容について，法廷で弁護人の尋問を受けることとなった。第一の弁護人の尋問は，ネジの実験について，筆者の実験が信用できないというものであった。弁護人らも同様な実験を行ったようである。しかしながら，ネジの摩耗実験は，筆者が実際に行ったもので疑う余地がないものであった。

　第二の弁護人の尋問は，衝突速度についてであった。被告人車両及び被害者車両共に，1995年以降に製造された車両で，いわゆる車体強度が増したものであり，用いたエネルギー吸収図は古いものであるから，その速度は，信用できないというものであった。

　1995年から，国土交通省と独立行政法人自動車事故対策機構は，自動車の安全対策の一つとして，現在市販されている自動車の安全性能について試験による評価を行い，その結果を「自動車アセスメント」として公表している。自動車アセスメント試験は，衝突試験として，フルラップ前面衝突，オフセット前面衝突，側面衝突などの試験を行っている。フルラップ前面衝突は，速度55km/hでコンクリート壁に衝突させるもので，オフセット前面衝突は，速度64km/hでアルミハニカムに運転席側の一部をオフセット率40％で衝突させるものである。

　衝突試験の結果として，ドアの開閉性，乗員の救出性が調べられている。被告人車両及び被害者車両は，どちらも優れた性能をもつ車両であり，オフセット衝突の64km/h同士の衝突でもドアが片手で開けることができ，乗員は容易に救出できる車体構造であった。

　被告人は，両足が車室内で挟まれ骨折し，救出できない状況であった。また，被害者は，即死の状況であったことを考えると，相対的な速度は，少なくとも128km/h以上であったと，容易に推定することができる。筆者が鑑定した相対速度は約143km/hであり，乗員のけがの状況から弁護人の主張は不当であった。この弁護人の尋問によって，むしろ筆者の速度鑑定の正当性が明確なものとなった。

## 5　裁判所の判断

　裁判所の判断は，「被告人を禁錮 1 年 4 月に処する，この裁判が確定した日から 3 年間その

刑の執行を猶予する」というものであった。

　理由の中で，速度が大きく超過していたことを採用した。また，パンクがあったとしても車両が流れて衝突するまでの距離が約70m以上もあったことなどから，衝突を回避することができたとし，的確な操作を怠ったとして判決を下したものであった。さらに，判決の判断には被告人の母親が被告人の更生に向けた指導・監督を誓っていることなども考慮されたと記されていた。

## 事例 6-5　タイヤのバーストによる横転死亡事故　―バースト後の運転者の走行―

　タイヤがバーストして事故になった場合，運転者の過失責任が問えず，不起訴となることが多い。しかしながら，タイヤがバーストし，その後のハンドル操作，制動操作を適切に対応しなかったため，事故に至ったと認められる場合がある。そこで，路上痕跡及び車両の損傷状況からタイヤのバーストの発生前，発生時，発生後の順に走行状態の経過を詳細に調べることが重要である。特に，タイヤのバーストの原因，バーストするまでのタイヤの管理状況，運転の状況，バーストしたときの事故回避状況などを痕跡から明らかにする必要がある。

　本事例では，タイヤのバースト事故における原因，バースト後のハンドル操作などの捜査について述べる。

### 事件の概要

　本件は，被疑者運転車両（ワンボックス車）が，高速自動車道下り線を走行中，左後輪タイヤがバーストし，車両の走行安定性を失い，中央分離帯のガードロープ及びガードロープ支柱に衝突して横転し，乗員6名のうち3名が車外放出され死亡した事故である。

## 1　タイヤのバースト

　写真1に示すように，バーストしたタイヤ痕は，4本の線が路面に印象される。内側の2本線は，ホイールリムのビード部の「みみ」と呼ばれる部分がタイヤのトレッドを踏むことによって印象され，外側の2本線は，サイドウォールが撓んで擦れることによって印象される。

　このような痕跡が路面に印象されている場合は，タイヤがバーストしたことを意味している。タイヤがバーストする原因として，強い外力が加えられた衝撃による場合，尖ったものが刺さった場合，空気圧が低下して発熱したことによる場合，ゴムやスチールワイヤが劣化したことによる場合などがある。

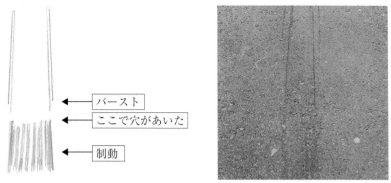

写真1　バーストしたタイヤ痕

　図1は，タイヤがバーストしたときの車両挙動を示す。

　図1に示したように，ハンドル手放し状態で，前輪がバーストすると，車両の横流れが大きく，後輪がバーストした場合は車両の横流れは小さい。この現象は，ハンドルを持っていない場合のもので，ハンドルを操作すれば真っすぐ走行できる。

　一般に，路上の石や金属などを踏んだことによりタイヤがバーストした場合は，状況が予期できるので事故を防ぐことができる。そのほかの原因で起こるタイヤのバーストも，急激に起こることはなく，タイヤが極めて大きく振動し，激しい音がするなどの現象が発生するため，タイヤに異常が生じていることを乗員は体感できる。一般的に，何の予兆もなくタイヤのバーストが起こり，車両制御ができない状況に陥ることはない。タイヤの損傷を詳しく見分すれば，バーストと事故の状況を明確にすることができる。

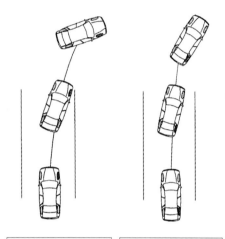

前輪：横流れが大きい　後輪：横流れが小さい

**図1　タイヤがバーストしたときの車両挙動（ハンドル手放し状態）**

## 2　警察の捜査

　図2は，本件事故の交通事故現場見取図を示している。図に示されるように，現場痕跡から左後輪がバーストしたことが認められた。被疑者車両はバーストしてから横すべりするまで，約100mも走行している。高速道路であるから時速100kmで走行していたとすると，3秒間以上も真っすぐ走行し，その後横すべりしたものと考えられる。

　警察は，事故現場の痕跡，車両の損傷など詳細に見分を行った。しかしながら，タイヤのバーストと事故の因果関係を明らかにすることは困難であった。いずれにしても事故直前の速度を明らかにし，衝突に至るまでの車両挙動とハンドル操作及びタイヤのバースト原因を捜査することが重要である。

　図3は，横すべり後，中央分離帯に衝突するまでの車両挙動を示す。

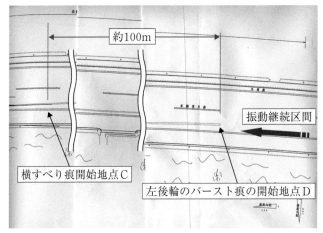

**図2　交通事故現場見取図**

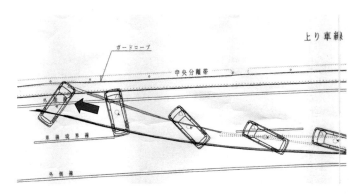

**図3　横すべり後，中央分離帯に衝突するまでの車両挙動**

## 3　警察の対応

　警察は，タイヤのバースト原因について筆者に鑑定を依頼した。依頼事項は，走行速度のほかに，主に以下のようなものであった。

⑴　資料（左後輪バーストタイヤ）のバーストの原因

⑵　資料がバーストしたことによる操縦性・安定性への影響

⑶　運転者の事故の予見可能性の有無

⑷　事故当時における運転者の操作状況

⑸　事故を回避するのに必要な運転者の行動

## 4　鑑定の経過

⑴　資料（左後輪バーストタイヤ）のバーストの原因

　タイヤの構造部分の名称を**図4**に示す。

　左後輪タイヤのトレッド部は，ベルト層と剝離現象を起こし，これが原因でバーストしたと認められた。

　**写真2**に示すように，本件バーストタイヤのトレッド溝底には，深いひび割れが生じていた。

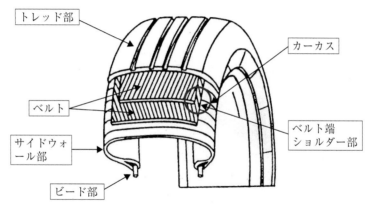

図4　タイヤ構造部分の名称

写真2　本件バーストタイヤのトレッド溝底のひび割れ状況

　さらに，**写真3**に示すように，本件バーストタイヤの外側のトレッドブロックにひび割れ
が生じていた。

　外観的にひび割れができているが，その深さはコード
に達してはいない。ひび割れ部のトレッド内部は，**写真
4**，**写真5**のようであった。ひび割れ部の下部は，ちょ
うどベルト端であり，ベルト端のゴムが硬化していた。
ベルト端を曲げると，ベルトのコードが接着されていな
くてコードが飛び出した。トレッドにこのようなひび割
れが生じた場合，タイヤを使用することは大変危険である。

　このような現象が生じるのは，低空気圧で走行し，ベ
ルト端に負荷が集中し，発熱してベルト端のゴムが硬化
したことによるものと認められた。ベルト端のゴムが硬
化して，トレッドが曲げられることによって，接着され
ていない状態になったコードが内部で飛び出して，摩擦

写真3　車両の外側のトレッドブロッ
　　　クのひび割れ

し発熱を繰り返して，最終的には，剥離現象を起こし，バーストに至ったと認められた。
　**写真6**は剥離現象が最初に生じたと考えられる起点箇所を示している。ベルト端で膨らみ
が生じ，2枚のベルト層間の剥離現象を生じ，剥離が開始される。

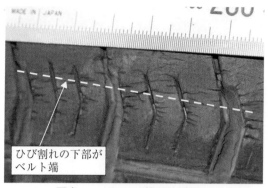

写真4　トレッド部のひび割れ

写真5　ひび割れ下部のベルト端のゴムの硬化

　さらに，**写真6**に示すように，剝離の進行を示すしわの間隔は，最初は小さな間隔であるが次第に大きく変化している。このしわは，タイヤの回転ごとにできるものである。

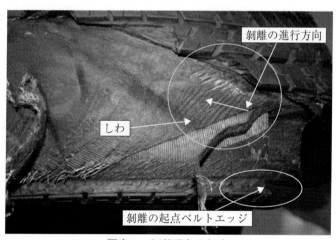

写真6　剝離現象の起点

⑵　資料がバーストしたことによる操縦性・安定性への影響

　資料がバーストした地点付近は，極めて緩い左カーブになっていた。左カーブで左後輪がバーストした場合は，車両の運動に対して急激な変動は起こらない。一方，急カーブで右旋回しながら左後輪がバーストした場合は，車両の運動は急激な変動となることがある。本件の場合，極めて緩い左旋回であったので，左後輪タイヤがバーストしたとしても車両運動に

大きな変動は生じないと考えられた。実際，100mも直進走行ができたものである。したがって，本件資料のバースト状況においては，そのまま，真っすぐ進行するようにハンドルを保持して減速していれば事故は起こらなかったと認められた。

⑶　運転者の事故の予見可能性の有無

　第一に，本件資料のタイヤは，外観上，トレッド溝やトレッドブロックに深いひび割れが認められたので，高速走行する車両として危険であることを予見できた。剝離現象を起こすタイヤは，最初に剝離した場所が膨らみ始めるため，タイヤは大きな音を伴って激しい振動を起こす。このため，車両に異常な状態が起きていることが認識され，このまま高速で走行を続けると事故が起こる可能性を予見できるので，すぐに速度を落として車線を維持すれば事故は防げたと認められた。

　前述したように，バーストしたタイヤのトレッドの剝離部分は，徐々に剝離が進行したことを示している。最初にトレッドの剝離地点が膨らむため，タイヤが激しい振動を起こす。剝離が進行すると車両が大きく音を立てて振動する。この振動は異常なもので，車体が分解するような音と振動が発生するのが一般的である。剝離が大きくなると，次にトレッドがタイヤハウスに当たるため，さらに激しい音と振動が生じる。図2に示したように，完全にタイヤの空気が抜けたのは，左後輪のバースト痕印象開始地点Dとなる。したがって，横すべりが生じる地点Cまでには，強い振動開始地点から相当な距離を走行したものと認められた。

⑷　事故当時における運転者の操作状況

　タイヤのベルトが剝離してタイヤが膨らみ始めてから振動が生じ，その後バーストし，バースト後に長い距離を走行している。被疑者車両のタイヤがバーストしてから，中央分離帯と衝突するまでに150m以上走行している。異常振動及びバースト後にも被疑者は速度を減速させずに走行を続けたため，ハンドル操作を誤って中央分離帯に衝突させたものと認められた。

⑸　事故を回避するのに必要な運転者の行動

　本件のように，走行以前にタイヤ内部に異常が生じていたタイヤが，走行中に剝離現象を起こし，バースト直前には激しい音及び異常振動を伴って，ついにはバーストしたので，異常を感じた時点で，適切に減速し，車線を維持して走行すれば事故には至らない。さらに，本件被疑者車両は，ABS装置装着車両であるから，強く制動したとしてもスピンすることなく減速ができたと考えられた。同乗者は，事故の前から大きな振動と音が発生していたといい，速度を落としてと思っていたところ，減速しないまま事故になったと供述した。

## 5　まとめ

　本件事故は，検察が起訴し，裁判所は過失を認め有罪となった。タイヤがバーストした場合，全て不起訴とするのではなく，事故に至るまでの経緯を詳しく調べ，事故が回避できたか否かを判断しなければならない。特に事故に至るまでの走行状態を物語ってくれるタイヤの故障見分は重要である。

# 第7章
# その他の事故

## 車両単独事故解析の基礎知識

- 衝突部位の突き合わせを行い，衝突状況を明らかにする。
- 衝突速度から乗員の車室内の移動状況を特定する。
- バイクが衝突した場合は，運転者は大腿骨を骨折することが多い。(➡ p.242図1)
- 二人乗り二輪車事故の場合，シートの擦過痕及び生地痕を捜査し，着衣と照合する。(➡p.246写真4・5)
- 車両からの転落事故では，被害者の着衣の擦過状況，身体の損傷状況などを捜査する。(➡p.248の2)
- 四輪車の場合，運転者特定のため車室内の擦過痕跡，血痕などを捜査する。(➡p.254(1))

## 事例 7-1 接触事故の有無を決める痕跡の捜査

　交通事故事件の捜査は，衝突部位の突き合わせなど，いずれの事故事件においても，痕跡の捜査に尽きる。衝突事故では，衝突位置を必ず突き合わせる必要がある。ひき逃げ事件においても，多重轢過か否かを考える必要があるので，車底部の痕跡を丁寧に突き合わせることが重要である。

　後方の人に気付かずに車を後退させたとき，人が接触して倒れたのか，後退してきた車に驚いて誤って転倒したのか，問題になるときがある。また，右折や左折したとき，歩行者や自転車に接触したか否かが問題になることがある。

　接触したとすれば，車体や着衣に接触の痕跡が残る可能性が大きいのであるから，徹底的に接触したと推定される互いの場所の痕跡を捜査することが重要である。

　本事例では，車の右折時に人との接触があったか否かが争われた事故事件について述べる。

### 事件の概要

　事件は，暗くなった夕暮れ時に，住宅街の信号のない交差点で起きたものである。事故は，被疑者が右折した車両の右後部で自転車と接触したような感じがしたので，停止して見てみると人が倒れていたというものであった。図1に交通事故現場見取図を示す。

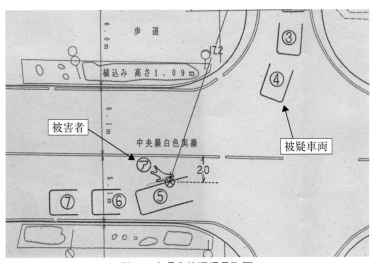

図1　交通事故現場見取図

　これだけであったら，被疑者が，接触したような感触があったと申し述べたことから，問題はないように思える。しかしながら，検死した医師が，死因は頭蓋骨骨折等による脳挫傷であるとしたが，被害者の特異状況として，

　ア　被害者が心肺停止状態であれば瞳孔は拡大するのが通常であるが，縮瞳気味で
　　あった。

　イ　被害者から採血して検査したところ，ＣＨＥ（コリンエステラーゼ）の数値がゼ
　　ロ（通常219〜497ＩＵ／Ｌ）であった。ゼロというのは異常である。有機リン系物
　　質の服用の疑いがあった（後に服用は認められず，計測器の誤動作とされた。）。
があったため，死亡診断書の作成ができなかった。

　また，道路上で後頭部を打って倒れたと思われた被害者が，うつ伏せになって倒れて
いたことなどから，司法解剖を行うこととなった。

　その結果，死因は，頭蓋骨骨折に伴う静脈洞の破綻によって出血した血液の吸引によ
る窒息死であることが判明した。頭蓋骨骨折を成傷したものは，表面が粗い鈍体で，具
体的には，路面や車底部などと判明した。しかし，被害者の上肢，下肢等に骨折及び車
両による衝突，轢過等は認められなかった。

## 1　警察の捜査

　警察は，薬物などの疑いがなくなったことで，被疑車両の車底部や右側面の見分を行い，
被害者と被疑車両の衝突あるいは接触の痕跡の捜査を行った。被害者の着衣を赤外線観測装
置等で詳細に見分したが，特異痕跡などは発見されなかった。

　被疑車両の車底部には，接触した払拭痕が発見されたが，本件事故以前からの損傷である
旨，被疑者から説明があった。また，車底部数箇所のルミノール検査から陽性反応が認めら
れたため，さらに検査した結果，ヒトの血液ではないことが判明した。また，被疑車両のわ
ずかな凹損部に白色繊維様のものが付着しており，そのほかにも擦過痕が認められた。捜査
の結果，いずれの痕跡も被害者に結び付くものではなかった。

　被害者の靴には，**写真1**に示すような黒色の痕跡が認められた。この痕跡は，被疑車両が
装着していたタイヤトレッドとサイドウォール部の溝に類似していた。**写真2**は，被疑車両
に装着されたタイヤの外観であり，溝の部分を拡大撮影したものが**写真3**である。**写真4**が，
警察が特定した被害者と被疑車両の接触状況であった。これを証拠として警察は送致し，検
察が起訴した。

## 2　検察の対応

　被疑者は，接触はなかったとして，警察が示した証拠を認めなかった。検察では，裁判が
始まってから，警察が示した証拠が正しいものか疑問になり，筆者に痕跡の見分を依頼した。
依頼は，「被害者左足靴先端の**タイヤ様痕跡**が，**被告人車両のタイヤ（若しくはこれと同種類
のタイヤ）によって印象された**ものであるか否か」であった。

## 3　靴に印象された痕跡と被疑車両のタイヤとの照合

筆者は，被害者の靴の等寸大の写真，及び被疑車両装着タイヤと同種，同サイズのタイヤ

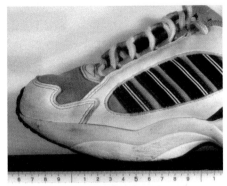

(1)　左足靴の左側面

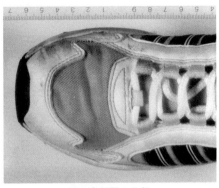

(2)　左足靴の上部

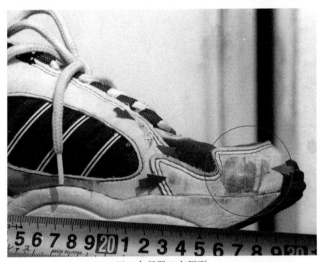

(3)　左足靴の右側面

写真1　被害者の左足靴に印象されたタイヤ様痕跡

写真2　被疑車両のタイヤ側面外観

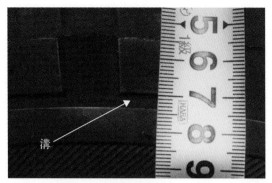

写真 3　溝の部分を拡大したもの

写真 4　警察が特定した被害者と被疑車両の接触状況

を検察を通じて取り寄せた。被害者と被疑車両が接触して印象されたものであれば，これだけの痕跡であるから，痕跡は必ず一致すると考え，それらの照合を行った。

　痕跡の照合の方法は，

⑴　タイヤのサイドウォールの文字やトレッド模様は，スタンプなどで紙に転写するか，**写真 5** に示すように，タイヤを粘着テープに転写し，それに定規を添えてコピー（複写）する。

⑵　靴に印象された痕跡の等寸大の定規の入った写真は，ＯＨＰフィルム紙に転写する。

⑶　コピーとＯＨＰフィルムを重ね合わせて両者が一致するところを捜索する。

というものである。


　被害者が着用していた左足靴に印象されたタイヤ様痕跡は，**写真 1** に示したとおりである。被害者の左足靴の内側には，写真中に○で示した部位にタイヤの文字様のものの痕跡が認められた。それは，靴に印象された 4 本の縦の線のうち，一つが刀の先端のような形状であったことと，もう一つが太い底靴の形状であったことによるものである。

　そこで，被告人車両のタイヤの文字部だけを中心に見分することとした。被告人車両のタイヤ側面には，いずれも「BRIDGESTONE」「DUELER」などの文字が記載されている。被害者左足靴の文字様のものと一致する形状は，サイドウォール文字の「E」の文字に類似していることが分かった。

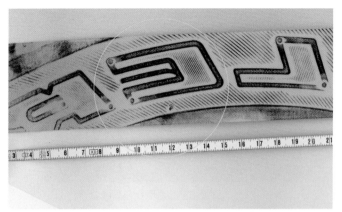

写真5　DUELERの文字のうちLERを粘着テープに転写したもの

写真6に，被害者左足靴の文字と「DUELER」のEの文字を比較したものを示す。これは，完全に一致した。

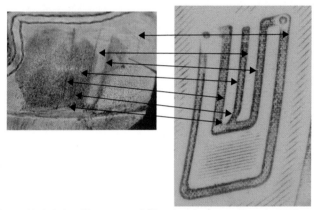

写真6　被害者左足靴のタイヤ痕様のものとサイドウォール文字の一致

被害者左足靴のタイヤ様痕跡の印象状況は強く，被害者が倒れるときに靴がタイヤの側面に接触したものと推定した。その接触状況は，靴の痕跡から**図2**のようであると推定した。

## 4　裁　判

痕跡を見いだしたことで，裁判において証人として出廷を要請された。裁判の前に，検察との打ち合わせにおいて，一致した痕跡を，前もって用意した図面に記入して，検察尋問において裁判官に示すこととした。

弁護人尋問では，筆者が照合した方法について執拗に質問された。質問の内容は，「等寸大の写真を利用しているが，写真の中心以外は，レンズで歪むのではないか」とか，「このような方法が一般的であるか」，「タイヤを入手した方法」などであるが，痕跡が一致するとかしないとかいうことは一切質問されなかった。

最後に，裁判官が，筆者が示した両者が一致する，刀の先端のような形状について質問し，裁判官自らが壇上から証言台に赴き，筆者に確認するというものであった。

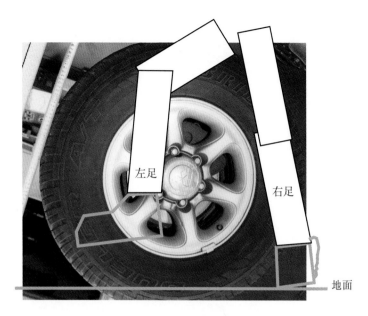

図2　被害者の靴に被告人車両タイヤの側面の文字が印象された形態

## 5　まとめ

　本件は，明らかに被告人が接触を認識していたと認められたが，警察が示した最初の証拠である痕跡の一致部分が納得できるものではなかったため，裁判において疑義が生じたものであった。弁護人が，筆者の公判終了後，被告人に一致痕跡について法廷で示していたのが印象的であった。

　筆者の裁判出廷後に，弁護人が交代し，情状酌量を狙ったと聞いている。

　裁判所の判決は，禁錮1年6か月（執行猶予3年）であった。

## 事例 7-2 二人乗り原付の運転者特定

　四輪車や自動二輪車の事故において，衝突時に路上などに乗員が飛び出した場合，運転者が誰であったか問題になる。四輪車事故の乗員飛び出しでは，車室内における乗員の衝突痕などから，運転者を特定することができる。

　自動二輪車の衝突時の乗員の飛び出しでは，衝突時に運転者が燃料タンクに衝突し，燃料タンクに凹損が生じ，運転者の股部が損傷するので運転者を特定することができる。**写真1**は，自動二輪車の衝突時のタンクの凹損を示す。

凹損

写真1　自動二輪車の運転席前のタンクの凹損状況

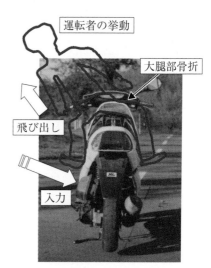

運転者の挙動

大腿部骨折

飛び出し

入力

図1　斜め衝突時の運転者の挙動

　よって，運転者は，股部に大きな損傷を負っていることになる。

　スクータタイプや原動機付自転車の衝突事故では，明確に特定できない場合がある。斜めに強く衝突した場合は，運転者が飛び出すとき，衝突の反対側の大腿部がハンドルと衝突して飛び出すため，大腿部骨折者が運転者と推定できる。**図1**に，斜め衝突時の運転者の挙動を示す。図に示すように，衝突時に運転者が飛び出すとき，フロントホークやハンドル軸に，衝突と反対側の大腿部を強打して骨折する。

　しかしながら，明確な痕跡が認められないケースも多い。本事例では，原動機付自転車の二人乗りの事故における運転者特定事例について述べる。

**事件の概要**

　被疑者Aは，平成16年〇月×日23時頃，路上において，原動機付自転車を二人乗りで運転し，C町方面からD町方面に向かっていた時，運転操作を誤って，自車前部を橋の右欄干等に衝突させた事故である。

　図2に示すように，直進して来た原動機付自転車が道路中央線を越え，橋の右欄干部に斜めに衝突し転倒した。後部乗員の頭部が，欄干の柱に衝突したことにより死亡した。

　事故直後，被疑者Aは，自分が運転していたことを認めていたが，後部同乗者の被害者Bが病院で死亡した直後に，被疑者Aは，死亡したBが運転していたと証言を翻すに至った。

## 1　警察の捜査

　警察の調べでは，原動機付自転車の持ち主は，被疑者Aであり，後部に乗車していた被害者Bは，無免許であった。被疑者Aと被害者Bは，ときどき運転を代わっていた。被疑者Aの最初の供述では，被害者Bは，無免許であり，事故を起こしたとなると罪が重くなるので，自分が運転していたことにしようと思ったなどと述べていた。

　警察の取調べにおいて，被疑者Aは運転していたことを強く否定したため，原動機付自転車のハンドルにおける指紋，ステップ部の靴痕跡などについて念入りに捜査した。しかしながら，運転手を特定する痕跡を見いだすことはできなかった。被疑者Aは未成年であり，被疑者Aの保護者も運転していたことについて強く否定した。

　このような状況で，警察は事件を検察に送致することができなかった。

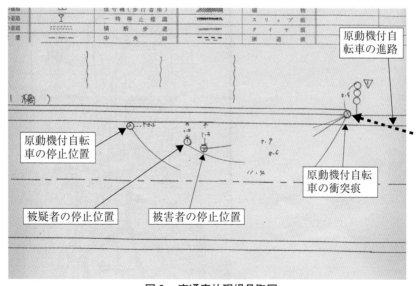

**図2　交通事故現場見取図**

## 2　警察の対応

　警察は，筆者に運転者の特定を依頼した。筆者は，原動機付自転車，被疑者A及び被害者

Bの衣服などの見分を行い，運転者の特定を行った。

## 3　捜査の経過

### (1)　交通事故の状況

　本件原動機付自転車は，右側部に衝突した痕跡が認められ，また，右側に転倒擦過した痕跡が認められた。橋の欄干の衝突痕及び原動機付自転車の衝突痕及び擦過損傷状況から，原動機付自転車は，橋の欄干に衝突し，衝突直後に2名の乗員は，右前方（橋の欄干方向）に飛び出したものと認められた。その後，路上に転倒停止したものと推定された。

### (2)　被疑者Aの着衣の見分

　被疑者A着用のTシャツの右わき腹部分には，強く圧着した痕跡が認められた。圧着とは，生地の布目が押しつぶされて，糸が部分的に平たく押しつぶされている状況である。Tシャツはほぼ白色のものであったが，Tシャツの圧着部には，接触相手からの着色は認められなかった。

　これらのことから，原動機付自転車が，右斜めに欄干に衝突し，被疑者Aが欄干方向に飛び出すときに右わき腹がハンドルに接触し，Tシャツの圧着痕を印象させたものと推定された。Tシャツの圧着痕に，接触面の着色がなかったのは，原動機付自転車のハンドルが薄い赤色のプラスチック製のハンドルグリップで，接触しても相手の生地を着色しないものであったからである。

　後部に乗車していた場合は，運転手が前にいて右前方に飛び出すためハンドルと衝突することはない。したがって，被疑者A着用Tシャツの圧着痕は，原動機付自転車が欄干に衝突し，被疑者Aがハンドルと衝突したときに印象されたものと認められた。

　被疑者A着用のズボンについては，幾つかの擦過痕が認められた。被疑者A着用ズボンは，生地としてきめが細かい編み目で，生地目間隔が狭いものであった。

### (3)　被害者Bの着衣の見分

　被害者Bのシャツは提出されず不明であった。被害者Bが着用していたズボンは，**写真2**に示すようにデニム（ジーンズ）で，その生地の編み目は粗く，生地目間隔が広いものである。したがって，被疑者A着用のズボンと被害者B着用のズボンの生地布目には，大きな差異が認められた。

### (4)　原動機付自転車の見分

　**写真3**は，事故車である原動機付自転車の右側面を示す。本件原動機付自転車の損傷は，主に前面及び右側面などに認められた。

　原動機付自転車には，擦過痕や凹損した部分が認められるが，**写真4**に示す白矢印部分に，強く圧着されたときに印象される生地痕が認められた。

　衝突事故により乗員が飛び出した場合は，シートのふちの合わせ目に生地布目痕が印象される。本件の原動機付自転車のシートの合わせ目には，生地布目痕が印象されており，被害者Bが着用していたデニムのズボンの生地布目と一致した。

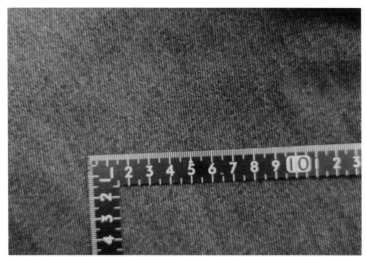

写真 2　被害者 B 着用ズボン（デニム）の生地布目

写真 3　原動機付自転車の右側面

　この生地痕の印象は，**写真 4** に示したように，乗車位置から，後部座席に乗車した乗員の
ズボンの生地痕と認められた。**写真 5** は，被害者 B 着用のズボンと原動機付自転車のシート
合わせ目に印象された生地痕を比較したものである。

⑸　原動機付自転車の運転者の特定

　原動機付自転車の運転者は，欄干と衝突したときに右前方に飛び出し，その際に，右わき
腹付近がハンドルグリップと衝突したものと認められる。ハンドルグリップとの衝突により，
被疑者 A 着用 T シャツに圧着した痕跡が印象されたと認められ，原動機付自転車の運転者で
あったと特定された。

　被害者 B は，欄干との衝突後右方向に飛び出し，そのとき左太もも内側のズボンがシート
合わせ目部にデニムの生地布目を印象させたものと認められ，被害者 B は，後部座席に乗車
していたと認められた。

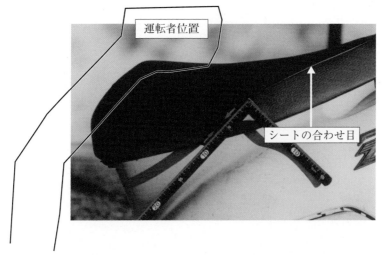

写真4　原動機付自転車のシート左部分の生地布目痕と運転者位置

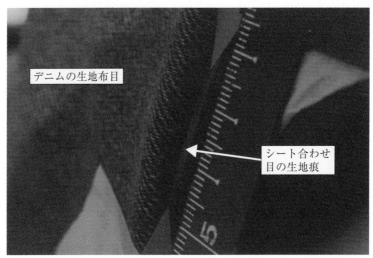

写真5　被害者B着用ズボンとシート合わせ目に印象された生地痕の比較

## 4　証拠発見の結果

　デニムの生地布目痕が原動機付自転車のシートの合わせ目部から発見され，これを印象できるのは後部乗員しかいないことが判明したことによって，被疑者Aは，自分が運転していたことを認めた。

## 5　まとめ

　交通事故事件では，被疑者にとっては過失であり，罪の意識が薄いため，否認するケースが多い。しかしながら，様々な痕跡から事故の全容を示すことができれば，被疑者を認めさせることができるのである。ひき逃げや危険運転においても同様であるが，明確な証拠を示すことによって，事件の早期解決を望むものである。

## 事例 7-3　荷台から被害者が落下した事故

　本事故事件は，軽四輪貨物自動車（以下「軽トラック」という。）の荷台から被害者が落下し，後頭部を強打したことによる脳挫傷により死亡した事件である。軽トラックの運転手である被疑者の過失を問うために，被害者が軽トラックの荷台からどのように落下したものか，被害者の落下形態を明確にすることが捜査のポイントとなった。

　本事例では，走行する車両から落下した被害者の移動状況を明らかにし，被疑者の過失を明確にするまでの捜査について述べる。

### 事件の概要

　事件は，平成15年8月下旬の深夜，農家が点在する山道で起きたものである。被疑者の運転する軽トラックには，助手席に1名が乗車し，荷台には被害者が運転キャビンを背中にして乗車していた。被疑者と被害者ら3人は，町で遊んだ後，軽トラックで帰宅した。その間，ほぼ一定の40km/hで走行して一度も停止することなく帰宅したと被疑者は供述した。帰宅して荷台を見ると，荷台に乗車していた被害者が見当たらなかった。夏なので，そのままにして就寝した，という。

　朝方，現場を通行した目撃者の通報で，被害者が路上に倒れていたことが判明した。事故現場道路は，軽トラックの進行方向に対して上り坂になっており，被害者は，頭を坂の下り方向に，足を坂の上り方向にして倒れていた。左手は，ビニール袋を持って胸の位置にあり，右手は路上にあった。被害者の右足踵には路面に落下したときに生じたと思われる裂創が認められ，後頭部には脳挫傷の痕跡が認められた。両肩部は，赤くなった挫滅創が認められた。ほかに顕著な損傷は認められなかった。また，着衣には，擦過損傷などは認められなかった。

## 1　捜査上の問題点

　警察は，被害者が被疑者（運転者）の供述どおり，走行中に落下したとすると，被疑者を道路交通法の救護義務違反及び業務上過失致死罪に問えないため，以下の項目について捜査する必要があった。

⑴　被害者は走行中に落下したか否か

⑵　被害者の損傷から被害者がどのように落下したか

## 2 警察の捜査

(1) 走行中の軽四輪貨物自動車（軽トラック）の荷台から被害者が転落した場合の落下形態

　筆者らは，警察の依頼によって，走行中の軽トラックの荷台から落下した場合の落下形態と人体損傷について，ダミー人形を用いて検証を行った。軽トラックの運転キャビンを背中にして荷台に座る場合は，急加速や急制動させても，荷台から転落するものではない。荷台のあおりを背中にして荷台に座っているとき，急加速や急制動した場合に，荷台乗員が転落するか否かを検証することとした。検証は，ダミー（身長は175cm，重さは75kg）を同型の軽トラックの荷台から落下させて行った。

　ア　検証1…荷台の床に座るダミーを停止状態から急発進させた場合

　　写真1に示すように，ダミーを荷台の床に座らせ，後部あおりにもたれ掛けて，停止状態から急加速させても，ダミーが後部あおりを越えて地面に転落することはなかった。

写真1　荷台に座ったダミーの落下実験状況（停止から急加速）

　イ　検証2…速度40km/hで後部あおりからダミーを落下させた場合

　　写真2に示すように，速度40km/hで走行する軽トラックの後部あおりにダミーを腰掛けさせて，強制的にダミーを後ろに落下させた。

写真2　ダミーの落下実験（速度40km/h）

　　ダミーの落下状況を写真3及び写真4に示す。写真3は，頭部が地面に落下する直前で，その位置は，写真内の三脚の手前であるが，落下したダミーは写真4に示すように，頭部が三脚よりかなり先に擦過停止している。

写真3　落下の状況　　　　　　　　　　　　　　　写真4　地面に落下直後の状況

　写真5は，ダミーが落下後擦過して停止した状態を示している。このように，40km/hで走行する車両から落下した場合は，約10m擦過して停止することが分かった。路面には，衣服やダミーの擦過痕が強く印象された。

写真5　ダミー落下後の擦過移動状況

　したがって，走行している車両から落下した場合は，**写真6**に示すように，ダミー頭部は，強く地面に打ち付けられ，大きな擦過損傷を生じた。色が濃くなっているところが強く打ったところである。

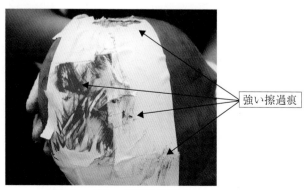

写真6　ダミーの頭部の損傷

　写真 7 は，ダミーの腰部ズボンの損傷を示している。このように，40km/hで走行する軽トラックの荷台から落下した場合は，衣服や人体には激しい擦過損傷が生じることが分かる。

写真 7　腰部ズボンの損傷

ウ　検証 3 …急発進させて後部あおりからダミーを落下させた場合

　写真 8 は，停止した軽トラック後部のあおりに腰掛けた状態のダミーを示す。**写真 9**は，急発進直後にダミーが落下し始める状況を示す。**写真10**は，落下した直後のダミーを示し，**写真11**は，落下後停止したダミーの状況を示す。

写真 8　後部あおりに腰掛けるダミー

写真 9　急発進後に落下するダミー

写真10　落下した直後のダミー

写真11　ダミーが停止した状況

　**写真10**では，頭部から落下した後，左足が頭の方にあるが，その後，**写真11**では，左足が地面に降りていることが分かる。

　写真12は，ダミー頭部の損傷を示している。この写真から，頭部右側に強い損傷が生じることが分かる。写真13は，ダミーのシャツの背中を示しているが，大きな損傷は見られない。また，ズボンにもほとんど損傷が見られなかった。

写真12　ダミー頭部の損傷状況

写真13　シャツの損傷状況

　写真14及び写真15は，ダミーの左足の踵の損傷を示している。この写真から，頭部が先に落下し，その後，ダミーの左足踵が強く路面にたたきつけられ，損傷が生じたことが認められた。

写真14　左足踵の着地状況

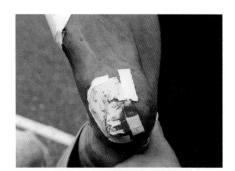
写真15　左足踵の損傷状況

エ　検証 4 …後部あおりに腰掛けるダミーを人が押して落下させた場合
　停止した軽トラックの後部あおりに腰掛けるダミーを人が押して落下させた場合について実験を行った。写真16は，落下させる直前のダミーの状況を示し，写真17は，落下し始めた状況を示す。

写真16　ダミーを落下させる直前

写真17　ダミーが落下し始めた状況

写真18は，ダミーが地面に落下した状況を示す。写真19は，ダミーが落下して停止した状況を示している。この実験では，落下後，ダミーの左足は車が停止した状態であるため，軽トラックの後部がダミーのすぐそばにあり，そのため地面に落下することはなかった。したがって，ダミーの左足踵に強い損傷は生じなかった。

写真18　ダミーが落下した状況

写真19　ダミーが停止している状況

オ　検証 5 …立っているダミーを押して落下させた場合

　最後に，停止した軽トラックの荷台に立っているダミーを頭から落下させた場合について実験を行った。写真20は，ダミーが荷台に立っている状況を示し，写真21は，落下するダミーの状況を示している。写真22は，落下直後のダミーの状況を示し，写真23は，落下後のダミーの状況を示している。この実験から，停止する軽トラックから立って落下した場合は，ダミーの頭頂部に損傷が生じ，ダミーの足は落下する時にトラック後部に当たるため，地面に強く打ち付けられることはなかった。また，停止している車両から落下した場合は，頭部や衣服に路面との擦過痕はほとんど見られなかった。

写真20　荷台に立つダミー

写真21　立って落下するダミー

写真22　落下直後のダミー

写真23　落下後停止したダミー

## (2)　人体の損傷から考えられる落下形態

　**写真24**は，被害者の左右の足の損傷を示す。左足踵部分には，路面に強打された損傷が見られる。よって，被害者の身体や衣服に擦過痕がないことや被害者の左足踵の損傷などから，停止した車両が急に動いたことにより荷台から落下して後頭部を強打したものと推定された。被害者が履いていた雪駄は，後部あおりに腰掛けていたような状態で被疑車両から発見された。この状態から，被害者は，軽トラック後部あおりに腰掛けていたことが確認できた。

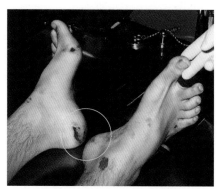

**写真24　被害者の足の損傷**

## 3　被疑者の自供

　検証の結果，被害者が荷台の後部あおりに座っていたところ，被疑者が車両を急発進させたため落下し死亡したことが判明した。検証の結果をもとに，警察が被疑者を追及したところ，全面的に自供を始めた。

　自供によると，帰宅途中，落下した事故現場付近で，一旦停止して3人でシンナーを吸引した。被害者が後部あおりに座っているので，脅かすつもりで急発進したところ落下し，動かなくなったので怖くなって逃げたということであった。

## 4　まとめ

　被疑者が強く否認した場合，犯罪を立証するためには，物証が必要となる。本事件では，ダミーによって落下の状況と成傷過程を明確にできたことで，被疑者を自供に追い込むことができた。このような検証は，被疑者を納得させ，自供させることができるので，検証を有意義に行うことが重要であろう。

# 運転者の特定が裁判で問題となった四輪車の自損事故

本事例では，被告人が高速道路において，普通乗用車を高速で走行して自損事故を起こし，同乗していた会社の同僚を死亡させた業務上過失致死被告事件について述べる。本事故事件は，事故発生から3年を経て検察が起訴したもので，被告人が運転していた記憶がないなどと主張したため，裁判で争われた事件であった。

### 事件の概要

被告人は，最高速度を60km/hと指定された道路の第2通行帯を普通乗用自動車でS料金所方面からN料金所方面に向かい，途中左に緩やかに湾曲する道路において，高速度のまま進行し，ハンドル操作を誤って自車を道路右側のガードレールに衝突させたことによって，自車の同乗者を後大脳動脈損傷に起因する脳幹部機能の停止により死亡させたものである。なお，乗員の乗車位置について，疑問が生じたものであった。

## 1 鑑定項目

検察から筆者に依頼された鑑定項目は，以下のとおりであった。

(1) 被告人及び被害者の挙動並びに被告人が運転席に乗車して本件被告車両を運転していたか否か

(2) 被告車両の速度

## 2 鑑定の経過

(1) 被告人及び被害者の挙動並びに被告人が運転席に乗車して本件被告車両を運転していたか否か

ア 被害者の損傷

図1は，被告車両の車両挙動を示す。この図は，被告車両が事故現場に印象させたタイヤの横すべり痕から求めたものである。最も衝撃が大きいのは，最初のガードレールとの衝突（第1衝突）である。その後，再び回転しながら後部がガードレールと衝突（第2衝突）し，第2車線上に停止した。第1衝突の衝撃によって，被告車両の前部は，前輪タイヤ及びエンジンなどが脱落するほど大破したものであった。

写真は，助手席側のドアの変形を示す。この写真から，ドアは，大きな衝撃によって曲損している。その方向は，車体に対して左真横の方向であり，図1に示したように，被告車両の左前横がガードレールと真横に衝突しており，その衝突角度と一致している。この曲損は，助手席乗員や衝突による変形によって形成されたものと認められた。運転

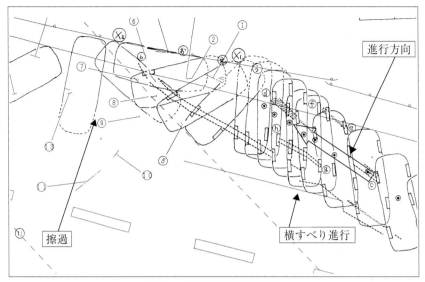

図1　被告車両の車両挙動

写真　上から見た助手席側ドアの曲損

手による変形と仮定した場合は，助手席ドア部の曲損は，運転席から衝突によって飛んだ運転手の頭頂部によって形成されるものであるが，乗員2名のうち頭頂部に受傷したものはいない。

　助手席ドアの曲損状況から助手席に乗員が乗車していたと認められる。したがって，助手席乗員は，左頭部，左肩，左上腕などに損傷を受けるものと考えられた。

　被害者の死因は，左右の後大脳動脈断裂の損傷によるものである。

　被害者の主な損傷は，以下のとおりである。

① 　左側頭部の挫裂創

② 　左側頭部の骨折

③ 　左側頸部の多数の小切創，表皮剥脱

④ 　左肩部の表皮剥脱，皮下出血

　これらの損傷の形成は，鈍体の打撃，圧迫，擦過によるもので，左頸部の多数の小切

創や表皮剥脱は，ガラス片により形成されたと認められた。

　被害者の車内移動状況は，足が助手席にあり，上体は運転席に倒れるように横たわっていた。また，被害者の左手は，ハンドルにかかった状態で倒れていた。ここで，このような衝突形態で，運転手が衝突によって車室内を移動し，運転席から両足が助手席に出て，再び上半身が運転席に倒れてハンドルに手が触れるような状態になることは考えられない。

　したがって，車室内の損傷が助手席左側面部に集中していること及び被害者の受傷部位が左側に集中していることから，助手席に乗車していたのは死亡した被害者であったと認められた。

イ　被告人の損傷

　被告人の主な損傷は，以下のとおりである。

① 後頭部の左右に広がる裂創（5cm）

② 両手の甲に軽度の擦過傷

③ 左腰部に打撲痕

　被告人の後頭部の左右に広がる裂創は，衝突により左に飛び出したときに，被害者と衝突して生じたものと認められた。両手の甲に擦過傷などが生じるのは，ハンドルを持って運転していた運転手が衝突の際に，斜め前かがみになる自分の体重を支えられず，メーターパネルなどに手の甲が衝突するために受傷する典型的なものである。

　被告車両の運転席と助手席の間にあるシフトレバーが，助手席側に曲げられていて，第1衝突時に運転手が左に飛び出したときに曲損させたものと認められた。被告人の左腰部には，打撲痕が生じており，明らかに被告人が運転席にいたと認められたものである。

ウ　その他の運転手特定の根拠

　このほかの捜査によって，明らかなことを以下に示す。

① 被告車両のコンソールボックスに入っていた高速道路の通行券から，被告人の右手指紋が採取された。

② 被告車両が入った料金所から事故までの距離及び時刻から算出された平均走行速度が約135km/hとなり，途中サービスエリアなどで運転を交代したとは考えられない。

③ 被害者は，衝突時白いワイシャツを着用し上着を着用していない。被告人は，上着を着用していたと認められた。料金所において撮影されたビデオには，助手席に白いワイシャツを着用した人物が撮影されていた。

以上のア～ウの証拠によって，被告人が運転していたと認められた。また，乗員の挙動として，被告人と被害者は，シートベルトを着用していない。

被告人が左カーブを高速度で走行したため車両の安定性を失ってスピンを生じ，車体の左側（助手席側）から中央分離帯のガードレールに衝突し，回転しながら停止した。このとき，被害者は，車内の左側ドア部に強く衝突し受傷した。

　また，被告人は，大きな損傷を受けていないが，衝突が左横前部であったことから，被害者より受傷が小さかったと認められた。

**(2)　被告車両の速度**

　被告車両は，横すべりしながらガードレールに衝突し，**図2**に示すように，車体前部が凹損し脱落した。その後，同車両は後部をガードレールに衝突させて進行方向に向いて停止していた。

　これらの損傷及び移動距離から衝突直前の速度を，エネルギー保存則を用いて求めた。

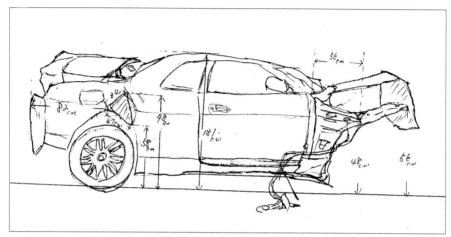

**図2　被告車両の損傷状況**

　被告車両は，ガードレールに衝突したが，ガードレールの凹損は，20cm程度で，大きな変形ではないので，ガードレールの変形エネルギーを無視した。

　被告車両が横すべり痕を印象させる直前の速度を$V_0$，横すべり痕を印象させた損失運動エネルギーの速度を$V_1$，ガードレールに衝突したときの速度を$V_G$，衝突直後の飛び出し速度を$V_2$とする。また，車体損傷による前部のバリア換算速度を$V_B$，車両質量を$m_H$とする。

　ガードレールに衝突したときのエネルギー保存則は，次式のように示される。

$$\frac{1}{2}m_H V_G^{2} = \frac{1}{2}m_H V_B^{2} + \frac{1}{2}m_H V_2^{2} \quad\cdots\cdots\cdots\cdots\cdots\cdots\cdots\cdots\cdots\cdots\cdots\cdots\cdots 式(1)$$

　被告車両の状況は，**図3**に示すように，車体前部がガードレールとの衝突によって脱落した。この脱落した部分から，バリア換算速度を求めた。

**有効衝突速度（バリア換算速度）**

　車体の塑性変形に要したエネルギーから有効衝突速度を求めるには，コンクリート壁への衝突実験により，各衝突速度における変形に要したエネルギーを測定し，この値から車体のエネルギー吸収図として図面化した車体吸収エネルギー分布図を用いる。

　**図4**は，被告車両の損傷をエネルギー吸収図に示したものである。被告車両の前面の損傷は大きく，**図4**では，前面の永久変形に対する表が0.8mまでしかないが，それ以上の変形は，704として計算することとした。

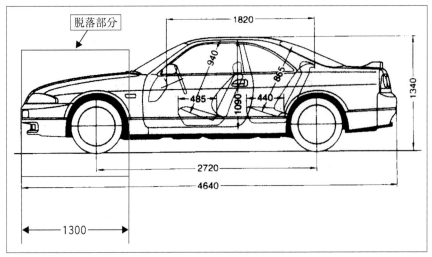

図3　車体損傷図

|  |  |  |  |  |  |  |  |
|---|---|---|---|---|---|---|---|
| 279 | 279 | 279 | 279 | 279 | 279 | 279 | 279 |
| 265 | 265 | 265 | 265 | 265 | 265 | 265 | 265 |
| 353 | 353 | 353 | 353 | 353 | 353 | 353 | 353 |
| 441 | 441 | 441 | 441 | 441 | 441 | 441 | 441 |
| 528 | 528 | 528 | 528 | 528 | 528 | 528 | 528 |
| 616 | 616 | 616 | 616 | 616 | 616 | 616 | 616 |
| 704 | 704 | 704 | 704 | 704 | 704 | 704 | 704 |

永久変形量(m)　0.0　0.2　0.4　0.6　0.8

車　幅

図4　エネルギー吸収図（FR車）（脱落している）

数値の総数 $K$ = (279 + 265 + 353 + 441 + 528 + 616 + 704 + 704 + 704 + 704 + 704 + 704)

　　　　　× 8 = 53648

永久変形させたエネルギー $E$ は，次式で表される。

　$E$ = 総数 × $g$ × 全幅 = 53648 × 9.8(m/s$^2$) × 1.72m = 904291(J)

ただし，$g$ は重力加速度9.8(m/s$^2$)である。

よって，バリア換算速度 $V_B$ は，次式で与えられる。

$$V_B = \sqrt{\frac{2E}{m_H}} = \sqrt{\frac{2 \times 904291}{1380}} = 36.2\text{m/s}(130\text{km/h}) \cdots\cdots 式(2)$$

次に，飛び出し速度 $V_2$ を求める。

第1衝突地点から第2衝突地点までの距離 $L$ は，約28.5mである。この間は，前輪が脱落したため，車体で擦過しながら停止したものと認められる。金属と路面の擦過による摩擦係数を $\mu$ = 0.4として飛び出し速度 $V_2$ は，次式で表される。

$$V_2 = \sqrt{2\mu gL} = \sqrt{2 \times 0.4 \times 9.8 \times 28.5} = 14.9\text{m/s} \cdots\cdots 式(3)$$

よって，式(1)から，

$$V_G{}^2 = V_B{}^2 + V_2{}^2$$

$$V_G = \sqrt{36.2^2 + 14.9^2} = 39.1 \mathrm{m/s}\,(140.8\mathrm{km/h}) \quad \cdots\cdots\cdots\cdots\cdots\cdots\cdots\cdots \text{式(4)}$$

　最後に，横すべり痕印象開始直前の走行速度 $V_0$ を求める。被告車両は，衝突直前に横すべり痕を印象させている。その距離 $L$ は，20.8m である。横すべりにより損失した仕事及び損失運動エネルギーから速度 $V_1$ を求める。ただし，乾燥路面における横すべり痕の摩擦係数を $\mu = 0.7$ とする。

$$V_1 = \sqrt{2\mu g L} = \sqrt{2 \times 0.7 \times 9.8 \times 20.8} = 16.9\mathrm{m/s} \quad \cdots\cdots\cdots\cdots\cdots\cdots\cdots \text{式(5)}$$

　よって，横すべり開始時の走行速度は，次式で求められる。

$$\frac{1}{2}m_H V_0^2 = \frac{1}{2}m_H V_G^2 + \frac{1}{2}m_H V_1^2$$

$$V_0 = \sqrt{V_G^2 + V_1^2} = \sqrt{39.1^2 + 16.9^2} = 42.6\mathrm{m/s}\,(153.3\mathrm{km/h})$$

　このほか，ガードレールが損傷していることから，被告車両は**153.3km/h以上**の速度で走行し，横すべり痕を印象させながら，ガードレールに衝突したと認められた。

## 3　被告人の主張と警察の対応

　このような大きな損傷状況であったことから，警察側は速度の鑑定はできなかった。被告人は，事故後発見されたとき，後部座席に乗車していた。被告人は，自分は後部座席に寝ながら乗車していたから，受傷が少なかったと主張した。そこで，料金所でのビデオや通行券などの指紋などを捜査した。

## 4　裁判での争点

　被告車両は，2ドア車で，通常後部座席に乗車する場合は，助手席側の座席を倒して乗車する。このとき，助手席の座席は前に移動させる。助手席に乗員がいないから，後部乗員は広く乗車するために，助手席は前に移動させておくと考えられる。しかしながら，助手席は最後部に下げられ，後部席との間は狭く足が入らない状況であった。

　鑑定では，被告人は，助手席乗員の被害者が運転席に倒れてきたとき，被害者の手をハンドルに掛け，運転していたかのように偽装し，被告人が運転席から左側後方に体を移動させ，後部座席に乗車していたかのように偽装したと推定した。

　弁護人は，被告人が太めで容易に後部に移動できない体型であるから，衝突後，偽装して移動することは困難であることを主張した。

## 5　判　決

　判決は，被告人を懲役2年に処するというものであった。裁判官は，運転者特定に関しては，検察側の主張は全て認めた。しかしながら，走行速度が153.3km/h以上であると鑑定したことについては認めず，135km/hで衝突したと判決した。前述したように，ガードレールの損傷などを無視したことなど考慮すると，153.3km/h以上の走行速度と解析されたことについては，正しいと考えている。判決では，永久変形量を測定するのに，バンパーなどが脱

落しているのだから，バリア換算速度は正確に算出することは不可能であるとした。判決の135km/hという数字は，料金所から事故が起きた地点までの距離と時間によって算出された平均速度を採用したものである。本事故道路は，最高速度が60km/hと指定されている道路であり，比較的カーブが存在する道路であるから，ところどころで135km/h以上で走行しないと平均速度が135km/hとならないのである。したがって，153.3km/hと解析された速度は妥当な速度であり，判断に誤認があったのではないかと疑義が残った。

## 6　まとめ

本件は，事故が起きてから起訴するまで3年の歳月を要し，判決が下されたときには4年が経過していた。遺族としては癒えることのない長い年月の闘いであったと推察される。判決では，被告人からの慰謝の措置は執られず，事故直後，被害者の左手を運転席の足元からハンドルへ動かすなどの偽装を行い，その後も，記憶がないと主張するなど反省の情が認められず，犯行後の事情も良くないとし，実刑を言い渡した。

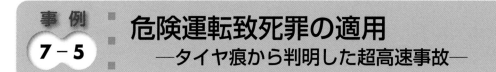

事例 7-5　危険運転致死罪の適用
―タイヤ痕から判明した超高速事故―

本事例では，酒気帯び運転で高速走行して起こした事故につき，危険運転致死罪の適用を視野に入れて，緻密な捜査を行った好例について述べたい。

### 事件の概要

事故は，4人乗りのワゴン車で，国道において酒気帯び状態の運転手が猛スピードで道路案内標識柱に激突し，乗っていた男性3人が死亡し，運転手だけが重傷を負ったもので，運転手が，危険運転致死罪と道路交通法違反の罪に問われたものである。

## 1　道路の状況

道路は，**写真1**に示すように，緩い右カーブで下り2％勾配の片側1車線の国道である。道路の幅員は，4mで，道路の両側には，高さ0.19m，幅0.2mの縁石により区分された歩道がある道路である。スピードを出し過ぎた事故車両が道路の外に飛び出し，先の道路案内標識柱に衝突したものである。

## 2　事故現場の状況

事故現場に，事故車両が車体中央から前部にわたり大破した状態で停止していた。事故車両内に2名がおり，事故車室内から投げ出された2名の乗員が歩道上に倒れていた。

**写真 1　交通事故現場見通し状況**

　事故現場は，**写真 2** に示すように，道路案内標識柱が事故車両との衝突によって土台から傾いた状態になっており，衝突のすさまじさがうかがえる。

**写真 2　衝突して傾いた道路案内標識柱**

　また，**写真 3** に示すように，道路案内標識柱の根元付近には，事故車両のフロントなどのガラス片，エンジン，ラジエター，右前フェンダー及びミッションも落下していた。道路案内標識柱に衝突した後，電力柱にも衝突したものと認められた。単独事故において，これまで経験したことのないすさまじい衝突状況であった。

**写真 3　散乱した事故車両のミッション及びエンジンなど**

　道路案内標識柱の衝突位置から後方に戻ってみると，縁石を乗り上げ，歩道に左右の前輪のタイヤ痕を印象していた（**写真4**）。さらに，そのタイヤ痕をたどっていくと，縁石に強くタイヤ痕が印象されていた（**写真5**）。

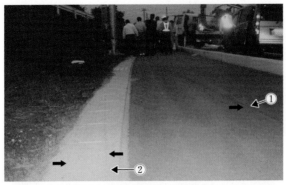

**写真4　歩道①と有蓋側溝蓋②に印象されたタイヤ痕**

**写真5　歩道の縁石に印象されたタイヤ痕**

## 3　車両の損傷状態

　**図1**は，事故車両の損傷見取図を示す。この図から，車体前部が大破していることが分かる。車の損傷状態からみると，車の原形をとどめないほどである（**写真6**）。

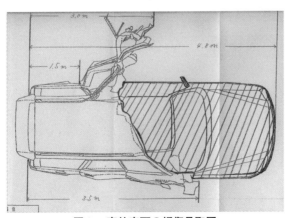

**図1　事故車両の損傷見取図**

写真 6　前方から見た事故車両（エアバッグが開いている）

## 4　警察の対応

　運転手は自分が運転していたことを最初に認めていたが，後に供述が変わることも多々あるため，警察は運転者特定を確実にする捜査を行った。捜査の結果，運転手らが酒気帯び状態であったことが判明し，異常な損傷状況であったことから，危険運転致死罪の適用を検討するに至った。この場合，事故車両の走行速度を鑑定する必要があるが，事故車両の損傷状態は，これまでの常識の範囲を超えたもので，速度鑑定が困難であった。

## 5　捜査のポイント

### ⑴　運転手の特定

　このような事故においては，運転手が運転していないと供述を翻すことがよくあるため，最初に，乗員の傷害状況及び車室内の乗員の位置や生地痕などによって，運転手を特定しておくこととした。

### ⑵　事故前のパンクの有無

　また，事故後，運転手はタイヤのパンクが事故の原因であるようなことを言い出すケースがある。タイヤの損傷状態を調査していない例が多く，裁判になって，パンクが原因でハンドル操作ができなかったと言い張ることがよくあり，裁判でもめることが多い。したがって，**写真 7** に示すように，タイヤの見分及び事故直前に印象されたタイヤ痕の見分を十分に行うことが重要である。事故タイヤが衝突によって破損したことを確認しておくことが捜査のポイントである。さらに，路面に印象されたタイヤ痕から，パンクの存在の有無を明確にすることができる。パンクしていれば，タイヤ幅や，タイヤの模様の濃淡が異なるし，路面にガウジ痕（えぐれ痕）が印象されるので，パンクの有無の判断が可能である。

　本件事故現場においては，道路案内標識柱と衝突する直前の路面にタイヤトレッドの痕跡が明確に印象されており，事故車両が事故前にパンクしていないことは明確であった。

264

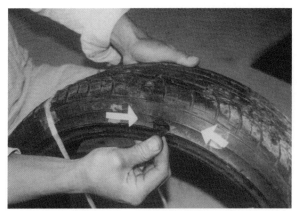

写真 7　タイヤの損傷の見分

## 6　速度算出のポイント

　速度算出のポイントは，車両の損傷，タイヤ痕の長さ，衝突後の飛び出し距離が重要なポイントとなる。車両が衝突したときの衝突速度は，一般的に衝突車両の破損状況からバリア換算速度として，衝突速度を推定するものである。

　本件の場合，事故車両の損傷は，**図1**に示したように，車両の前部を全て破壊し，ミッション，エンジンなどが現場に散乱し，原形をとどめない損傷状況であった。

### (1)　ポール衝突時の永久変形量と衝突速度

　本件事故の場合は，道路案内標識柱及び電力柱に衝突したものと推定され，ポール衝突として衝突速度を考える必要がある。ポール衝突の場合は，バリア衝突の場合よりも衝突面積が狭くなるので，塑性変形量（凹み量）は大きくなる。**図2**は，車両を直径0.254mのポールに前面衝突させた場合の速度と永久変形量との関係を示している。

　ポールに前面衝突した場合の車両の永久変形状態は，**図3**のようになる。本件事故の場合は，エンジンやミッションが脱落し，車両の前面が大破して**図3**のような永久変形量を大きく超えた変形量になっている。

　最初の衝突物である道路案内標識柱に衝突したときの衝突速度は，これまでの研究例にないほど高い速度であり，100km/h以上の速度で衝突したものと考えられるが，被疑者車両の永久変形量だけでは明確な衝突速度推定はできなかった。

### (2)　交通事故現場付近における限界旋回速度

　事故車両は，カーブを曲がれず，左縁石にタイヤ痕を印象させながら走行している。このカーブの設計最小曲線半径は，260mで，曲線部の横断勾配は，5％である。この条件における限界旋回速度を求める。事故時は，乾燥路面であったので，タイヤと路面間の摩擦係数は，すべり始める摩擦係数として$\mu_L=0.85$とした。横断勾配を持つ曲線部の限界旋回速度$V_{MX}$は，次式で与えられる。

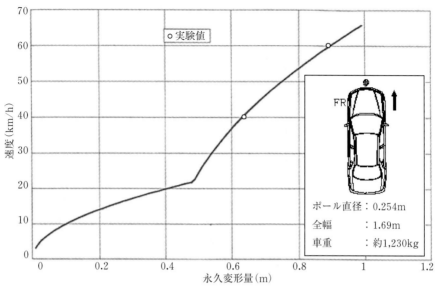

**図 2　ポールに前面衝突させたときの永久変形量と衝突速度の関係**
（日本鑑識科学技術学会より）

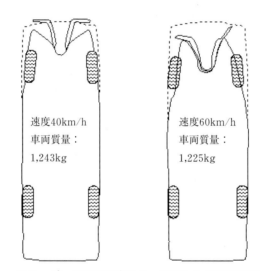

速度40km/h
車両質量：
1,243kg

速度60km/h
車両質量：
1,225kg

**図 3　ポール前面衝突時の一般的な永久変形状態**

$$V_{MX} = \sqrt{gR\frac{\mu_L + \tan\theta}{1 - \mu_L \tan\theta}}\ (\text{m/s})$$

ただし，$g$ ：重力加速度（9.8m/s²）

　　　　$\mu_L$：タイヤと路面間の摩擦係数（0.85）

　　　　$R$ ：旋回半径（260m）

　　　　$\theta$ ：横断勾配（度）（5 ％＝2.86°）

数値計算すると，限界旋回速度は，

　　$V_{MX} = 49.0$m/s

　　　　　＝176.3km/h

と求められる。

　事故車両は，260mの半径の道路を旋回できずに，道路の左縁石をこすりながら縁石を乗り越えて道路案内標識柱に衝突している。したがって，走行速度は，限界旋回速度である約176.3km/h以上の速度で走行していたものと推定された。

　ここで，走行速度が限界旋回速度付近である176.3km/h以上で走行し，縁石に触れたため危険を感じ，その後急制動して道路案内標識柱に衝突している。ABS装置を作動させた急制動痕の長さは，43.5mである。

　**写真4**に示したように，ABSのタイヤ痕は，薄く印象される。特に，**写真8**に示すように，ABS車の急制動痕の特徴であるタイヤのトレッドパターンが有蓋側溝の蓋上に印象されている。このような痕跡は，白線の上や横断歩道上に印象されることがある。このような痕跡が見られた場合は，ABS車の急制動タイヤ痕であり，摩擦係数は0.85と高く取る必要がある。これをノーブレーキで通過したタイヤ痕とすると速度は低く計算されるので，注意が必要である。白線などの上を通過しただけでは，トレッドパターンが印象されない。ABSブレーキによって微小にトレッドがこすられて印象されるものである。

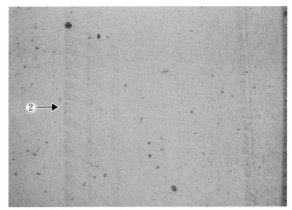

写真8　有蓋側溝蓋②の上に印象されたトレッド模様（写真4の②を拡大）

　ここで，旋回始めの走行速度を$V_0$，制動中の速度を$V_s$，衝突速度を$V_c$とする。エネルギー保存則から，次式が成り立つ。

$$\frac{1}{2}mV_0^2 = \frac{1}{2}mV_s^2 + \frac{1}{2}mV_c^2$$

　よって，衝突速度$V_c$は，

$$\frac{1}{2}mV_c^2 = \frac{1}{2}mV_0^2 - \frac{1}{2}mV_s^2$$

　ここで，

$$V_s^2 = 2\mu g S_0$$

　ただし，$S_0$は，事故車両のABSが作動したスリップ痕の長さで43.5mである。

　よって，衝突速度$V_c$は，

　　$V_c = 40.9\mathrm{m/s} = 147.2\mathrm{km/h}$

と求められる。

　以上から，事故車両の走行速度は，限界旋回速度付近である約176.3km/h以上で，道路案内標識柱との衝突速度は，約147.2km/h以上であると鑑定された。

　一般的に自動車が剛体壁に衝突した場合，バンパーが10cm永久変形していたときは，衝突速度は10km/hと考えることができ，**図1**から本事故車両の変形量が約150cm凹損していることから，衝突速度が約150km/hと考えても矛盾がない。

## 7　裁　判

　本事故においては，事故当初から運転者の特定や，事故直前のタイヤのパンクの有無などを綿密に捜査したことにより，被告人は鑑定された速度を含めて全てを認めた。検察は懲役10年を求刑したが，被告人が全てを認めたことなどから情状酌量によって懲役7年の判決となった。

## 8　まとめ

　本事故は危険運転致死罪を適用したものであるが，危険運転致死罪は長い懲役刑が求刑されるため，弁護側の反論も厳しいものとなる。しかしながら，捜査が十分になされれば，反論される余地もなく，むしろ，全て事実を認め情状酌量を願う選択が生まれる。したがって，警察が十分に捜査し，検察が明確に犯罪の立証ができれば，速やかな裁判の進行が望める。また，弁護側も明確な事実については早々に認め，本質的な議論に終始するよう努めてもらいたいものである。

## 事例 7-6 ▪ 太鼓橋でジャンプを楽しんだために起きた衝突事故

　本事例では，郊外にある中央が丸く盛り上がったいわゆる太鼓橋で起きた事故について述べる。田んぼが左右に広がる細い直線道路を越え，カーブを過ぎると小さな川に架かる太鼓橋がある。

　このような形状の道路の上をスピードを上げて走ると，自動車はジャンプする。被告人も，この橋でジャンプしてジェットコースターのようなスリルを楽しんだものである。

### 事件の概要

　被告人は，自車を運転し，図1に示すような，隆起している形状の橋において，高速で走行し，制御困難な状態となって，自車を右斜め前方に暴走させ，進路前方のガードレール及び電柱と衝突し，同乗者を死亡させたものである。

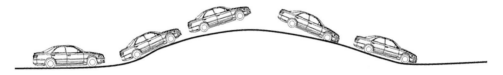

図1　太鼓橋での走行状態

　写真は，事故現場の状況を示している。被告人車両のジャンプした地点付近を撮影したものである。

写真　事故現場の状況

## 1　警察の対応

　前述のように，事故が起きた橋の手前は低く，橋の中央は盛り上がっている。太鼓橋の手前から高速で進入すれば，車両がジャンプすることは容易に想像できる。警察は，ジャンプ

の状態を確認するため，走行実験を行い，その走行実験によれば，77km/hで車体が浮き上がるように感じ，88km/hで車体後部が実際に浮き上がり，後輪が路面に接地した時，タイヤが鳴ったと記録している。さらに，95km/hで車全体が路面から浮いたのをはっきりと感じ，車体も左右に揺れ不安定な状態となり，大変危険であると感じたと記録されている。それ以上の走行は，危険であるとして中止とされた。これらのことから，被告人車両が橋に差し掛かる時は，95km/h以上の高速度で走行していたと推察することができる。

　科学捜査研究所の被告人車両の速度鑑定の結果，被告人車両の走行速度は，橋の手前付近において，少なくとも100km/hは出ていたと推定された。科学捜査研究所の速度鑑定は，①被告人車両が太鼓橋の手前でジャンプし着地した後の横すべり痕の長さにより被告人車両が消費した運動エネルギー及び②ガードレールと電柱に衝突した際に車体が変形で吸収したエネルギーの2つのエネルギーがジャンプした時の運動エネルギーと等しいものとして計算されたものであった。

　ここで，科学捜査研究所の上記の方法での速度計算では，約90km/hと得られ，100km/hに達していなかった。しかしながら，警察の太鼓橋での走行実験により，90km/hでは，車体が浮かないことから，100km/h以上は出ていたと結論付けた。

## 2　地方裁判所の判断

　一審では，科学捜査研究所の鑑定を踏まえて，危険運転致死傷罪を適用して有罪とした。判決では，進行を制御することが困難な高速度で走行したと認定し，被告人が通学路として使用していたことから，少し速い速度では自動車がこの地点で一瞬浮くことを認識して，同乗者にこの感覚を味わわせようと故意に速度を高くして走行したと認定した。

## 3　被告側弁護人による控訴趣意

　被告弁護側は，判決を不服として控訴した。その内容は，科学捜査研究所の速度鑑定が，90km/hと算出されているにもかかわらず，100km/h以上の速度で走行していたと結論付けた点は，事実認定に誤りがあると主張した。太鼓橋のジャンプする地点には，事故当時段差があり，通常よりもジャンプしやすい危険な状態で補修していなかったこと，警察の走行実験は，段差を修復した後に実施していることなどを不服として控訴したものである。

## 4　高裁に対する検察の対応

　検察は，筆者に速度についての再鑑定及び路面の凹凸とジャンプの関係について鑑定を依頼した。鑑定項目は，次のとおりである。
⑴　本件事故の際の被告人運転車両の速度
⑵　本件事故のメカニズム
　　被告人運転車両の車体が浮き上がった理由，浮き上がった場所，着地した場所，路面の凹凸は車体が浮き上がったことに関係があるのか

⑶　その他参考事項

## 5　鑑定の内容

　物理の基礎的な放物運動の解析から，被告人車両がジャンプを開始した地点における走行
速度を計算した。被告人車両のジャンプを開始した地点から着地した地点までの距離は，約
22mもあった。

　角度$\theta$で斜めに投げ上げられた物体は，放物線を描いて運動する。この運動は，**図2**のよ
うな運動である。

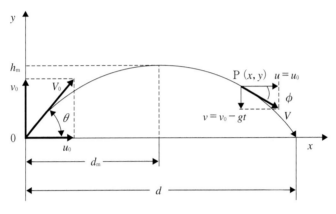

**図2　放物運動**

　初速度$V_0$の水平成分を$u_0$，鉛直成分を$v_0$，時間$t$秒後の速度$V$の水平成分を$u$，鉛直成分
を$v$とする。また，$V_0$及び$V$が水平方向となす角を$\theta$及び$\phi$とする。さらに，$g$を重力加速度
（9.8m/s²）とする。

　初速度の水平及び鉛直成分は，次式となる。

　　　水平成分　　$u_0 = V_0\cos\theta$，　鉛直成分　　$v_0 = V_0\sin\theta$ ‥‥‥‥‥‥‥‥‥ 式⑴

時間$t$秒後の座標は次式となる。

$$\begin{cases} 水平成分 \quad x = u_0 t = V_0\cos\theta \cdot t \\[2mm] 鉛直成分 \quad y = v_0 t - \dfrac{1}{2}gt^2 = V_0\sin\theta \cdot t - \dfrac{1}{2}gt^2 \end{cases}$$ ‥‥‥‥‥‥‥ 式⑵

最高点までの到達時間は，次式で表される。

$$t_{\mathrm{m}} = \frac{v_0}{g} = \frac{V_0}{g}\sin\theta$$ ‥‥‥‥‥‥‥‥‥‥‥‥‥‥‥‥‥‥‥ 式⑶

最高点の高さは，次式で表される。

$$h_{\mathrm{m}} = \frac{v_0^2}{2g} = \frac{V_0^2\sin^2\theta}{2g}$$ ‥‥‥‥‥‥‥‥‥‥‥‥‥‥‥ 式⑷

最高点の水平距離は，次式となる。

$$d_{\mathrm{m}} = u_0 t_{\mathrm{m}} = V_0\cos\theta \cdot \frac{V_0\sin\theta}{g}$$ ‥‥‥‥‥‥‥‥‥‥‥‥ 式⑸

水平到達距離は，次式で表される。

$$d = 2d_{\mathrm{m}} \cdots\cdots\cdots\cdots\cdots\cdots\cdots\cdots\cdots\cdots\cdots\cdots\cdots\cdots\cdots\cdots\cdots\cdots\cdots\cdots\cdots\cdots\text{式(6)}$$

これら(1)から(6)までの式は，物理の基礎式である。

放物運動の解析を適用して，本件事故現場のジャンプした距離からジャンプ直前の走行速度 $V_0$ を求める。用いる式は，式(5)である。本件事故に対応させると式(5)から，$d_{\mathrm{m}}$ は，ジャンプした距離の半分であるから，11mである。角度 $\theta$ は，ジャンプ手前の縦断勾配が9.6/100であるから，次式となる。

$$\tan\theta = 9.6/100$$

$$\theta = \tan^{-1}0.096 = 5.48° \cdots\cdots\cdots\cdots\cdots\cdots\cdots\cdots\cdots\cdots\cdots\cdots\cdots\cdots\text{式(7)}$$

よって，式(5)から，ジャンプ手前の走行速度 $V_0$ は，次式のように求められた。

$$V_0 = \sqrt{\frac{d_{\mathrm{m}}g}{\cos\theta\sin\theta}}$$

$$= \sqrt{\frac{11 \times 9.8}{\cos 5.48 \sin 5.48}}$$

$$= 33.7\mathrm{m/s}(121.3\mathrm{km/h})$$

上式から，22mもジャンプするには，相当な高速度であったことが分かる。

また，このときの最高点の高さは，式(4)から以下のように求められる。

$$h_{\mathrm{m}} = \frac{v_0^{\,2}}{2g} = \frac{V_0^{\,2}\sin^2\theta}{2g} = \frac{33.7^2 \times \sin^2 5.48}{2 \times 9.8} = 0.53\mathrm{m}$$

さて，走行速度と最高点の高さ及び飛翔距離の関係を**表1**に示す。

**表1　走行速度と最高点の高さ及び飛翔距離の関係**

| 速度(km/h) | 飛翔距離(m) | 最高点の高さ(m) |
|---|---|---|
| 70 | 7.3 | 0.18 |
| 80 | 9.6 | 0.23 |
| 90 | 12.1 | 0.29 |
| 100 | 15.0 | 0.36 |
| 110 | 18.1 | 0.43 |
| 120 | 21.6 | 0.52 |
| 130 | 25.3 | 0.61 |

この表から，70km/hでは，飛翔距離が7.3mであるが，最高点の高さは0.18mである。自動車はサスペンションのばねがあるため，高さが0.18m上がっても少し浮いた程度の感覚になったと推定される。速度の増加とともに，車体が浮き，最高点の高さも高くなり，着地したときにタイヤが鳴る現象が生じたと推定される。

ただし，勾配を9.7%として計算すると，22mジャンプするには，33.5m/s（120.6km/h）となり，9.6%の33.7m/s（121.3km/h）とほとんど変わらない。

よって，放物運動の計算結果から，被告人車両は，橋の手前を100km/h以上の速度で走行していたと認められる。

次に橋の手前の段差の影響について述べる。**表2**は，道路維持修繕要綱（（社）日本道路協会）の路面の維持修繕要否判断の目標値を示している。橋のジョイント部の段差は，30mmに達すると修繕する必要があるとされている。橋の前後のジョイント部は，その構造上，段差ができる。その修繕の管理目標値は，30mmとなっている。道路の縁石のように，200mmもの段差がある場合には，段差が車両のジャンプに影響を及ぼす。しかしながら，30mm以下であれば，これまでの経験からジャンプして事故に至ることはない。それは，タイヤが変形し，エネルギーを吸収するからである。また，自動車のサスペンションのばねやショックアブソーバーがエネルギーを吸収するため，自動車が飛び跳ねて事故に至ることはない。

表2　路面の維持修繕要否判断の目標値

| 項目<br><br>道路の種類 | わだち掘れ及びラベリング<br>（mm） | 段差<br>（mm）<br>橋 | 段差<br>（mm）<br>管渠 | すべり摩擦係数 | 横断方向の凹凸<br>（mm） | ひびわれ率<br>（%） | ポットホール径<br>（cm） |
|---|---|---|---|---|---|---|---|
| 自動車専用道路 | 25 | 20 | 30 | 0.25 | 8 mプロフィル<br>90（PrI）<br>3 mプロフィル<br>3.5（$\sigma$） | 20 | 20 |
| 交通量の多い一般道路 | 30〜40 | 30 | 40 | 0.25 | 3 mプロフィル<br>4.0〜5.0（$\sigma$） | 30〜40 | 20 |
| 交通量の少ない一般道路 | 40 | 30 | — | — | — | 40〜50 | 20 |

注1　段差は自動車専用道路の場合は15mの水糸，一般道路の場合は10mの水糸で測定する。
　2　すべり摩擦係数は，自動車専用道路の場合は80km/h，一般道路の場合は60km/hで，路面を湿潤状態にして測定する。
　3　PrIは，プロフィルメータで記録した凹凸の波の中央に±3mmの帯を設け，この帯の外にはみ出す部分の波の高さの総和を測定距離で除した値である。
　4　走行速度の高い道路ではここに示す値よりも高い水準に目標値を定めるとよい。
（道路維持修繕要綱（（社）日本道路協会））

よって，被告人車両の車体が浮き上がった理由は，太鼓橋の手前の上り勾配9.6%の場所を高速で走行したことによるもので，浮き上がった場所の勾配に関係がある。しかしながら，本件のような路面の凹凸は，車体が浮き上がったことに関係がないと結論付けた。

## 6　高裁における審査と判断

二審において，被告人の弁護人は，段差がジャンプの長さを大きくしたものであるから，120km/hもの速度になることはないのではないかと反論した。しかしながら，補修前の段差は，30mm以下であるから，ジャンプを大きく助長するものではない。

また，裁判官からも「ジャンプの開始地点は，自動車が太鼓橋の頂点に至ってから飛び出すのではないか？　そうだとすると，ジャンプの距離は半分で，走行速度は90km/h程度ではないか？」という質問があったが，**図3**に示すように，地面から離れてジャンプするのは，太鼓橋の勾配が最も上向きの場所であり，それ以降は小さな上向きの勾配であるから，後でジャンプすることはない。

高裁の判断も一審を支持し，危険運転致死傷罪での有罪を認めた。

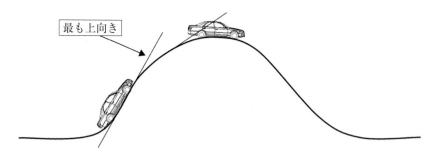

最も上向き

**図 3　高速度で進行した場合のジャンプする地点**

## 7　まとめ

　本件は，ジェットコースターの落下のような気分を味わわせようとした何気ない運転が，同乗者を死亡させるという悲惨な事故にさせたものである。被告人は若く，同乗者に少しスリルを味わわせようとしただけであり，情状酌量をもって量刑が判断されたものである。

著者紹介
山崎　俊一
（やまざき　しゅんいち）

〔略歴〕

1976年4月　　㈶日本自動車研究所（JARI）に入所
　　　　　　　タイヤの力学，タイヤ痕からの交通事故解析，自動車事故解析（自動車，二輪車，
　　　　　　　歩行者事故）などに従事
1988年3月　　タイヤの構造力学的研究にて博士学位を取得
2006年5月　　自動車技術会フェロー会員認定
2008年3月　　㈶日本自動車研究所退職
2008年4月　　㈱知能自動車研究所設立　代表取締役

〔活動〕

1982年4月～現在　　　　　　警察学校及び警察大学校講師（交通事故事件捜査教養講座）
2002年4月～2008年3月　　　金沢大学大学院自然科学研究科教授（客員）
2008年4月～現在　　　　　　金沢大学大学院自然科学研究科外部講師

事例から学ぶ　交通事故事件

平成25年2月20日　初　版　発　行
令和2年6月15日　　初版3刷発行

著　者　　山　崎　俊　一
発行者　　星　沢　卓　也
発行所　　東京法令出版株式会社

112-0002　東京都文京区小石川5丁目17番3号　03（5803）3304
534-0024　大阪市都島区東野田町1丁目17番12号　06（6355）5226
062-0902　札幌市豊平区豊平2条5丁目1番27号　011（822）8811
980-0012　仙台市青葉区錦町1丁目1番10号　022（216）5871
460-0003　名古屋市中区錦1丁目6番34号　052（218）5552
730-0005　広島市中区西白島町11番9号　082（212）0888
810-0011　福岡市中央区高砂2丁目13番22号　092（533）1588
380-8688　長野市南千歳町1005番地
　　　　　〔営業〕TEL 026（224）5411　FAX 026（224）5419
　　　　　〔編集〕TEL 026（224）5412　FAX 026（224）5439
　　　　　https://www.tokyo-horei.co.jp/